## 作者简介

**李富友** 1966年生,河南鹿邑人。法学博士,教授,硕士生导师。现就职于中国人民武装警察部队学院,主要从事刑法学、军事法学的教学与研究工作。曾主持、参与国家、省部级科研项目多项,参与撰写教材、专著多部,发表学术论文数十篇。

中国书籍·学术之星文库

# 刑法效力论

李富友 ◎ 著

中国书籍出版社
China Book Press

图书在版编目（CIP）数据

刑法效力论/李富友著.—北京：中国书籍出版社，2016.7
ISBN 978-7-5068-5678-2

Ⅰ.①刑… Ⅱ.①李… Ⅲ.①刑法—法律效力—研究
Ⅳ.①D914.04

中国版本图书馆 CIP 数据核字（2016）第 165816 号

**刑法效力论**

李富友　著

| | |
|---|---|
| 责任编辑 | 叶心忆 |
| 责任印制 | 孙马飞　马　芝 |
| 封面设计 | 中联华文 |
| 出版发行 | 中国书籍出版社 |
| 地　　址 | 北京市丰台区三路居路97号（邮编：100073）|
| 电　　话 | （010）52257143（总编室）　　（010）52257153（发行部）|
| 电子邮箱 | chinabp@ vip. sina. com |
| 经　　销 | 全国新华书店 |
| 印　　刷 | 北京彩虹伟业印刷有限公司 |
| 开　　本 | 710 毫米 ×1000 毫米　1/16 |
| 字　　数 | 278 千字 |
| 印　　张 | 15.5 |
| 版　　次 | 2017 年 1 月第 1 版　2017 年 1 月第 1 次印刷 |
| 书　　号 | ISBN 978-7-5068-5678-2 |
| 定　　价 | 68.00 元 |

版权所有　翻印必究

# 前 言

一般说来，刑法学理论将刑法学的全部内容划分为总论和分论两部分，而总论的内容则又可以划分为刑法论、犯罪论和刑罚论三大块。刑法的效力问题作为刑法论的内容之一在刑法学体系中占有重要一席，它从宏观上回答什么是刑法的效力，刑法效力的根据是什么，刑法在什么时间、什么地域、针对什么人、什么事项具有法律效力，不同的刑法渊源以及不同国家的刑法效力有冲突时如何解决，在实践中刑法的效力如何实现等有关问题。因此，研究刑法的效力问题，不仅有利于丰富刑法理论关于刑法效力的内容，而且对刑事司法中具体贯彻刑法的规定，力争使刑法的效力在实践中达到最大化具有指导意义。

然而，就我国刑法理论界对刑法效力问题的研究现状来看，虽然对其中的个别问题有比较深入的研究，但从总体上看，对该问题的研究还不够全面和系统。对该问题的较为系统的论述多见于刑法学教材。教材版本虽多，但内容大同小异，一般仅限于刑法的空间和时间效力的简单说明。即使有些专题研究涉及刑法效力问题，也不过是对上述内容的研究有所深化而已，而其研究的视野则仍然局限在刑法的空间效力和时间效力的范围内。因此，拓展关于刑法效力问题的研究视野，使之全面和系统化便成为刑法学理论关于刑法效力问题研究的努力方向。

有感于我国刑法理论关于刑法效力问题的研究现状，我选取了刑法的效力问题作为我的博士学位论文题目。这一想法得到了导师黄京平教授的首肯之后，我着手广泛收集相关资料，并在对资料的归纳、整理和消化的基础上拟定了写作提纲。根据原来拟定的写作提纲，全文共分七章，具体包括：第一章"刑法效力导论"，主要研究刑法效力的概念、特征和根据等关于刑法效力的基本问题。第二章"法律体系与刑法的效力"，主要是研究在一国的法律体系内部，刑法和其他法律部门的效力关系问题，包括刑法与宪法、刑法与民法、刑法与行政法、刑法与刑事诉讼法等部门法的效力关系问题。第三章"刑法渊源与刑法效力"，主要是研究各种不同的刑法渊源形式如刑法典、刑法修正案、单行刑法、特别刑法、刑法解释等的效力问题。第四章"国内刑法的效力之维",研究一国国内刑法效力的时间、地域、对象、事项四个维度。第五章"国际刑法与区域刑法的效力",分别研究国际刑法的效力和区域刑法的效力。第六章"刑法效力的冲突与协调",主要研究刑法体系内部的效力冲突、刑法效力的区际冲突、刑法效力的国际冲突以及各种冲突的协调与解决问题。第七章"刑法效力的实现",主要研究刑法效力实现的概念、实现的途径和实现的程度等问题。

  在论文开题时,导师指出原拟定的写作提纲体系显得过大,恐非一篇学位论文所能容纳,建议缩小范围。的确存在这个问题。虽然我所拟定的写作提纲从体系上看系统、全面,但要在博士论文这一有限的篇幅里将所涉问题全面展开恐有困难。因此,我对原来拟定的写作提纲作了适当的限缩与调整:其一,将"刑法"的范围限定在"国内刑法"这一范围内,而不包含国际刑法与区域刑法,因而取消了原提纲中第五章的内容;其二,将刑法效力的冲突与协调的内容纳入相关的章节(即第二、第三、第四章)之中,不再独立设置章节,因而从形式上取消了原提纲中的第六章;其三,由于前四章是从应然角度探讨刑法效力的基本理论的各个方面,从内容上看可以自成一体,因而没有原提纲第七章关于"刑法效力的实现"的内容,基本上不影响文章结构的完整性,所以原提纲第七章的内容暂不作为博士论文的内容纳入其中。这样,原来全文七章的大纲结构变为全文四章的结构形式。同时,又因为各章的内容多少不一,如果采用上述全文四章的结构形式,势必造成各章之间的字数失衡,故为了保证各章之间字数的大体平衡而改为现在的编、章、节的体例。这就是目前所采用的结构体例的由来。

  当然,上述出于篇幅的考虑而割舍或者没有展开的内容将会成为我今后刑法研究的一个重要内容,并希望以后能有机会与这篇论文一起面世。

  以上是对本文内容与形式的简要说明。从研究方法上来看,本文以辩证唯物主义与历史唯物主义为根本方法,综合运用分析的方法、历史的方法、比较的方法、理论联系实际的方法,并注意学科之间的交叉与协调,力争对每一个问题都进行深入的分析、探讨并找到解决问题的办法。当然,这只是我主观上力争达到的目标,至于这一目标在客观上是否已经达到,恐怕只能由各位方家作出评议了。

# 目 录
CONTENTS

前 言 …………………………………………………………… 1

## 第一编 刑法效力基础论
——刑法效力的概念、特征与根据

### 第一章 刑法效力的概念和特征 …………………………… 1
第一节 刑法效力的概念 / 1
一、法律效力的一般含义 / 1
二、刑法效力的概念 / 9
三、刑法效力概念辨异 / 9
第二节 刑法效力的特征 / 10
一、刑法的效力是一种约束力 / 11
二、刑法的效力是以国家强制力为保证的约束力 / 11
三、刑法的效力是刑法所具有的以国家强制力为保证的约束力 / 11

### 第二章 刑法效力的根据 …………………………………… 13
第一节 西方关于法律效力根据的学说 / 13
第二节 关于刑法效力根据的初步探讨 / 14
一、刑法效力的形式根据——作为国家权力之一的刑罚权 / 15
二、刑法效力的实质根据——正义性与功利性 / 16

# 第二编　刑法效力关系论
## ——法律体系与刑法的效力

### 第三章　宪法与刑法的效力 …………………………………… 22
#### 第一节　宪法是刑法的制定根据 / 23
一、总体根据 / 24
二、具体根据 / 24
#### 第二节　宪法对刑法的立法限制 / 27
一、宪法对刑法限制的国外考察 / 27
二、我国宪法对刑法的限制及其不足 / 29
#### 第三节　宪法对刑法效力限制的实现——违宪审查制 / 30
一、违宪审查制度概览 / 31
二、国外刑法违宪审查的实践 / 32
三、我国对刑法的违宪审查制度 / 35
#### 第四节　关于刑法领域的宪法适用性问题 / 40

### 第四章　刑法的效力与民法 …………………………………… 46
#### 第一节　刑法与民法效力范围之关系的立法考察 / 48
一、刑法与民法效力范围之界限的立法历史考察 / 49
二、刑法与民法效力范围的界限 / 49
三、刑法与民法效力范围的衔接 / 52
四、刑法与民法效力范围的立法互动 / 62
#### 第二节　刑法与民法效力范围之关系的司法考察 / 64
一、刑事责任与民事责任在形式上的重合 / 64
二、刑事责任与民事责任关系之原则 / 65
三、民事赔偿与刑事量刑之关系 / 67
四、赃款赃物追缴与民法中的善意取得制度 / 69

### 第五章　刑法的效力与行政法 ………………………………… 71
#### 第一节　刑法与行政法效力范围之关系的立法考察 / 71
一、刑法效力范围与行政法效力范围的界限 / 71
二、刑法与行政法效力范围在行政犯罪领域的衔接 / 75

三、刑法与行政法效力范围的立法互动　　　　　　　　　／76
第二节　刑法与行政法效力范围之关系的司法考察　　　　／78
　　一、刑事责任与行政责任在形式上的部分重合　　　　　／78
　　二、刑事责任与行政责任之关系　　　　　　　　　　　／79

# 第三编　刑法效力层次论
## ——刑法渊源与刑法效力

**第六章　我国刑法的渊源及普通刑法的效力** …………… 85
第一节　我国刑法的渊源　　　　　　　　　　　　　　　／85
　　一、法律渊源概述　　　　　　　　　　　　　　　　　／85
　　二、我国刑法的渊源　　　　　　　　　　　　　　　　／87
第二节　普通刑法的效力　　　　　　　　　　　　　　　／89
　　一、刑法典效力的优越地位　　　　　　　　　　　　　／90
　　二、刑法典效力的部分排除　　　　　　　　　　　　　／91

**第七章　特别刑法的效力** ………………………………… 93
第一节　单行刑法的效力　　　　　　　　　　　　　　　／93
　　一、单行刑法的概念、特征与种类　　　　　　　　　　／93
　　二、单行刑法与刑法典之效力关系　　　　　　　　　　／95
　　三、单行刑法相互之间的效力关系　　　　　　　　　　／97
第二节　附属刑法的效力　　　　　　　　　　　　　　　／98
　　一、附属刑法的概念、特征与种类　　　　　　　　　　／98
　　二、附属刑法与刑法典之间的效力关系　　　　　　　　／99
　　三、附属刑法与单行刑法之间的效力关系　　　　　　　／101
　　四、附属刑法相互之间的效力关系　　　　　　　　　　／102
第三节　刑法修正案的效力　　　　　　　　　　　　　　／102
　　一、修正案的名称与含义　　　　　　　　　　　　　　／102
　　二、刑法修正案的属性——普通刑法还是特别刑法？　　／103
　　三、刑法修正案通过之后刑法典的重新公布　　　　　　／103
　　四、刑法修正案在审判实践中的适用　　　　　　　　　／104
　　五、刑法修正案与刑法典的效力关系　　　　　　　　　／104
第四节　地方刑法的效力　　　　　　　　　　　　　　　／105

一、地方刑法的名称和含义　　　　　　　　　　　／105
　　二、地方刑法立法的法律依据　　　　　　　　　　／105
　　三、地方刑法的立法限制　　　　　　　　　　　　／106
　　四、地方刑法的立法主体　　　　　　　　　　　　／107
　　五、地方刑法的性质与形式　　　　　　　　　　　／108
　　六、地方刑法的效力特点　　　　　　　　　　　　／109

## 第八章　国际刑事条约的效力 …………………………………… 110
　第一节　国际刑事条约国内效力的一般理论及实践　　／110
　　一、关于国际刑事条约国内效力的理论学说　　　　／110
　　二、国际刑事条约国内效力的各国实践　　　　　　／112
　第二节　我国关于国际刑事条约国内效力的体现与完善　／114
　　一、国际刑事条约国内效力的刑法体现　　　　　　／114
　　二、国际刑事条约国内效力的法律完善　　　　　　／117

## 第九章　刑法解释的效力 …………………………………………… 120
　第一节　刑法立法解释的效力　　　　　　　　　　　／120
　　一、刑法立法解释概述　　　　　　　　　　　　　／120
　　二、刑法立法解释的效力　　　　　　　　　　　　／124
　第二节　刑法司法解释的效力　　　　　　　　　　　／126
　　一、刑法司法解释的概念　　　　　　　　　　　　／126
　　二、刑法司法解释的效力　　　　　　　　　　　　／126

## 第十章　刑法判例的效力 …………………………………………… 131
　第一节　刑法判例在两大法系中的渊源地位及其效力　／131
　　一、刑法判例在英美法系中的渊源地位及其效力　　／131
　　二、刑法判例在大陆法系中的渊源地位及其效力　　／133
　第二节　刑法判例在我国刑法的中的渊源地位及其效力　／135
　　一、我国刑法理论中的刑法判例的概念　　　　　　／135
　　二、刑法判例在我国刑法的中的渊源地位及其效力　／135

## 第十一章　刑事习惯和刑事政策的效力 ………………………… 138
　第一节　刑事习惯的效力　　　　　　　　　　　　　／138

一、习惯法地位的历史走向　　　　　　　　　　　　／138
　　二、刑事习惯在现代刑法中的渊源地位与效力　　　／140
　　三、刑事习惯在我国刑法中的地位与效力　　　　　／143
　第二节　刑事政策的效力　　　　　　　　　　　　　　／144
　　一、刑事政策的概念　　　　　　　　　　　　　　　／144
　　二、刑事政策与刑法的关系　　　　　　　　　　　　／145
　　三、刑事政策可以成为刑法的间接渊源　　　　　　／146
　　四、刑事政策没有直接的司法适用效力　　　　　　／148

# 第四编　刑法效力维度论
——刑法的时间、地域、对象和事项效力

## 第十二章　刑法的时间效力 ······ 152
　第一节　刑法的生效　　　　　　　　　　　　　　　　／152
　　一、刑法生效的概念　　　　　　　　　　　　　　　／152
　　二、刑法生效的形式　　　　　　　　　　　　　　　／153
　　三、两点思考　　　　　　　　　　　　　　　　　　／157
　第二节　刑法的失效　　　　　　　　　　　　　　　　／158
　　一、刑法失效的概念与基础　　　　　　　　　　　　／158
　　二、刑法失效的形式　　　　　　　　　　　　　　　／159
　　三、关于我国刑法失效的两个具体问题　　　　　　／160
　第三节　刑法的溯及力　　　　　　　　　　　　　　　／162
　　一、刑法溯及力的概念与原则　　　　　　　　　　　／162
　　二、我国刑法有关溯及力问题规定的发展与变化　　／163
　　三、刑法溯及力适用中的具体问题　　　　　　　　／165
　　四、空白刑法补充规范的变更与溯及力　　　　　　／177
　　五、从旧兼从轻原则的例外——关于限时法　　　　／179
　　六、刑法解释的溯及力　　　　　　　　　　　　　　／181

## 第十三章　刑法的地域效力 ······ 186
　第一节　刑法地域效力的含义　　　　　　　　　　　　／186
　　一、刑法的地域效力与刑法的空间效力　　　　　　／186
　　二、刑法的地域效力与刑事管辖权　　　　　　　　／187

三、刑法的地域效力与刑事诉讼管辖权　　　　　　／188
第二节　刑法的域内效力　　　　　　　　　　　　　　／189
　　一、域内效力的原则与根据　　　　　　　　　　　／189
　　二、属地原则适用中的具体问题　　　　　　　　　／190
　　三、域内效力的整体与部分　　　　　　　　　　　／195
第三节　刑法的域外效力　　　　　　　　　　　　　　／196
　　一、域外效力的含义与原则　　　　　　　　　　　／196
　　二、属人原则　　　　　　　　　　　　　　　　　／196
　　三、保护原则　　　　　　　　　　　　　　　　　／199
　　四、普遍原则　　　　　　　　　　　　　　　　　／201
　　五、刑法域外效力的实现　　　　　　　　　　　　／203
第四节　刑法地域效力的冲突　　　　　　　　　　　　／204
　　一、刑法地域效力的冲突　　　　　　　　　　　　／204
　　二、域外刑事判决的承认与执行　　　　　　　　　／206

# 第十四章　刑法的对象效力与事项效力 …………… 208
第一节　刑法的对象效力　　　　　　　　　　　　　　／208
　　一、刑法对自然人的效力　　　　　　　　　　　　／208
　　二、刑法对法律拟制人的效力　　　　　　　　　　／217
　　三、国家能否成为刑法效力的对象的探讨　　　　　／220
第二节　刑法的事项效力　　　　　　　　　　　　　　／221
　　一、刑法的事项维度概述　　　　　　　　　　　　／221
　　二、从国家刑罚权的限制看刑法效力的事项维度　　／222
　　三、刑法效力事项维度的其他视角　　　　　　　　／223

# 主要参考文献 …………………………………………… 226

# 后　记 …………………………………………………… 233

# 第一编
## 刑法效力基础论
——刑法效力的概念、特征与根据

本编分两章分别探讨刑法效力的概念和特征以及刑法效力的根据,因为它是研究刑法效力的起点和基础,故名"刑法效力基础论"。

# 第一章 刑法效力的概念和特征

## 第一节 刑法效力的概念

### 一、法律效力的一般含义

刑法效力是法律效力的下位概念,因为刑法是法律之一种。所以,要明确刑法效力的概念,首先必须明确它的上位概念即法律效力的概念。

(一)法律效力概念要览

法律效力是法理学的一个重要概念。但是,和法理学的其他重要概念一样,理论上对法律效力概念的认识也是不统一的。为了增加对这种不统一的感性认识，这里也不妨沿用俗套，首先罗列一些有代表性的表述，以兹证明：

1. "法律规范的效力，实际上是法律规范的适用范围，即法在什么期间、在什么地方、对什么人有效的问题。法律规范的效力包括按我国法律规定应该有的效力和实际拥有的效力。"①

2. "法律效力，是法律规范所具有的以国家强制力为后盾保证其实施的普遍约束力。"②

3. "法律效力，作为一个常用的法学概念，它的含义是多方面的，通常有广义狭义两种理解。从广义上说，是泛指法律约束力和法律强制性，不论是规范性法律文件，还是非规范性法律文件，人的行为都发生法律上的约束和强制作用。狭义的法律效力，是指法律的生效范围或适用范围，即法律对什么人、在什么地方和在什么时间适用的效力。"③

4. "法的效力，是指法的保护力和约束力。"④

5. "法律效力通常有两种理解：一种泛指法律约束力。另一种是指法律的生效范围，即法律对什么人、在什么地方和在什么时间适用的效力。"⑤

6. "所谓法律效力是指，法律及其部分派生文件，文书所具有的、以国家强制力为保证的、在所适用的时间、空间范围内，赋予有关主体行使其权利（或权力）的作用力以及约束有关主体履行其义务（或责任）的作用力之总和。"⑥

7. "要使合法行为的法律上效果处于可靠、确定的状态，具有权威性，从而保证法律秩序的形成与存在，就需要一种法律上的力。这种法律上的力就是法律效力：合法行为发生法律上效果的保证力……另一方面，法律效力对特定合法行为之外而与其相关的行为加以约束，禁止一切障碍行为发生，从而使合法行为的法律效果处于安全状态。此时，法律效力以对相关行为约束力的形态出现。"⑦

8. "法律规范的效力，也称法律效力或法的效力，由于人们从不同的角度使用该词，往往具有不同的含义。广义的法律规范的效力，是指法律规范的

---

① 卢云主编：《法理学》，四川人民出版社1992年版，第361页。
② 刘小文：《法律效力构成简析》，载《法律科学》1994年第2期。
③ 沈宗灵主编：《法理学》，高等教育出版社1994年版，第345～346页。
④ 卢云主编：《法学基础理论》，中国政法大学出版社1994年版，第379页。
⑤ 沈宗灵主编：《法学基础理论》，北京大学出版社1994年版，第382页。
⑥ 陈世荣：《法律效力论》，载《法学研究》1994年第4期。
⑦ 李琦：《法律效力：合法行为发生法律上效果之保证力》，载《法学研究》1995年第2期。

约束力及其所及的范围。狭义的法律规范的效力，是专指法律规范的效力范围，即包括法律规范在时间上的效力、空间上的效力和对人的效力三个方面的范围。"①

9. "法律效力可认为是法律所产生的有利的作用。具体而言，对于法律效力，我们一般在两种意义上使用。其一是指法律的约束力和法律的强制力。其二是指法律的生效范围或适用范围。"②

10. "法律效力问题实际上就是由国家保护执行的法律上的强制作用及其生效的范围。"③

11. "我们所说的'效力'，意思就是指规范（norm）的特殊存在。说一个规范有效力就是说我们假定它的存在，或者就是说，我们假定它对那些其行为由它所调整的人具有'约束力'。"④

12. "法的效力，即法对其所指向的人们的强制力或约束力，是法不可缺少的要素。"⑤

13. "对于法律效力这一概念，通常有广义和狭义两种解释。广义上的法律效力，泛指法律约束力和法律强制性。狭义上的法律效力，仅指法律生效范围或适用范围，即法律对什么人、在什么地方和什么时间适用。"⑥

14. "法律效力乃是由法律的合法性所生成，反映全体社会成员对法律的自觉认同，而于法律存续期间以规范压力与规范动力形成积极地指向其规制对象人（自然人与法律拟制人）的作用力。"⑦

15. "法的效力这一概念，通常有广义和狭义两种含义。广义的法的效力，是指法的约束力和强制力，即凡是国家制定和颁布的法律，都对人的行为具有一种普遍性的法律上的约束力和强制力，这是规范性法律文件的效力。广义的法的效力还包括那些非规范性法律文件的效力，如判决书、调解书、逮捕证、公证书、违章罚款单、依法制作的民事或经济合作书等等，这些非规范性的法律文件对具体的事和人都有特定的法律约束力；狭义的法的效力，则仅指由国家制定和颁布的规范性法律文件的效力，包括法的效力层次、效力范围

---

① 孙国华主编：《法理学》，法律出版社1995年版，第353页。
② 王果纯著：《现代法理学——历史与理论》，湖南出版社1995年版，第336页。
③ 刘金国、张贵成主编：《法理学》，中国政法大学出版社1995年版，第250页。
④ [奥]凯尔森著：《法与国家的一般理论》，中国大百科全书出版社1996年版，第32页。
⑤ 张文显著：《二十世纪西方方法哲学思潮研究》，法律出版社1996年版，第433页。
⑥ 李龙主编：《法理学》，武汉大学出版社1996年版，第358页。
⑦ 姚建宗：《法律效力论纲》，载《法商研究——中南政法学院学报》1996年第4期。

（人、空间、时间等）等等。"①

16. "法律效力是指法律在什么条件下，在什么时间、什么区域、对什么人和什么事项有约束力。"②

17. "法律效力具有广义与狭义之分。所以狭义的法律效力，是指法律规范对人们的特定的行为所产生的具体的约束力。它是国家运用法律规范对特定的社会关系进行个别调整的结果，是广义的法律效力得以实现的必然阶段，是法律的普遍约束作用的具体反映。可以说，广义的法律效力是一种抽象的、概括的效力，而狭义的法律效力则是一种具体的、特定的效力。两者之间有着一般与特殊的关系，前者寓于后者，而后者又以前者为指导。"③

18. "法律的效力问题，实质上是一个法在人类生活中的现实有效性问题。法的效力并非是由抽象性的国家强制力所简单赋予或机械执行的，相反，它是由人类社会公共文化主体以寻求共同体自由、有序化生活的政治理性集合力量所赋予的和推行的法治文化历史逻辑演绎之结果。"④

19. "法律效力是指法律在属时、属地、属人、属事四维度中的国家强制作用力。"⑤

20. "在我国法学界，法的效力通常有广义和狭义两种解释。广义的法律效力泛指法的约束力和强制力。既包括对规范性法律文件的效力，又包括非规范性法律文件的效力。而狭义的法律效力仅指法律的生效范围和适用范围，即法对什么人、什么事、在什么地方和什么时间适用。"⑥

21. "一国之法律，对施行之限度，莫不明定之。此则所谓法律之效力是也。效力云者，以其有强制实行之力也。行苟有违反法律者，国家必予以制裁。然则法律之所以成为法律者，亦赖此特性欤！虽然，一切法律之效力，亦非尽同焉。依其性质言之，得分为三：一曰关于人的效力，二曰关于地之效力，三曰关于时之效力。"⑦

22. "法律的效力，就是法律对什么人在什么时间什么地点发生支配力或拘束力之谓。法律之效力有两种：一为一般的效力，是各种法律具有的效力。

---

① 张文显主编：《法理学》，法律出版社1997年版，第89~90页。
② 卓泽渊主编：《法学导论》，法律出版社1998年版，第19页。
③ 张楚：《法律效力定义刍议》，载《法学与实践》1998年第1期。
④ 梁忠前：《法效力的逻辑探寻——法律效力的文化辨析》，载《法律科学》1998年第1期。
⑤ 张根大著：《法律效力论》，法律出版社1999年版，第21页。
⑥ 葛洪义主编：《法理学》，中国政法大学出版社1999年版，第340页。
⑦ 邱汉平著：《法学通论》，商务印书馆1935年版，第41页。

可分人、时、地三方面讨论之。一为特别的效力,是每一法律对于其所规定之事项所具有的效力。"①

23. "法律效力的意思是法律规范是有约束力的,人们应当像法律规范所规定的那样行为,应当服从和适用法律规范。"②

理论上对法律效力的表述还不止这些,但从上面这些表述已经可以对法理学界关于法律效力认识上的分歧窥见一斑。

(二) 各种法律效力概念辨析

虽然上述罗列可能显得令人生厌,但笔者本无意对有关法律效力的表述作过于繁琐的列举,只是为了便于对理论界关于法律效力的认识作细致的分析,是不得已而为之。对上述各种表述细加分析,笔者认为,虽然理论上对法律效力的认识不乏共识,但分歧之处也是明显的,这种分歧体现在形式和内容两个方面。

从形式上看,理论上对法律效力的名称有不同的用法,大体说来有"法的效力"、"法律效力"、"法律的效力"、"法律之效力"、"法律规范的效力"等不同的称谓。这些不同的称谓是否仅仅是名称的分别而无实质的差异,即"名异而实同",抑或是不仅名称不同,其所指的含义也有所不同,即"名异且实异"?对此,我们必须从语言学和法理学两个不同的角度予以分析。

首先,从语言学的角度来看,"法律效力"、"法律的效力"、"法律之效力"应是指同一概念,"法律的效力"与"法律之效力"仅仅是文言与白话的区别,古代汉语中的"之"相当于现代汉语中的"的";而"法律效力"相对于"法律的效力"、"法律之效力"而言,仅仅是偏正结构中虚词省略问题。

其次,从法理学的角度看,"法的效力"与上述三种称谓从表面上看来似有差异,因为"法律"在我国有广义和狭义之分,广义的"法律"相当于"法",狭义的"法律"则仅指全国人大及其常委会制定的规范性文件。但是,上述三种称谓中的"法律",显然是在广义上使用,因而"法的效力"与上述三种称谓实质上是相同的。而"法律规范的效力"则与上述四种称谓有所不同,因为"法律规范"与"法律"或"法"在法理学上并非完全是同义语。法律规范是法的基本单位,它是由国家制定或认可的,以国家强制力保证执行的,具有完整的逻辑结构的特殊行为规则。③ 法律规范是作为整个系统的法的

---

① 李岱著:《法学绪论》,台湾中华书局1966年版,第54页。
② [奥] 凯尔森著,沈宗灵译:《法与国家的一般理论》,中国大百科全书出版社1996年版,第42页。
③ 刘金国、张贵成主编:《法理学》,中国政法大学出版社1992年版,第232页。

基本细胞，它与整体的法的关系是系统的个别因素同整个系统的关系。① 因此，从严格意义上说，法律规范的效力与法律效力是整体与部分的关系。当然，从上述各种表述的具体内容来看，其所指"法律规范的效力"并非是单个的法律规范的效力，而是作为整体的法律（或法）的效力，所以为避免引起不必要的歧义，还是以使用"法律效力"或"法的效力"为好。

从内容方面分析，上述各种表述的分歧就较为复杂了。大致可分为以下几类：

1. 约束力（拘束力、强制力、支配力）说。这种观点认为，法律效力是指法的保护力和约束力。或者说得具体一些，是指法律所具有的以国家强制力为后盾保证其实施的普遍约束力。上述的第2、第4、第11、第12、第23都可归入此类。有的表述虽然没有使用约束力的字样，但其内容在本质上仍属于这一类，如第14。

2. 适用范围说。这种观点认为，法律效力是指法律的适用范围，即法律在什么时间、在什么地方、对什么人有效的问题。如上述的第1即属此类。

3. 并合说。这种观点将前两种统一起来，认为法律效力是指法律在什么条件下，在什么时间、什么区域、对什么人和什么事项有约束力。上述的第6、第10、第16、第19、第21、第22属于此类。

4. 广义、狭义说。这种观点认为，法律效力有广义和狭义两种不同的用法。广义的是指法律的约束力和强制性，不仅包括规范性法律文件的约束力，还包括非规范性法律文件的约束力。狭义的则指法律的适用范围（生效范围）。上述的第3、第8、第13、第15、第17、第20即属此类。有的虽然没有明确指出广义狭义之分，但从其内容上看仍属于这一类，如上述的第5、第9。

5. 现实有效性说。这种观点认为，法律的效力问题，实质上是法在人类生活中的现实有效性问题。如上述的第18。

6. 其他。除上述几种观点以外，对法律效力还有其他一些不同的认识，如上述的第7认为法律效力是合法行为发生法律上效果的保证力。

当然，以上的划分是很粗略的，实际上，其内部的分歧细分起来十分复杂，但限于论题，这里没必要作过于精确的划分。

怎样看待上述几类不同的观点？笔者认为，要评价上述各类不同的观点，首先必须把握一个基本原则，即给事物下定义要抓住事物的本质特征，而不能把非本质的其他特征作为事物的本质特征。以此为出发点，笔者认为上述各类

---

① 孙国华主编：《法理学教程》，中国人民大学出版社1995年版，第272~273页。

观点中只有第一类才是适当的。因为它抓住了法律效力的本质特征，即以国家强制力为保证的约束力。

上述第二类即适用范围说将法律约束力的范围（生效范围或适用范围）这一说明约束力的次一级特征作为法律效力的本质特征，显然不符合给事物下定义的基本原则，而且说明法律的约束力这一法律效力本质特征的也不止约束力的范围一个方面，还包括约束力的载体、结构等方面的特征，因而也失之片面。

上述第三类观点即并合说将第一和第二两种观点融合起来，看似更加全面，但它同样具有第二种观点的不妥之处，即在法律效力的定义中没有必要体现适用范围的内容，将其体现出来，反而显得片面。

第四类观点即广义、狭义说表面上看来与并合说观点相同，即都同时包含了约束力说和适用范围说的内容，但实际上有所不同。并合说是将约束力说与适用范围说融合起来，即法律的适用范围是说明法律约束力的，而广义、狭义说则将其分立开来，成为广义和狭义之关系，即包含与被包含的关系。但实际上两者并非包含与被包含的关系，而应该是说明与被说明的对象之关系。所以将法律效力从广义和狭义两个方面理解的见解同样存在不妥之处。

第五类观点即现实有效性说将法律效力理解为法律的现实有效性，应该说抓住了法律效力特征的一个方面，但它也仅仅是法律效力一个方面的特征，而不是法律效力的本质属性，因而它和适用范围说犯了同样的错误，即将事物的非本质特征当作本质特征。用它来说明法律效力的一个侧面是可以的，用它来给法律效力下定义则是不妥当的。另外需要注意的是，法律的现实有效性和法律的有效性还有所不同，法律的有效性与法律的约束力含义比较接近（虽然还不是完全同义），而法律的现实有效性则是法律的约束力或法律的有效性在现实生活中的具体表现。

至于将法律效力理解为合法行为发生法律上效果的保证力的观点，则存在明显的不妥之处，因为它偷换了效力的主体，即效力的主体已经不是"法律"，而是"合法行为"。当然，合法行为发生法律上效果的保证力也是由法律的效力决定的，或者说是法律效力的一个重要体现，但用它来作为法律效力的概念是错误的。

(三) 笔者的结论

综上所述，上述几类观点中，只有第一类才符合给事物下定义的基本原则，并且抓住了法律效力的本质属性，因而是适当的。其他几类观点都存在这样或那样的不妥之处，为笔者所不取。至此，我们可以得出法律效力的正确定义：法律效力是指法律所具有的以国家强制力为保证的约束力。

从"法律效力"一词在法律文件中的用法来看，主要可以归结为两类：第一，规范性法律文件级别上的高低。如《中华人民共和国宪法》序言规定："本宪法以法律的形式确认了中国各族人民奋斗的成果，规定了国家的根本制度和根本任务，是国家的根本法，具有最高的法律效力。"第二，判决书、调解书、公证书、合同书等非规范性法律文件的法律效力。如《中华人民共和国刑事诉讼法》第二百零八条规定："判决和裁定在发生法律效力后执行。下列判决和裁定是发生法律效力的判决和裁定：……"又如出现在法院调解书上的"本调解书与判决书具有同等法律效力"。在这个意义上使用"法律效力"一词时，"法律"不是指规范性文件，而是指非规范性文件。

那么，怎样理解上述两种关于"法律效力"的用法呢？上述第一种情形实际上指的是法律效力的层次或称为法律效力的位阶问题。法律效力的位阶问题，在制定和适用法律时，都具有重要意义。下级法律根据上级法律而制定，其内容不得与上级法律相抵触，否则无效，有权的上级机关可以撤销下级制定的法律。[①] 但是，这种法律效力的位阶问题实际上是不同级别的规范性法律文件之间，上级法律对下级法律法规的约束力问题，或者说是不同级别的规范性法律文件约束力的大小不同的问题，它仍然是以约束力为根据。因而可以说它也是法律效力问题的一个方面。第二种情形中的效力的主体已经不是指规范性法律文件，而是指非规范性法律文件，但是它的内在含义仍然是约束力，只不过不是针对一般人的约束力，而是针对特定的当事人和特定的事项所具有的约束力，而且这种约束力也是以规范性法律文件的约束力为根据的。所以，上述两种法律效力的用法，虽然表面上看来含义各异，但在其背后却有共同的基础——以国家强制力为保证的法律的约束力，因而可以统一在我们关于法律效力的定义之下，作为法律效力的一个侧面或者与法律效力相关联的概念。

当然，在法律效力的定义中只需揭示其本质属性并非是说其他属性不重要。事实上，在揭示了事物的本质属性之后，还需要对其其他方面的属性或者特征加以研究，只有这样才能更全面彻底地了解该事物。就法律效力而言，我们还需进一步揭示法律效力的载体、法律效力的层次、法律效力的形式、法律效力的维度等方面的内容。但是限于论题，本文在这些方面不予展开论述。

---

[①] 在此意义上使用的"法律"是泛指各种规范性法律文件而不是特指全国人大及其常委会制定的规范性法律文件。

## 二、刑法效力的概念

与法理学界对法律效力存在诸多分歧的状况不同，我国刑法理论界对刑法效力的认识倒显得十分一致。就笔者搜集到的资料看，没有有关刑法效力概念的专题论文，对刑法效力概念下定义的仅见于教材和有关专著。而从其内容看，无论是早期的还是最近的，大都认为刑法的效力就是指刑法的适用范围或生效范围，而没有揭示刑法效力的内涵。有很多教材或专著，其相应的章节标题就是刑法的适用范围或刑法的效力范围。[①] 之所以出现这种现象，笔者认为一个很重要的原因是受刑法条文用语的影响，因为我国两部刑法典都使用了"适用范围"一语。这一方面说明我国刑法理论紧密结合立法、围绕立法，显示出注释法学的特征，另一方面，也可以说明我国刑法理论较少关注和吸收法理学的研究成果，因而缺乏丰厚的理论基础。

就笔者的目力所及，目前仅在张明楷教授的著述中，在关于刑法效力的概念和含义的揭示上注意到了这方面的问题。在张明楷教授所著的《刑法的基础观念》和《刑法学》教材的相关章节中，除了有关刑法的效力范围的内容之外，还增加了"刑法的规范效力"的内容，认为刑法的约束力也是刑法效力含义的一个方面。[②] 虽然并没有指明刑法的约束力与刑法的空间效力、时间效力是什么关系，但毕竟是在刑法理论界首先指出了刑法的约束力这一刑法效力的本质含义。

根据上述对法律效力定义的分析和取舍，我们不难得出关于刑法效力的定义，因为法律效力是法律所具有的以国家强制力为保证的约束力，因而作为法律之一种的刑法的效力，就是指刑法所具有的以国家强制力为保证的约束力。

## 三、刑法效力概念辨异

在界定刑法效力概念的时候，还要弄清它与一些易混概念之间的界限，这

---

[①] 参见高铭暄主编：《新编中国刑法学》，中国人民大学出版社 1998 年版，第 47 页；王作富、黄京平主编：《刑法学》，中国人民大学出版社 1999 年版，第 24 页；苏惠渔主编：《刑法学》，中国政法大学出版社 1999 年第一次修订版，第 57 页。其他许多教材和专著的情形也大体相同，在此就不详细列举了。

[②] 参见张明楷著：《刑法的基础观念》，中国检察出版社 1995 年版，第 254～261 页；张明楷著：《刑法学》，法律出版社出版 1997 年版，第 56～59 页；张明楷著：《刑法学》（第二版），法律出版社 2003 年版，第 76～78 页。

里主要谈两个方面。

（一）刑法效力与犯罪的追诉时效

追诉时效是指刑法规定的追究犯罪人刑事责任的有效期限；在此期限内，司法机关有权追究犯罪人的刑事责任；若超过了此期限，司法机关就不能再追究犯罪人的刑事责任。但是，能否认为超过了追诉时效，刑法就失去了效力了呢？回答是否定的。因为追诉时效只是追究犯罪人刑事责任的有效期限，而不是刑法的有效期限，即使某种犯罪的追诉时效已过，刑法本身仍然有效。而且，追诉时效本身就是由刑法加以规定的，没有刑法的规定，追诉时效就不存在，因而是刑法效力的次一级概念，它不能否定它的上一级概念。所以，那种将刑法的追诉时效误认为刑法效力的观点是错误的。

（二）刑法的效力与刑事裁判的效力

前面我们在探讨法律效力概念的时候就曾经指出，在有关法律文件中，有一种法律效力的用法是指判决书、裁定书、调解书、公证书等非规范性法律文件的法律效力，即它们在法律上的效果。因为它们不是规范性法律文件，而是针对特定的人、特定的事项所作出的，因而不同于我们所说的作为规范性法律文件的法律的效力。刑事裁判（判决和裁定）作为针对特定的犯罪人所犯特定的犯罪而作出的法律文书也属于上述类型中的一种，因而也不能把刑事裁判的效力与刑法的效力混为一谈。当然，正如前面所言，刑事裁判的法律效力也并非与刑法的效力毫无关联，相反，它要以刑法的效力为根据，即它是根据刑法的有关规定，结合具体案情而作出的。

但是，另一方面，这种非规范性的刑事裁判的效力与规范性的刑法的效力的区别又不是绝对的。因为在英美法系，刑事裁判作为判例之一种是具有造法功能的，即它作为先例对以后的类似案件具有约束力。在这种意义上，刑事裁判的效力就不仅仅是针对特定人和特定的事项了，而是具有规范性法律文件的意义，即作为刑法渊源之一种而具有普遍意义的刑法的效力。虽然在我国以及大陆法系的许多国家，刑事裁判（判例）的意义还存在争议，还没有完全取得刑法渊源的地位，但对这种意义正在积极的探讨之中。关于这个问题，本文拟在第三编设专章加以探讨。

## 第二节 刑法效力的特征

根据上述刑法效力的定义，刑法的效力具有如下特征：

## 一、刑法的效力是一种约束力

所谓约束力，也称拘束力或强制力，是指刑法作为法律之一种对人们所具有的作用力（支配力、影响力），这种作用力具体表现为禁止人们实施某种行为、命令人们实施某种行为或者允许人们实施某种行为。从表面上来看，把禁止或命令人们实施某种行为说成是约束力不难理解，而把允许人们实施某种行为说成是法律的约束力则显得难以理解，因为允许是一种授权而不是约束。但是，法律中的授权性规范本身也不是毫无限制的，法律通常对授权的对象、授权的范围等都有限制，因而即使是允许人们实施某种行为的授权性规范同样也是有约束力的。

就刑法而言，刑法中的绝大多数规范都属于禁止或命令人们实施某种行为，具体说来就是禁止实施各种犯罪行为，否则就要追究刑事责任。例如，刑法第234条规定："故意伤害他人身体的，处三年以下有期徒刑、拘役或者管制。……"它一方面禁止任何人故意伤害他人，同时命令司法工作人员对实施故意伤害他人的犯罪行为者定罪处罚。但是，刑法之中也有些属于授权性的规定，如刑法第19条规定："又聋又哑的人或盲人犯罪，可以从轻、减轻或者免除处罚。"这就允许司法工作人员根据具体的案情来决定对又聋又哑的人或盲人实施犯罪的是否从轻、减轻或者免除处罚以及究竟是从轻处罚、减轻处罚还是免除处罚。

## 二、刑法的效力是以国家强制力为保证的约束力

各种规范都对特定的人们具有约束力，但是，保证这种约束力的实现方式有所不同，如道德规范约束力的实现主要以道德上的谴责作保证，各种社团规范约束力的实现主要以社团内部的纪律制裁作保证。而作为法律之一种的刑法的约束力，其实现的保证和其他法律一样，是以国家强制力作为其保证的，即如果违反刑法的规定构成犯罪的，要受到国家的刑事追究，根据具体情况，可能受到程度不等的刑事处罚。

## 三、刑法的效力是刑法所具有的以国家强制力为保证的约束力

各种法律都有其效力，即以国家强制力为保证的约束力，刑法效力与其他

法律效力的不同之处在于效力的载体①不同：刑法效力的载体是刑法。但是应该强调的是，这里的"刑法"是广义的，它包括各种有关犯罪与刑事责任的规范，其中最主要的是刑法典，除此之外还包括刑法修正案、单行刑法、附属刑法以及刑法立法解释、刑事司法解释等多种渊源形式。② 但是本文中的刑法又仅限于国内刑法的范围，而不包括国际刑法。

---

① 笔者这里借鉴了张根大博士所著的《法律效力论》一文中的用法，称之为"载体"而不称之为"主体"，关于"载体"之于"主体"的优点以及法律效力的载体与近似概念的区别，请参见张根大著：《法律效力论》，法律出版社1999年版，第21~23页以及第13页的注释。
② 这里的广义刑法比我国刑法理论界通常所说的广义刑法还要广泛，但这里不予展开论述，留待第三章具体研讨。

# 第二章　刑法效力的根据

关于刑法效力的根据，我国刑法学界几乎无人问津。迄今为止，笔者所见到的关于刑法效力根据的论述仅见于上述张明楷教授的著述中。笔者认为，引起这种状况的原因与上述我国刑法学界对刑法效力概念的理解有关，因为我国刑法学界通常仅将刑法的效力理解为刑法的适用效力，称之为刑法的适用范围或者刑法的效力范围，没有触及到刑法效力的本质即刑法的约束力，因而也就不会进一步去探询这种约束力的根据何在。本文既然专题研究刑法的效力问题，就不能绕过刑法效力的根据问题避而不谈。笔者认为，刑法既然作为法律之一种，关于法律效力根据的一般理论自然也适用于刑法，但刑法毕竟还有其自身的特点，对刑法效力根据的探讨不能仅仅停留在对法律效力根据的一般探讨上，还必须结合刑法自身的特点来探讨刑法效力的根据问题。基于此种认识，本章从以下两个方面来探讨刑法效力的根据问题。

## 第一节　西方关于法律效力根据的学说

法律效力的根据，也称法律效力的本原，是指法律效力产生的根本基础，即法律为什么有效力的问题。这个问题不同于法律的本质，法律的本质回答法律是什么的问题。但是法律效力的根据与法律效力的本质又有密切的关系，对法律的本质即法律是什么这一问题的回答直接决定了人们对法律效力根据的不同认识。

在西方，不同的法学流派都比较重视法律效力根据的研究，但由于他们对法律本质的认识不同，因而也导致了他们关于法律效力根据的不同结论。分析实证主义法学派持法律的逻辑效力观，认为法律的效力是一个"逻辑的观念"（logic notion），法律的效力就是国家的约束力，因而凡是出自有立法权的机关的规则就是有效力的法律。自然法学派持法律的伦理效力观，认为法律的效力是一个"伦理的观念"（ethical notion），即从终极意义上看，法律的效力就是法律的道德约束力，因而有效力的法律必定是符合正义原则和道德要求的法律。社会法学派持法律的事实效力观，认为法律的效力是一个"事实的观念"（factual notion），法律的效力就是对社会成员的实际的或事实上的约束力，亦即"实效"（efficiency efficacy），因而那些从不对或不继续对社会生活起实际控制和引导作用的法规则不能被看作真正有效的法律；现实主义法学派持法律的心理效力观，认为法律效力是一个"心理的观念"（psychological notion），法的效力取决于其对人民施加的心理影响和人民接受其约束的心理态度，有效的法律也就是被社会成员认同与肯定并作为其行为指南的法律。[1]

应该说，上述各种关于法律效力根据的学说都从某个侧面揭示了法律效力根据的内容，值得我们研究刑法效力根据时借鉴。但是，由于受他们所处时代和自身立场的限制，上述各种学说都没有能够完全揭示出法律效力根据的完整内涵，存在着以偏概全的弊病。我们应当以此为基础，揭示出刑法效力根据的内容。

## 第二节　关于刑法效力根据的初步探讨

在现代法律制度中，各国的法律是一个以宪法为核心，由各个部门法共同组成的有机体系。在这个体系中，宪法居于核心的位置，它是各个部门法的制定根据。例如，我国两部刑法典都在第一条开宗明义地规定刑法是"根据宪法"制定的。所以，从表面看来，刑法的效力似乎来源于宪法。但是，如果就此认为刑法效力的根据就是宪法的话，恐怕这结论未必适当。因为这是从现代法律制度的角度予以考察的。如果有人问，在现代意义上的宪政之前，没有宪法却有刑法的情况下，刑法效力的根据该是什么呢？恐怕上述结论就无法解决了。不仅如此，现代意义的宪法虽然具有较其他部门法更高的地位，但它和其他部门法一样，都是由国家权力机关制定的，它自身也存在着与其他部门法相同的效力根据。所以，像凯尔森那样把宪法作为法律效力的根据是错误的。法律（包括刑法）效力的根据还要到法律体系之外去寻找。

如上所述，对法律效力根据问题的认识与对法律效力本质的认识密切相关。同样，我们关于刑法效力根据的结论也与我们的刑法效力的概念界定和刑

---

[1] 参见张文显：《当代西方法学思潮》，辽宁人民出版社1988年版，第393~394页；姚建宗：《法律效力论纲》，载《法商研究》1996年第4期。

法效力本质的认识密切相关。根据上述笔者对刑法效力概念及其特征的界定和说明，笔者认为，刑法效力的根据可以分为两个层次。首先，由于刑法的效力是一种以国家强制力为保证的约束力，因而，刑法的效力直接来源于国家的权力，具体来说就是作为国家权力一部分的刑罚权，这是刑法效力的表层的、形式的根据。但是，这并不是问题的终结，还应该再往下追问一步，国家为什么具有刑罚权？即刑罚权的根据是什么？隐藏在刑罚权背后的根据才是刑法效力的深层的、实质的根据。下面对刑法效力根据的这两个层次分别予以具体的说明。

## 一、刑法效力的形式根据——作为国家权力之一的刑罚权

法律是由国家制定或认可并由国家强制力保证其实施的行为规范。法律与国家密不可分，它是国家行使权力的结果。作为国家法律之一种的刑法也是如此。刑法是由国家制定或认可并由国家强制力保证其实施的关于犯罪与刑罚的行为规范。因此，国家权力是刑法效力的形式根据。其理由在于：首先，制定和认可都是国家行使权力的具体表现形式。其次，制定出来的刑法并不都是当然具有法律效力，有的还需要特定的形式，如由国家元首签发命令等才能发生法律效力，这也是刑法的效力来源于国家权力的表现。其三，国家可以废除已经生效的刑法，使其成为无效的法律。被废除的刑法，仍然叫做刑法，但这种刑法却没有法律效力。所以，刑法的效力是根据国家权力而获得的，也是根据国家权力而丧失的，一句话，刑法的效力是国家行使权力的结果。

国家之所以有权制定法律（包括刑法）并使其具有法律效力，是由国家本身的性质决定的。马克思主义认为，国家从本质上来看是阶级统治的工具，而从形式上来看，"国家是整个社会的正式代表，是社会在一个有形的组织中的集中表现"。[①] 无论是奴隶社会、封建社会、资本主义社会还是社会主义社会，国家都有对被统治阶级实行专政以及调整社会公共事务的职能。实现这些职能需要一定的手段，而国家通过制定法律，使其生效，并贯彻执行则是其实现上述职能的重要手段和方法之一。所以国家赋予或废除法律的效力是国家利用其权力实现其职能的手段。

让我们换个角度，从国际法的角度来考察。在国际法上，国家作为国际法的主要主体有其特定的构成要素，在这些要素中，主权是其不可缺少的一个重

---

[①] 列宁在《国家与革命》中引用恩格斯的话，见《列宁全集》，第2版第31卷第14页。

要要素。而所谓主权,是指国家独立自主地处理对内对外事务的权力。在处理对内事务方面,国家有权采取各种手段,其中包括法律手段。所以,在此意义上,法律的效力也是来源于国家权力即国家对内主权内容的一部分。

国家具有制定法律并赋予其效力的权力,是从一般意义上来说的。具体到刑法而言,意味着国家有权制定关于什么行为是犯罪以及对犯罪应处以何种刑罚的法律,这种权力就是刑罚权。至于刑罚权的内容,刑法理论上有不同的认识,概括起来说,有两种不同的观点。一种观点认为,以国家运用刑罚的刑事活动的特点与刑罚之运用的特有逻辑为根据,刑罚权可以分为制刑权、求刑权、量刑权和行刑权四个方面的内容。① 另一种观点则认为,刑罚权是刑罚创制权、刑罚裁量权和刑罚执行权的统一。② 显然,两种认识的区别在于求刑权是否属于刑罚权的内容。笔者同意后一种观点,原因在于,求刑权是请求国家审判机关对犯罪分子予以刑罚惩罚的权力,求刑权的主体既包括检察机关,也包括被害人。检察机关可以代表国家行使刑罚权,但被害人则无权代表国家,否则刑罚权也可以私人行使,就与刑罚权只能由国家行使,刑罚权是国家统治权的组成部分相矛盾。刑罚权作为对犯罪人实行刑罚惩罚的权力,是一种实体上的权力。而检察机关代表国家行使公诉权只是诉讼上的权力,检察机关依据刑事诉讼法提起刑事诉讼,要求法院对犯罪人定罪判刑,法院虽然大多数可能接受,但根据刑事诉讼法,也可能不接受。如果法院不接受,则不发生刑罚的问题了。所以这种请求刑罚的公诉权只是一种程序上的权力,与作为实体权利的刑罚权不同。

## 二、刑法效力的实质根据——正义性与功利性

刑法(以及其他法律)的效力来源于国家权力的行使和赋予解决了刑法(包括其他法律)效力的形式根据。但是,国家为什么有这种权力?国家行使这种权力的正当性是什么?这些隐藏在国家权力背后的东西是刑法效力形式根据的根据,即刑法效力的实质根据,对此我们必须予以揭示。

---

① 参见邱兴隆、许章润著:《刑罚学》,中国政法大学出版社1999年版,第56页;樊凤林主编:《刑罚通论》,中国政法大学出版社1994年版,第32~33页;陈兴良著:《本体刑法学》,商务印书馆2001年版,第624~625页。
② 参见马克昌主编:《刑罚通论》,武汉大学出版社1995年版,第17~20页;龚举文:《论刑罚权的内容及其根据》,载《人民司法》2003年第4期。这种观点根源于德国学者迈耶提出的关于刑罚本质的"分配主义"理论。

虽然刑罚权和制定并赋予其他法律的权力从整体上看是同一种权力,但由于刑法的具体内容(规定什么是犯罪以及对犯罪处以何种刑罚)与其他法律相比具有较大的差别,较之其他法律更为严厉,即其他法律有许多是赋予权利的,或者赋予权利与剥夺权利相结合的,而刑法则主要是规定对国民权利的剥夺而不是授予,并且这种剥夺比其他法律规定的剥夺更为严厉,包括对国民的自由甚至生命的剥夺,所以刑罚权的行使应较之其他法律制定权有更为严格的正当性的根据。那么,隐藏在刑罚权背后的根据是什么呢?对此,理论上有以下几种不同的观点:①

1. 神权说,或称神授说、神意说,认为刑罚权系神所授予。此说渊源甚古,我国早在奴隶制时代就有这种思想。夏商周三代的统治者,不仅用"敕天之命"论证其统治权的来源,"在刑法领域也以'行天之罚'作为现实的刑罚根据,并赋之以神秘的色彩。《尚书·皋陶谟》:'天讨有罪,五刑五用哉'。"② 在西方中世纪,神权说也颇为盛行。奥古斯丁(Augustine, 354~430)提倡"君权神授论",认为一切权力都来自上帝,刑罚权自然是上帝所赋予。圣保罗(Saint Paul),对刑罚权神授的观点作了更明确的阐述:"我们再也不用去思索刑罚权的渊源,这无非是神的代理人根据保障社会的必要,以惩罚作恶者的一种权利。本来正义与责任是不可分割的两种概念,所以侵害道德规范者必需补偿,才能算是得着正义,如是国家也就有压制这种侵害者的义务。……这些权利和义务是我们的创造主在把握着……政府就只有以代理人的立场,来执行裁判权。人类的法律也只有依据神的法度才能发生强制力;假若政府否认神,那就无异于否认他自己。"③

2. 契约说,或称社会契约说,认为刑罚权的根据在于人们共同订立的契约(或社会契约)。此说由古希腊哲学家伊壁鸠鲁(Epikouros,前341~前270)首先提出,17至18世纪为欧洲自然法学派学者进一步加以发展。法国的卢梭是社会契约说集大成的著名学者,意大利的贝卡里亚也是此说的积极主张者。卢梭认为,国家是由社会契约产生的,社会契约以保全缔约者为目的,为了自己的利益得到保障,缔约者同意如果自己侵犯了公众利益,自己愿受惩罚。"正是为了不至于成为凶手的牺牲品,所以人们才同意,假如自己做了凶手的话,自己也得死。"④ 这说明刑罚权是由人民缔结社会契约时同意才产生

---

① 参见马克昌主编:《刑罚通论》,武汉大学出版社1995年版,第20~24页。
② 张晋藩等:《中国刑法史新论》,人民法院出版社1992年版,第133页。
③ 转引自许鹏飞:《刑罚权之根据》,载《法律杂志》第8卷第1期。
④ 卢梭著、何兆武译:《社会契约论》,商务印书馆1980年版,第46页。

的。贝卡里亚用社会契约论进一步明确阐明了刑罚权的根据。他论述说：人们为你争我夺的战争所困扰，无力享受变得空有其名的自由，于是缔结契约，让出各自部分自由，以便享受剩下的那份自由。"由此可见，正是这种需要迫使人们割让自己的一部分自由，而且，无疑每个人都希望交给公共保存的那份自由尽量少些，只要足以让别人保护自己就行了。这一份份最少量的自由的结晶形成惩罚权。"① 这就明确说明了刑罚权是基于人们相互缔结的契约而产生。

3. 命令说，认为刑罚权的根据在于主权者的命令。此说渊源于英国分析法学的首创者、法理学家奥斯丁（John Austion，1790～1859）的法律为主权者的命令说。他认为"'法律'一词或所谓严格意义上的法律，是命令"，如果不服从命令，就会招致惩罚。但他还没有明确提出刑罚权的根据。至1850年俾尔得多（Bertauld）的著作《个人自由论》与《刑法论》两书出版后，这一学说才建立起来。俾氏认为国家有刑罚权是基于国家有命令权。"所谓命令权，就是说有使人们尊重该命令的权利，或者有制裁人们的权利——命令的制裁就是刑罚，所以命令权就是有处罚违反该命令的权利。这就是刑罚权的实在根据。"他在《刑法论》的第一章里说："主权者宣布法律和执行法律，假若他的命令不能使违犯者发生危险，那么，法律也将不成其为法律，而仅是一种劝告、一种请求，主权者也将不成其为主权者，而仅仅是宗教上的'传教师'罢了。因为制裁是一切法律的本质，主权的根本，也就系之于'强制的方策'，刑罚就是这种制裁。……所以合法的刑罚权，是仅在于命令权（法律）的依赖，这就是刑罚的真实的根据、真实的渊源。"②

4. 功利说，或称社会必要说，认为刑罚权是由于社会的利益或社会的必要而存在。英国法学家、功利主义学说的创始人边沁是这一主张的倡导者。他认为，"大自然将人类置于两位国王，即痛苦和快乐的统治之下"，幸福就是避苦求乐，功利意味着是产生幸福或防止不幸。"个人的伦理以幸福为它的目的，而立法也不能有其他的目的。""政府的职责是以奖惩办法提高社会的幸福。……根据危害幸福的行为及其犯罪之程度便可对它提出惩罚。"③ 刑罚权就是根据维护幸福的实在利益而产生的。德国法学家、目的法学的创始人耶林（R·V·Jhening，1818～1892）也是此说的主张者。他认为人类的行为都要受一定的目的支配。目的有两种，即个人目的和社会目的，前者以利己为根据，

---

① 贝卡里亚著、黄风译：《论犯罪与刑罚》，中国大百科全书出版社1993年版，第9页。
② 转引自许鹏飞；《刑罚权之根据》，载《法律杂志》第8卷第1期。
③ 《西方法律思想史资料选编》，北京大学出版社1983年版，第484、490、495页。

后者以利他为根据。要使利己和利他、个人和社会相结合，法律就是促进这种结合的手段。而法律必须具有强制性，"法律通过'报酬'的手段对人类的权利加以规定，通过'制裁'的手段强制人类履行义务，就能够实现上述的结合。"① 刑罚权就是为了实现个人利益与社会利益相结合的目的而存在的。

5. 正义说，认为刑罚权的根据在于正义的要求。康德把对法律的研究建立在什么是公正的科学、什么是公正等研究之上，认为公正的正义是刑罚产生的根据。在他看来，杀人者必须处死，犯罪者必须受到惩罚，否则，"社会就没有公正和正义，那么在这个世界上人类的生命就没有什么价值了。"② 黑格尔认为，犯罪是对法的否定，刑罚是对犯罪的否定，所以刑罚不过是否定之否定。对作为现象刑罚的种种考虑，"都假定以刑罚是自在自为地正义的这一点为基础"，"就正义的实存形式来说，它在国家中所具有的形式，即刑罚"③。这表明在以正义为刑罚权的根据上，他与康德的观点实质上是相同的，尽管论述各有特点。

6. 社会防卫说，认为刑罚权是以防卫社会免受犯罪的侵害而设立。此说为实证学派的学者所倡导，因而也被称为实证派。刑事人类学派的创始人龙勃罗梭即从这种观点立论说明刑罚权的根据。他说："野兽食人，不必问其生性使然，抑故尔作恶；吾人遇之，必毙之而已。禁锢疯犯，亦同此自卫原理。……刑罚必从自卫立论，方可无反对之地。"④ 菲利虽然也认为刑罚是为防卫社会而存在，但在他看来，"用暴力来矫正暴力总不是一种好办法"⑤，因而提出一些刑罚的替代措施。嗣后，比利时刑法学者普林斯（Prins，1845~1919）大力提倡社会防卫论，其关于刑罚权根据的观点也属此说。

7. 折中说，或兼采纯正正义说和社会必要说，或兼采社会防卫说与纯正正义说。主张刑罚权的发生，固然来自防卫社会；同时不能忽视法律是以正义为基础。刑罚科处一个犯人，不仅基于该行为危害社会的生存，而且也在于正义的实现。所以刑罚的执行，不只是防卫社会免受犯罪的侵害，尤应满足社会的一种本能感应——正义，这才是刑罚权的整个根据。⑥

---

① 参见张宏生等主编：《西方法律思想史》，北京大学出版社1990年版，第350页。
② 《西方法律思想史》编写组：《西方法律思想史资料选编》，北京大学出版社1983年版，第424页。
③ 黑格尔著、范扬等译：《法哲学原理》，商务印书馆1982年版，第102、103页。
④ 刘麟生译：《朗伯罗梭氏犯罪学》（二），商务印书馆1929年版，第139~140页。
⑤ [意]菲利著、郭建安译：《犯罪社会学》，中国人民公安大学出版社1990年版，第78页。
⑥ 许鹏飞：《刑罚权之根据》，载《法律杂志》第8卷第1期。

怎样看待上述各种学说呢？在上述诸说中，神权说是违背科学的。神是人创造的，超自然的神是不存在的。统治者宣扬神赋予国家以刑罚权，不过用以欺骗人民，假借神的意志，任意剥夺人民的自由权利，从而巩固他们的统治罢了。契约说在反对封建专制的斗争中曾经起过积极作用，但它不符合客观的历史事实。历史证明，国家不是根据人们相互缔结的契约而产生的，而是阶级斗争不可调和的产物，自然，刑罚权也不是通过人们割让自己的一部分自由而形成的。命令说，对主权者为什么享有刑罚权，并没有给予回答，因而也就没有阐明刑罚权的根据。所以，前三种学说皆不可取。而对于后四种学说，在抛弃了其中存在的掩盖刑法作为国家法律的阶级本质的错误之后，则可以为我们所用。具体说来，正义说抓住了刑罚权根据的一个方面，但不够全面；功利说（社会必要说）和社会防卫说在本质上是一致的，即都是出于社会利益的考虑，具有功利的目的，它们可以作为刑罚权实质根据的另一方面，但它们和正义说一样只强调了一个方面而忽视了另一个方面。因此，从总体上来说，折中说基本上是较为全面地抓住了隐藏在刑罚权背后的根据。也就是说，国家刑罚权的根据一方面在于刑罚是国家用以实现社会正义的工具，其本身是正义性的体现，另一方面刑罚也是国家用以防卫社会利益[①]免受犯罪侵害的手段，具有功利的性质。由于刑法是规定犯罪与刑罚的法律规范，刑罚权的正义性与功利性实际上也就是刑法效力的实质根据所在。下面对此予以简要的说明。

所谓刑罚的正义性，是指刑罚是对犯罪者一种报应，通过这种报应以实现社会正义。换句话说，刑罚的正义性是通过对犯罪者的报应体现出来的。报应观念是公正（正义）观念的神圣化，肯定刑罚应该具有公正性，就必须肯定刑罚的报应性是刑罚的正当根据。作为刑罚的报应性基础的是社会对犯罪的报复愿望的正当性、道德谴责的公正性与法律制裁的公正性。即刑罚之所以应该存在，是因为对犯罪的社会报复、道德谴责与法律制裁需要刑罚这种具有严厉的惩罚性的手段存在。刑罚集社会报复、道德谴责与法律制裁为一体：作为对犯罪的社会报复手段，刑罚可以恢复被犯罪侵犯的社会生存秩序；作为对犯罪的道义报复手段，刑罚可以恢复被犯罪侵犯的道德秩序；作为对犯罪的法律制裁手段，刑罚可以恢复被犯罪侵犯的法律秩序。这三方面的价值表明对已经实施犯罪的人予以刑罚惩罚，具有天然的正当性。

所谓刑罚的功利性，是指刑罚是国家用以预防犯罪、防卫社会的手段。功

---

① 这里所说的社会利益是广义的社会利益，即整体社会的利益，它涵盖了我们通常所说的国家利益、社会利益和个人利益的全部内容。

利观念是独立于公正观念之外的另一种价值观念,刑罚的功利根据,在于刑罚的价值即功能。刑罚既具有防止一般人犯罪的作用即所谓一般预防作用,又具有防止犯罪人再犯罪的作用即所谓特殊预防作用,而预防犯罪既可以维持与保护法律秩序与道德秩序,又可以保卫社会的生存,因此,预防犯罪是刑罚的功利根据的核心。就是说,刑罚的存在是保护社会不受犯罪侵害、维护道德秩序免受犯罪破坏以及避免法律秩序受犯罪威胁的必然要求。

报应与功利共同证明了刑罚的存在的正当性。就是说:刑罚之所以应该存在,既是为了惩罚犯罪,也是为了预防犯罪,惩罚犯罪是预防犯罪的手段,预防犯罪是惩罚犯罪的目的,报应与功利即惩罚与预防的关系构成手段与目的的关系,两者是一个密不可分的整体。无视报应与功利的同一性,人为地将两者相对立,其结果只能导致对刑罚的正当性的认识片面。[1]

---

[1] 关于刑罚权根据的探讨,详细请参见邱兴隆著:《刑罚理性导论》,中国政法大学出版社1998年版以及邱兴隆著:《关于惩罚的哲学——刑罚根据论》,法律出版社2000年版。

# 第二编

## 刑法效力关系论
——法律体系与刑法的效力

任何一个国家的法律都是一个有机的整体,由此形成一定的法律体系。在这个法律体系中,宪法高居于上,具有最高的法律效力,对其他部门法具有制约性。同时,其他部门法相互之间也各有其相应的效力范围划分。本编就研究在整个法律体系内刑法与其他相关法律之间的效力关系问题,故名"刑法效力关系论"。

## 第三章 宪法与刑法的效力

关于宪法与刑法的效力关系问题,我国刑法理论界似乎没有什么争议,因为不仅宪法已经规定了它的最高法律效力,而且刑法本身也明确规定了它是以宪法为根据制定的。但刑法理论界对此问题的认识似乎仅仅停留在这一层面上,而没有进一步深入研究刑法立法以宪法的哪些具体规定为依据?宪法对刑法立法施加了哪些限制?刑法的规定是否完全符合宪法的原则和精神?若有不符合之处,其效力如何?宪法对刑法的约束力在实践中如何得以实现?宪法能不能在刑事审判中直接作为定罪量刑的依据?等等。本文拟对这些问题予以具体的考察。

## 第一节 宪法是刑法的制定根据

宪法是国家的根本大法，具有最高的法律效力。这在世界各国都是如此。我国现行宪法（1982年宪法）序言规定："本宪法以法律的形式确认了中国各族人民奋斗的成果，规定了国家的根本制度和根本任务，是国家的根本法，具有最高的法律效力。……"第五条规定："国家维护社会主义法制的统一和尊严。一切法律、行政法规和地方性法规都不得同宪法相抵触。一切国家机关和武装力量、各政党和各社会团体、各企业事业组织都必须遵守宪法和法律。一切违反宪法和法律的行为，必须予以追究。任何组织或者个人都不得有超越宪法和法律的特权。"

在一国法律体系中，除宪法外的其他法律的制定都要以宪法为根据，刑法自然也不例外。我国两部刑法典都对此作了明确规定。1979年刑法第一条规定："中华人民共和国刑法以马克思列宁主义毛泽东思想为指针，以宪法为根据，依照惩办与宽大相结合的政策，结合我国各族人民实行无产阶级领导的、工农联盟为基础的人民民主专政即无产阶级专政和进行社会主义革命、社会主义建设的具体经验及实际情况制定。"修订后的1997年刑法第一条规定："为了惩罚犯罪，保护人民，根据宪法，结合我国同犯罪作斗争的具体经验及实际情况，制定本法。"可见，1979年刑法和1997年刑法都是开宗明义，在第一条即规定了刑法的制定根据，其中的法律根据即是宪法。然而，刑法以宪法为根据制定并非仅仅体现在这一抽象的规定上，而是体现在刑法的具体规定中。那么，刑法中的哪些规定是以宪法的规定为依据呢？或者说宪法中的哪些规定在刑法中得以体现出来呢？刑法学界似乎少有人关注这一问题。笔者这里试加简要分析。

在作出具体分析之前，有一个问题需要事先说明一下，这就是对宪法范围的界定。宪法作为一个法律部门，不仅仅指一国的宪法法典（含宪法修正案），还包括其他一些宪法性法律。在我国，这些宪法性法律通常包括：立法法、国旗法、国徽法、缔结条约程序法、选举法、代表法、组织法、（港澳）特别行政区基本法等等。关于这些宪法性法律对刑法制定的影响，下面的分析中也一并涉及。

### 一、总体根据

宪法第 28 条规定:"国家维护社会秩序,镇压叛国和其他反革命的活动,制裁危害社会治安、破坏社会主义经济和其他犯罪的活动,惩办和改造犯罪分子。"宪法的这一规定可以说是我国刑法制定的总体根据。要维护社会秩序,就需要制裁各种犯罪活动,惩罚和改造犯罪分子,而要完成这一任务,就必须制定专门规定犯罪与制裁犯罪措施的法律规范即刑法。所以说,宪法第 28 条从总体上为我国刑法的制定提供了宪法根据。

另外,立法法对刑法的制定从程序上作了一般性的限制。根据立法法第 7 条的规定,全国人民代表大会制定和修改刑事基本法律。全国人民代表大会常务委员会在全国人民代表大会闭会期间,可以对全国人民代表大会制定的刑事基本法律进行部分补充和修改,但是不得同该法律的基本原则相抵触。根据立法法第 8 条第四项和第 9 条的规定,有关犯罪和刑罚的内容只能制定法律,不能授权国务院制定行政法规。

在宪法(包括宪法性法律)作为刑法制定的总体根据方面,值得一提的是《中华人民共和国香港特别行政区基本法》和《中华人民共和国澳门特别行政区基本法》作为这两个特别行政区刑事立法的制定根据。根据《中华人民共和国香港特别行政区基本法》的有关规定,全国人民代表大会授权香港特别行政区依照基本法的规定实行高度自治,享有行政管理权、立法权、独立的司法权和终审权(第 2 条)。但是,香港特别行政区立法机关制定的任何法律,均不得同基本法相抵触(第 11 条第 2 款)。香港特别行政区的立法机关制定的法律须报全国人民代表大会常务委员会备案。备案不影响该法律的生效(第 17 条)。《中华人民共和国澳门特别行政区基本法》也有内容相同的规定。这些规定以及其他一些相关规定是香港、澳门地区原有刑法和特区立法机关新制定的刑事法律具有相应效力的宪法性根据。

### 二、具体根据

除了宪法第 28 条为刑法的制定提供了总体根据外,宪法中的许多规定还为刑法中的许多具体规范提供了宪法根据。试举例如下:

1. 宪法第 1 条规定:"社会主义制度是中华人民共和国的根本制度。禁止任何组织或者个人破坏社会主义制度。"宪法的这一规定是我国刑法分则第一章"危害国家安全罪"的立法根据。其中第 105 条更直接使用了"组织、策划、实施颠覆国家政权、推翻社会主义制度的"的字眼。

2. 宪法第 4 条:"中华人民共和国各民族一律平等。国家保障各少数民族的合法的权利和利益,维护和发展各民族的平等、团结、互助关系。禁止对任何民族的歧视和压迫,禁止破坏民族团结和制造民族分裂的行为。"宪法的这一规定是我国刑法第 249 条关于煽动民族仇恨、民族歧视罪的立法根据。

3. 宪法第 12 条规定:"社会主义的公共财产神圣不可侵犯。国家保护社会主义的公共财产。禁止任何组织或者个人用任何手段侵占或者破坏国家的和集体的财产。"第 13 条规定:"国家保护公民的合法的收入、储蓄、房屋和其他合法财产的所有权。"宪法的这些规定是宪法分则第五章"侵犯财产罪"规定的立法根据。

4. 宪法第 22 条规定:"国家保护名胜古迹、珍贵文物和其他重要历史文化遗产。"这一规定是刑法分则第六章第四节"妨害文物管理罪"的立法根据。

5. 宪法第 33 条:"中华人民共和国公民在法律面前一律平等。"宪法的这一规定是我国刑法第 4 条关于刑法面前人人平等原则的立法根据。

6. 宪法第 36 条规定:"中华人民共和国公民有宗教信仰自由。任何国家机关、社会团体和个人不得强制公民信仰宗教或者不信仰宗教,不得歧视信仰宗教的公民和不信仰宗教的公民。国家保护正常的宗教活动。……"宪法的这一规定是我国刑法第 251 条关于非法剥夺公民宗教信仰自由罪的立法根据。

7. 宪法第 37 条规定:"中华人民共和国公民的人身自由不受侵犯。……禁止非法拘禁和以其他方法非法剥夺或者限制公民的人身自由,禁止非法搜查公民的身体。"宪法的这一规定是刑法第 238 条关于非法拘禁罪规定的立法根据。

8. 宪法第 38 条规定:"中华人民共和国公民的人格尊严不受侵犯。禁止用任何方法对公民进行侮辱、诽谤和诬告陷害。"宪法的这一规定是刑法第 246 条侮辱罪、诽谤罪和第 243 条诬告陷害罪的立法根据。

9. 宪法第 39 条规定:"中华人民共和国公民的住宅不受侵犯。禁止非法搜查或者非法侵入公民的住宅。"宪法的这一规定是刑法第 245 条非法搜查罪和非法侵入住宅罪的立法根据。

10. 宪法第 40 条规定:"中华人民共和国公民的通信自由和通信秘密受法律的保护。除因国家安全或者追查刑事犯罪的需要,由公安机关或者检察机关依照法律规定的程序对通信进行检查外,任何组织或者个人不得以任何理由侵犯公民的通信自由和通信秘密。"宪法的这一规定是刑法第252条侵犯通信自由罪和第253条私自开拆、隐匿、毁弃邮件、电报罪的立法根据。

11. 宪法第41条规定："中华人民共和国公民对于任何国家机关和国家工作人员，有提出批评和建议的权利；对于任何国家机关和国家工作人员的违法失职行为，有向有关国家机关提出申诉、控告或者检举的权利，但是不得捏造或者歪曲事实进行诬告陷害。对于公民的申诉、控告或者检举，有关国家机关必须查清事实，负责处理。任何人不得压制和打击报复。"宪法的这一规定是刑法第254条关于报复陷害罪规定的立法根据。

12. 宪法第116条规定："民族自治地方的人民代表大会有权依照当地民族的政治、经济和文化的特点，制定自治条例和单行条例。"宪法的这一规定是刑法第90条关于"民族自治地方不能全部适用本法规定的，可以由自治区或者省的人民代表大会根据当地民族的政治、经济、文化的特点和本法规定的基本原则，制定变通或者补充的规定，报请全国人民代表大会常务委员会批准施行。"这一规定的立法根据。

13. 1993年宪法修正案第7条将宪法的第15条："国家在社会主义公有制基础上实行计划经济。国家通过经济计划的综合平衡和市场调节的辅助作用，保证国民经济按比例地协调发展。""禁止任何组织或者个人扰乱社会经济秩序，破坏国家经济计划。"修改为："国家实行社会主义市场经济。""国家加强经济立法，完善宏观调控。""国家依法禁止任何组织或者个人扰乱社会经济秩序。"这是1997年刑法分则第三章由过去的"破坏社会主义经济秩序罪（即1979年刑法分则第三章）修改为现在的"破坏社会主义市场经济秩序罪"，并在法典之中删除有关计划经济的内容（如删除1979年刑法第120条的伪造、倒卖计划供应票证罪），增加有关市场经济的内容（如妨害对公司、企业的管理秩序罪）的立法根据。

以上是刑法法典中的有关规定，而其他一些宪法性法律中的有关规定同样也是刑法有关规范的制定根据。例如：

《中华人民共和国国旗法》第19条关于"在公众场合故意以焚烧、毁损、涂划、玷污、践踏等方式侮辱中华人民共和国国旗的，依法追究刑事责任；……"的规定和《中华人民共和国国徽法》第13条关于"在公众场合故意以焚烧、毁损、涂划、玷污、践踏等方式侮辱中华人民共和国国徽的，依法追究刑事责任；……"的规定，是刑法第299条侮辱国旗、国徽罪的立法根据。

《中华人民共和国全国人民代表大会和地方各级人民代表大会选举法》第52条关于"为保障选民和代表自由行使选举权和被选举权，对有下列违法行为的,应当依法给予行政处分或者刑事处分:(一)用暴力、威胁、欺骗、贿赂等非法手段破坏选举或者妨害选民和代表自由行使选举权和被选举权的;(二)伪造选举文件、虚报选举票数或者有其他违法行为的;……"的规定,是刑法第 256 条破坏选举罪的立法根据。

《中华人民共和国民族区域自治法》第 19 条关于"民族自治地方的人民代表大会有权依照当地民族的政治、经济和文化的特点,制定自治条例和单行条例。……"的规定,是刑法第 90 条关于"民族自治地方不能全部适用本法规定的,可以由自治区或者省的人民代表大会根据当地民族的政治、经济、文化的特点和本法规定的基本原则,制定变通或者补充的规定,报请全国人民代表大会常务委员会批准施行。"这一规定的立法根据。

当然,这里只是列举了部分刑法规范制定的宪法根据,但由此已经能够看出二者之间的渊源关系。或许有人会问,是不是所有的刑法规范在宪法上都有具体的根据呢?回答是否定的。这一方面是因为宪法规范具有高度概括性,它不可能也没必要把部门法规定的内容全部规定出来,否则,宪法就混同于一般部门法或者说降低为一般部门法了。

## 第二节 宪法对刑法的立法限制

我们说宪法是刑法的立法根据,或者说刑法以宪法为制定根据,这是从正面考察宪法与刑法效力的关系。下面我们要从反面来考察宪法与刑法效力的关系,即考察宪法对刑法的立法限制。

### 一、宪法对刑法限制的国外考察

从世界范围着眼,不少国家的宪法对刑法立法设置了限制性条款。

在美国,宪法除了规定某些犯罪并授权国会制定刑事法律之外,对州和联邦政体的刑事立法设置了若干限制,这些限制包括:(1)宪法第 1 条之九和十禁止国会和各州通过追溯既往的法律和剥夺公权的法案;(2)宪法修正案

第1条、① 第2条、② 第5条、③ 第8条④和第13条⑤中宣布的宪法权利不受侵犯；（3）正当程序条款对限制刑事法律的内容、形式和语言的限制。同时，美国宪法要求刑事司法活动根据这样的宪法原则进行——未经正当法律程序不得剥夺任何人的生命、自由或财产，以及每个人都应受到法律的平等保护。⑥

在意大利，宪法第25条第2款规定："如果不是根据行为实施前生效的法律，不得对任何人进行处罚。"

在日本，宪法第13条确认刑法的法源限定于有形式意义的法律，即经过国会以法律的形式制定并且具有形式意义上的法律。日本宪法第31条规定："任何人，未经法定程序，其生命、自由不受剥夺，也不得科处其他刑罚。"这一规定并不是说只要有合法程序就可以了，它实际上是说明犯罪和刑罚必须以狭义的法律加以适当的规定，因而是有关罪刑法定或者说法律主义以及刑罚法规妥当原则的规定。日本宪法第73条第6款但书规定："政令之中，除了具有法律授权的场合以外，不能设置罚则。"这实际上是对法律主义的补充。日本宪法第39条前段规定："任何人，不得由于实行时的合法行为而承担刑事责任。"这明确地规定了禁止事后法的立场。

在联邦德国，其基本法第103条第2款规定了罪刑法定原则，而其刑法典第1条和第2条关于罪刑法定原则的规定则是对宪法规定的呼应。

在俄罗斯联邦，宪法第54条规定，"任何人不得对在其实施时不被认为是违法的行为承担责任"。

由上可以看出，许多国家宪法对刑法效力的限制主要是体现在罪刑法定原则意义上的各种限制。虽然各国刑法典普遍规定了罪刑法定原则，但许多国家的宪法同样也规定了罪刑法定原则，这不能说是无意义的重复，因为罪刑法定原则作为保护人权的大宪章，不仅是刑法的一项基本原则，同时也是一项重要的宪法原则。

---

① 美国宪法第一条修正案禁止制定任何剥夺公民的宗教信仰自由、言论出版自由、集会请愿自由的法律。
② 美国宪法第二条修正案规定，出于维护自由国家安全的必要，人民备带武器的权利不受侵犯。
③ 美国宪法第五条修正案规定的内容是沉默权即在任何刑事案件中不得强迫任何人证明自己犯罪和禁止一案再审即同一犯罪不得两次受审判。
④ 美国宪法第八条修正案禁止"残酷的和非常的刑罚。"
⑤ 美国宪法第十三条修正案禁止奴隶制和强迫劳役："合众国境内或者属合众国管辖区域内，不准有奴隶制或强迫劳役的存在，唯用以惩罚犯罪者不在此限。"
⑥ 储槐植著：《美国刑法》（第2版），北京大学出版社1996年版，第32页。

## 二、我国宪法对刑法的限制及其不足

就我国而言,虽然宪法对刑法也有一些具体限制,但没有把罪刑法定原则作为一项宪法原则规定在宪法中。

在我国刑法规定的三个基本原则中,只有适用刑法人人平等原则是宪法原则的具体化,处于最重要的地位的罪刑法定原则却没有规定在宪法中。从世界范围来看,是否在宪法中规定罪刑法定原则以及如何规定有不同的做法。有的国家仅仅在刑法中规定而没有在宪法中规定(如我国),有的国家直接在宪法中明确规定,刑法不再另作规定(如日本),有的则是既规定刑法中,又规定在宪法中(如法国、德国、意大利等)。

如何看待上述不同的做法?应当说,在宪法中规定罪刑法定原则,并不是对刑法规定的简单的重复,而是表明罪刑法定原则不仅具有刑法价值,而且具有宪法价值,是对罪刑法定原则重大价值的立法肯定,这同宪法中规定了法律面前人人平等原则而刑法又规定了适用刑法人人平等原则是同样的道理。同时,宪法与刑法对罪刑法定原则的规定,在内容上也可以有不同的侧重。在这方面,意大利的做法可资借鉴。意大利宪法第25条第2款规定:"如果不是根据行为实施前生效的法律,不得对任何人进行处罚。"而意大利刑法第1条规定:"任何人不得因法律没有明确的规定为犯罪的行为而受罚,也不得受非法律规定的刑罚的处罚。"显然,宪法的规定强调的是法律专属性原则和不得溯及既往原则。而刑法的规定则是强调有关犯罪与刑罚的法律规范的确定性(同时刑法典第2条第1款规定:"任何人不得因行为时不构成犯罪的行为而受处罚",即重申了不得溯及既往的原则)。因此,虽然我国刑法规定了罪刑法定原则,但这并不妨害将罪刑法定原则规定在宪法中。罪刑法定原则是法治社会刑法的内在生命,将罪刑法定原则写入宪法,无论从形式上还是实质上看都具有重大意义:

从形式上看,将罪刑法定原则写入宪法,就等于向社会昭示:罪刑法定原则已经宪法确认,成为宪法规范,具有至高无上性,国家和个人必须一体遵行。

从实质上看,将罪刑法定原则写入宪法,对于限制司法权和立法权都具有重要意义。

从对司法权的限制来说,虽然在刑法中规定了罪刑法定原则,使司法机关的定罪量刑活动限制在法有明文规定的范围之内,具有十分重要的意义,但仅此还不够，还需要从司法职权上对司法机关的定罪量刑的活动作出限制。而作为根本大法的宪法，恰恰涉及对国家机关包括司法机关的职权规定。我国宪法第135条规定："人民法院、人民检察院和公安机关办理刑事案件，应当分工负责，互相配合，互相制约，以保证准确地执行法律。"这一规定赋予了人民法院、人民检察院和公安机关以刑事司法权，但这种刑事司法权应当受到罪刑法定原则的限制，即只能在法律范围内行使刑事司法权。由于罪刑法定原则未经宪法确认，因而在实际上降低了它对司法权的限制意义。

从对立法权限制来说，罪刑法定原则应当是判断立法机关的刑事立法活动是否合宪的一个重要标准。如果在宪法中规定了罪刑法定原则的内容，就可以据此判断刑法从总体上是否违宪。从上述我国刑法制定的宪法根据上看，主要表现在通过惩治犯罪，保护宪法确认的人身权、财产权以及其他各种权利，尤其是保护国家和社会的权力方面，而在对公民个人自由与权利的保护上，宪法的根据是缺乏的，因而难以形成对刑事立法的有效限制。只有在宪法中确立了罪刑法定原则，规定立法机关不得制定事后法，不得剥夺公民的基本权利、不得制定极其残酷的刑罚，才能够限制立法权对公民权利的肆意侵害，更好地保护公民个人的自由与权利。罪刑法定原则如果不能体现对立法权的限制，它就是残缺不全的。而如果要发挥罪刑法定原则对立法权的限制，只有将其规定在宪法中才能实现。

因此，将罪刑法定原则写入宪法，不仅能够提高其自身的地位，而且具有限制立法权和司法权的积极意义，建议在将来修改宪法时将罪刑法定原则纳入宪法之中。

## 第三节 宪法对刑法效力限制的实现——违宪审查制

在一国的法律体系中，宪法具有最高的法律效力，其他法律都以它为制定根据，而不能与它相抵触，否则无效。虽然这些认识已经成为理论上的通识，而且也已经在各国宪法和法律中体现出来，但是认识不能仅仅停留在理论上，更重要的是将它付诸实践；也不能仅仅是规定在法律中，还要有具体的制度来保证它具有可操作性。具体说来，如何判断法律法规（当然包括刑法）与宪法是否抵触？由谁来判断？如果发现其与宪法相抵触，如何处理？这些内容就是违宪审查制度。

### 一、违宪审查制度概览

违宪审查制度，是指在宪政的国家，由特定的国家机构按照特定的程序对某些行为进行合宪性审查，并对其是否违宪作出裁决的制度。这种制度的意义在于保证宪法的切实实施，以体现国家根本大法的最高法律地位和最高法律效力，从而维护其严肃性和权威性。

违宪审查的范围，各国各不相同。但总体上说，主要包括：审查法律及法律性文件的合宪性；审查国家机关及其工作人员行为的合宪性；审查国家机关之间的权限纠纷等。

违宪审查的机关，各国也不完全一样，一般来说，这是和各国的历史传统、特定的政治理念及政治体制相适应的。大体说来有三种情况：一是由最高国家权力机关或者说代表机关来审查。这种类型在19世纪以欧洲大陆法系国家为代表，20世纪以后以社会主义国家为代表。例如我国是由全国人民代表大会和它的常委会监督宪法实施。二是由司法机关行使监督，即司法审查制。美国、日本、埃及等国实行这一制度。例如，日本宪法规定："最高法院是有权决定一切法律、命令、规则和处分是否符合宪法的终审法院。"美国联邦最高法院是美国国家的最终上诉法院，是美国所有联邦法规及宪法问题最终仲裁者。三是由专门机构审查制，即由专门设立的宪法法院或宪法委员会进行审查。如意大利设立宪法法院审理违宪案件，摩洛哥设最高法院宪法庭，法国设宪法会议（宪法委员会）监督宪法的实施。

违宪审查的方式，概括起来主要有以下几种：一是事先审查，又称预防性审查，即在法律、法规制定的过程中由专门机关进行审查，经审查认可后，才能颁布、执行。例如在法国，各项组织法、议会制定的规章等，在其生效之前均须提交宪法委员会审查其合宪性。二是事后审查，即对已经生效的法律、法规，在执行或适用过程中，因对它的合宪性产生怀疑而予以审查。对主管机关审查的期限、裁决的公布等，各国都有明确的规定，世界上大多数国家都采用事后审查制。三是附带性审查，又称具体性审查或个案审查，即司法机关在审理具体案件时，对所适用的法律、法规是否违宪进行审查。附带性审查是与那种不以争议为前提的主动审查即抽象性审查相对应的。美国的违宪审查就属于附带性审查方式。法院在审理案件过程中，要对有关法律作出裁决，如果该项法律违宪，法院就作出该案件不能适用此项违宪法律的裁决。四是宪法控诉，即指公民个人的宪法权利受到侵害时，有权向宪法法院提出控诉。法国、奥地利、西班牙均实行这一制度。在法国，不管具体侵害后果是否已发生，也不管是否涉及本人权益，只要认为某项法律侵犯了基本法所保障的公民权利就可提出这种控诉。

违宪审查机关通过审查之后，根据不同情况分别做出不同的处理：若行为合宪，予以维持，若行为违宪，则予以违宪制裁，即宣布违宪的法律、法规无效，或者弹劾、罢免失职、违法或犯罪的国家元首、政府首脑和其他政府官员。[1]

以上是从一般意义上来考察违宪审查制度中的审查范围、审查主体、审查方式及审查后的处理等，刑法的违宪审查实际上也同样包含了上述几方面的内容。

## 二、国外刑法违宪审查的实践

1. 美国

前面已经对美国宪法对刑法的限制作了介绍。在实践中，美国最高法院具有违宪审查权。例如，对于宪法第一条之九（3）以及第一条之十（1）规定的禁止剥夺公权法案，美国最高法院曾在1867年的一个判决中加以解释，所谓"剥夺公权法案，就是立法机关制定的不经司法程序而直接处以刑罚的法令。"而1946年美国最高法院的一个决定被认为具有里程碑意义。有三个人因为从事"颠覆"活动而被按照国会的一项法令开除了公职。最高法院认为，立法机关在它的权限内可以制定开除公职的规范，但是它不能把这个规范适用到该受法律谴责的行为还没有经过审判的那些人身上。因为这个立法机关的"处罚"未经司法程序，所以被认为是违宪的。1950年、1951年、1954年和1972年，最高法院都作出过类似的决定。[2] 又如，关于宪法规定的禁止追溯既往的法律，美国最高法院在1798年的一个判决中对追溯既往的刑事法律的含义进行了解释，认为凡是许可对该法通过以前的无辜行为追究刑事责任的法律、许可对该法通过以前的犯罪按加重情节追究刑事责任的法律以及改变刑罚许可对该法通过以前的犯罪按较重刑罚追究刑事责任的法律都属于追溯既往的刑事法律。[3] 再如，根据美国宪法第五条和第十四条关于未经正当法律程序不

---

[1] 资本主义国家一般都实行弹劾制度，而社会主义国家一般都实行罢免制。
[2] 储槐植著：《美国刑法》（第2版），北京大学出版社1996年版，第33页。
[3] 储槐植著：《美国刑法》（第2版），北京大学出版社1996年版，第34页。

得剥夺任何人的生命、自由和财产的规定，美国最高法院于1965年在格里思沃德上诉案中使一个把传播避孕工具消息定为犯罪的州法律失去效力。①

2. 俄罗斯

《俄罗斯联邦宪法》第15条第1款规定宪法具有最高的法律效力和直接的效力。俄罗斯联邦最高法院全体会议1995年10月31日《关于法院在审判中适用〈俄罗斯联邦宪法〉若干问题的决议》指出，在俄罗斯联邦适用的任何法律和其他法规不得与《俄罗斯联邦宪法》相抵触。法院在审理案件（包括刑事案件）时，如果确信联邦法律与《宪法》的有关规定相抵触，则直接适用《宪法》的规范。如果不能确定对具体案件所适用的和应该适用的法律是否与《宪法》相一致，则法院应从《俄罗斯联邦宪法》第125条第4款的规定，向宪法法院询问该法律是否符合宪法。一审法院、上诉法院和监督审法院均可提出这种询问。在案件审理的任何阶段法院都应作出说明理由的裁定（裁决），而法院自己以书面形式按具体文件格式对决定办理相关手续。在向宪法法院提出询问时，案件的诉讼和决定的执行中止，直至宪法法院对询问作出答复，对此应在法院的上述裁定（裁决）中作出说明。②

3. 德国

德国《基本法》第103条第2款和《刑法典》第1条都规定了罪刑法定原则，即在犯罪行为实施以前，法律必须已经对行为的可罚性作出了规定。而联邦宪法法院作出的许多判决（如第25、第285、第26、第31）对此进行了具体的说明和限制，包括排除习惯法、禁止类推、刑法的确定性以及禁止溯及既往等。③

4. 日本

如前所述，虽然日本刑法没有规定罪刑法定原则，但日本宪法第31条、第73条第6号但书以及第39条前段的规定都体现了罪刑法定原则的精神。由于日本宪法给予了法院违宪立法审查权（宪法第81条），因此，从理论上说，法院也可以审查刑罚法规内容的适当性。例如，根据宪法的31条的规定，刑罚法规须具有明确性，否则就在实质上违反了宪法。虽然最高法院没有以法律条文不明确为由判定某一刑罚法规无效，但却有不少判例驳回了法律不明确的

---

① 储槐植著：《美国刑法》（第2版），北京大学出版社1996年版，第42页。
② ［俄］Н·Ф·库兹涅佐娃、И·М·佳日科娃主编，黄道秀译：《俄罗斯刑法教程》（上卷），中国法制出版社2002年版，第83页。
③ 参见［德］汉斯·海因里希·耶赛克、托马斯·魏根特著，徐久生译：《德国刑法教科书》，中国法制出版社2001年版，第164~170页。

主张。而最高法院对德岛市公安条例事件的判决，则更是确立了法律条文明确性的判断标准，即："是否应该认为某刑罚法规因其暧昧、不明确而违反宪法的 31 条，应当以在具有通常判断能力的一般人的理解上，是否能够理解为在某一具体场合下，该种行为应当适用该条款——这样的标准来决定。"①

5. 意大利

意大利宪法第 136 条第 1 款规定，被宣告违宪的规范"从决定公布的第二天起失效"，1953 年第 87 号法律第 30 条第 4 款进一步明确规定："适用被宣告为违宪的规范而被判有罪的，停止执行判决并消除所有的刑事后果。"在实践中，由意大利宪法法院来负责审查法律规范是否违宪。如前所述，意大利刑法和宪法都规定了罪刑法定原则，因而刑法规范是否符合这一原则也是违宪审查的一项重要内容。例如，罪刑法定原则要求法律对犯罪构成要件的规定必须是明确的，宪法法院就须以此为标准来判断法律规范是否违宪。当然，在进行这种判断时，宪法法院的态度极为谨慎，绝大部分提交审查的法律都被认为并不违反明确性原则，但据此被判定为违宪的并不是没有。1981 年第 96 号判决就曾将刑法典第 603 条宣布为违宪的犯罪规范。② 宪法法院认为，该条规定的内容（"用使人完全服从自己的方式"，将"他人"置于"自己权力之下"）不符合宪法规定的明确性原则。因为不论从行为或者是结果的角度看，都既无法确定也无法区分什么样的行为可能使人处于完全服从的状态，不可能为完全服从制定一个客观的标准，立法上规定的"完全"，在司法实践中从未得到证实。宪法法院认为，只有这种根本不可能确定犯罪构成实际内容的特殊情况，才算违反了刑法规范明确性的要求。③

以上对几个主要国家刑法领域的违宪审查实践作了简要介绍。需要说明的是，上面的介绍仅仅是这些国家刑法领域违宪审查的个别侧面而远非全貌，但由此已经可以初步了解国外刑法领域违宪审查的大体状况。

---

① 参见 [日] 大谷实著、黎宏译：《刑法总论》，法律出版社 2003 年版，第 46 页；另参见 [日] 大塚仁著、冯军译：《刑法概说（总论）》，中国人民大学出版社 2003 年版，第 64 页。
② 参见黄风译：《意大利刑法典》，中国政法大学出版社 1998 年版，第 170 页。第 603 条规定的是"强迫服从"。
③ 参见 [意] 杜里奥·帕多瓦尼著，陈忠林译：《意大利刑法学原理》，法律出版社 1998 年版，第 29～30 页。

### 三、我国对刑法的违宪审查制度

在我国，违宪审查制度通常是作为宪法实施的监督制度而存在。如前所述，我国的违宪审查制属于代表机关审查制。1954年宪法和1978年宪法均规定，全国人大监督宪法的实施。现行宪法仍然保留了这一体制，但具体内容又有所发展：不仅在宪法序言中规定宪法是国家的根本法，具有最高的法律效力，在第5条规定，一切法律、行政法规和地方性法规都不得同宪法相抵触，一切组织都必须遵守宪法和法律；一切违反宪法和法律的行为必须予以追究；一切组织和个人都不得有超越宪法和法律的特权等违宪审查的总原则，而且增加了违宪审查的组织机构。现行宪法在原规定由全国人大监督宪法实施的基础上，增加规定全国人大常委会也有权监督宪法实施。并规定全国人大之下成立了若干委员会（包括专门委员会和根据需要设立的临时性调查委员会），协助全国人大及全国人大常委会行使监督宪法实施的权力。

我国现行宪法所确立的这种违宪审查体制，虽然在内容上与以前相比有很大发展，但从操作性上看，仍然存在明显的问题：一是缺乏专门的违宪审查组织机构。虽然宪法规定由全国人大及全国人大常委会监督宪法的实施，但是，全国人大是非常设机构，而全国人大常委会担负着最高国家权力机关的职能，其职权有21项之多，因而也没有精力和时间来审查规范性法律文件是否违宪的问题。二是缺乏关于违宪审查的具体程序，因而也就难以保证违宪审查的具体实施。在宪法法院审查制和宪法委员会审查制下，宪法法院和宪法委员会是专门实施违宪审查权的机构，因此，各国相应地建立了具体的实施违宪审查的程序。在司法审查制下，普通法院在审理案件过程中，附带地实施违宪审查，即按照司法程序进行违宪审查。而在代表机关审查制下，代表机关的主要职权是行使立法权和对其他机关的监督权，没有专门的违宪审查程序，而是按照立法程序进行审查。但违宪审查与立法及一般地行使监督权之间毕竟存在很大的差异，完全依照立法程序进行违宪审查，并不能很好地发挥违宪审查制度的作用。

2000年3月15日第九届全国人民代表大会第三次会议通过的《中华人民共和国立法法》对宪法规定的违宪审查体制作了进一步完善的规定，主要表现在：一是对必须制定法律的事项范围作了具体规定（第8条）。二是对法律、行政法规、地方性法规、自治条例和单行条例、规章在适用过程中发生的冲突及解决方法作了具体规定（第五章《适用与备案》部分）。三是对全国人大专门委员会特别是法律委员会在违宪审查中的地位和作用作了专门规定。虽然立法法对违宪审查程序作了一定程度的完善，但从总体上来看，我国的违宪审查制度仍然存在缺陷。

从违宪审查的实践来看，自现行宪法实施以来，除了在1990年和1994年香港基本法和澳门基本法通过时，曾经宣布这两个基本法符合宪法之外，全国人大和全国人大常委会从没有宣布过一个规范性法律文件因违宪而无效。出现这种情况恐怕不能说是我国的各种规范性法律文件没有违宪的情形，而要从违宪审查制度制度上寻找原因。

根据立法法第8条和第9条的规定，关于犯罪和刑罚的事项只能制定法律，而且即使是尚未制定法律的，全国人民代表大会及其常务委员会也不能授权国务院根据实际需要先行制定行政法规。这一规定无疑是正确的，因为有关犯罪与刑罚的事项事关公民的基本权利和自由，若立法权过于分散，显然不利于保护公民的权利和自由。当然，立法法第8条和第9条所指的"法律"是狭义的法律，即仅指全国人大及其常委会制定的规范性法律文件，因此作为规定犯罪与刑罚的刑法，在严格意义上只能表现为全国人大及其常委会制定的法律，从而刑法领域的违宪审查也就是审查全国人大及其常委会制定的刑法规范是否违宪的问题。下面我们对全国人大及其常委会制定的刑法规范的违宪审查问题分别予以考察。

（一）对全国人大制定的刑法文件的违宪审查

在我国，全国人大是最高国家权力机关，是最具民意的代表机关，它不仅制定和修改宪法，同时也作为立法机关制定法律，而且是制定关系重大的基本法律。就刑法领域而言，作为狭义刑法的刑法典即是由全国人大制定的一项基本法律。那么，全国人大制定的法律（当然包括刑法典）是否可能与其制定和修改的宪法相抵触呢？[①] 这不仅完全有可能，而且宪法和立法法上有明确的规定。宪法第5条规定："一切法律、行政法规和地方性法规都不得同宪法相抵触。"立法法第78条规定："宪法具有最高的法律效力，一切法律、行政法

---

[①] 张友渔认为，有人提出全国人大常委会违宪怎么办？不应该有这个问题。从理论上说，全国人大常委会违宪，那整个国家就有问题了。但是，全国人大常委会违宪也不要紧，全国人大可以管。全国人大常委会对全国人大负责并报告工作，全国人大选举和罢免它的成员，可以修改、撤销它的不适当的决定，全国人大常委会违宪，全国人大可以制裁。那么，还可进一步问，全国人大违宪怎么办？这是决不可能的。这是对我们国家根本制度的怀疑！如果真的出现，那就是说整个国家成问题了。但也不要紧，全国人大代表个别违宪的事情发生，人民可以监督，选举单位可以罢免、撤换代表。参见张友渔：《加强宪法理论的研究》，载《宪法论文选》，法律出版社1983年9月版，第14页。

规、地方性法规、自治条例和单行条例、规章都不得同宪法相抵触。"这里的"一切法律",当然包括全国人大制定的基本法律。宪法并没有将全国人大制定的基本法律排除在可能违宪的范围之外。既然全国人大制定的基本法律可能与宪法相抵触,那么,什么机关具有判断权呢?对此,宪法没有作出规定。立法法虽然对由全国人大制定和修改的法律的范围作了比较明确的规定,但对全国人大制定的基本法律的合宪性的判断权也未作规定。因此,从法律上看,这个问题还有待解决。而从实践中看,全国人大分别于1990年香港基本法和1994年澳门基本法通过的同时宣布这两个基本法符合宪法实际上是全国人大对于自己制定的基本法律合宪性的判断。既然全国人大可以对由自己制定的基本法律进行合宪性判断,当然也可以对自己制定的基本法律进行违宪性判断。所以,全国人大制定的基本法律是由其自身判断合宪与否,而不是由其他国家机关进行判断。

在实践中,全国人大没有判断过自己制定的基本法律违宪,但是,这并不意味着全国人大制定的法律包括刑法典不存在违宪的可能,也不能合理地预期全国人大自身能够自动地审查与纠正自己制定的违宪的法律。至于目前是否存在违宪的情形有学者从理论上进行了探讨。如有学者指出,新刑法第54条关于剥夺政治权利包括剥夺言论、出版、集会、结社、游行、示威的自由的规定显然就与宪法第35条的规定不符,因为宪法此条根本没有剥夺或限制这些基本权利的许可。① 也有学者认为,1989年制定的《集会游行示威法》以及刑法典中的非法集会游行示威罪的观点构成对公民集会、游行、示威的宪法权利的不当限制。②

(二) 对全国人大常委会制定的刑法文件的违宪审查

在我国,全国人大常委会和全国人大同属于国家权力机关。全国人大常委会除享有其他方面的职权之外,也享有立法权。根据宪法规定,全国人大常委会所享有的立法权包括两个方面:一是有权制定、修改除由全国人大制定的基本法律以外的其他法律;二是在全国人大闭会期间,有权对全国人大制定的基本法律进行部分补充和修改,但是不得同该法律的基本原则相抵触。就刑法领域而言,刑法典以外的刑法修正案、单行刑法就属于在全国人大闭会期间对全国人大制定的基本法律——刑法典所进行的部分修改和补充;而附属刑法

---

① 参见吴平著:《资格刑研究》,中国政法大学出版社2000年版,第158~162页;另见范忠信:《中国违宪审查与立法冲突解决机制》,载《法律科学》2001年第6期。
② 参见梁根林:《罪刑法定视野中的刑法合宪审查》,载梁根林、张立宇主编:《刑事一体化的本体展开》,法律出版社2003年版,第65页。

（非刑事法律中的罚则）则属于全国人大常委会制定、修改的基本法律以外的其他法律。全国人大常委会制定、修改的这两类法律是否会与宪法相抵触呢？这是不言而喻的，其道理和全国人大制定的基本法律会违宪一样。那么，由谁来判断是否违宪？如何来判断？若违宪，又如何处理呢？对此，我国宪法及立法法有一些相关规定。

宪法第62条第2项规定，全国人大有权"监督宪法的实施"；第11项规定，全国人大有权"改变或者撤销全国人民代表大会常务委员会不适当的决定"。因此，全国人大常委会制定、修改的法律是否与宪法相抵触，判断的主体为全国人大。但是，宪法的规定不够明确，也不便于操作。首先，宪法第62条第11项规定的全国人大有权"改变或者撤销全国人民代表大会常务委员会不适当的决定"，其中的"决定"是否包括法律以及其中的"不适当"是否包括违宪都是不明确的。其次，宪法虽然规定了全国人大有权监督全国人大常委会制定、修改的法律是否与宪法相抵触，但是，这一监督程序的启动程序是什么？对被认为可能与宪法相抵触的法律的审查程序怎样？对被认为与宪法相抵触的法律如何作出处理决定？处理决定的内容是什么？对这些基本程序，宪法没有作出规定，因而也就难以付诸实施。

2000年通过的《中华人民共和国立法法》对宪法规定的上述不明确之处作了补充。立法法第88条第1项规定，全国人大有权改变或者撤销全国人大常委会制定的不适当的法律，有权撤销全国人大常委会批准的违背宪法和本法第66条第2款规定的自治条例和单行条例。根据立法法的这一规定，上述宪法规定中的不适当的"决定"中应当包括"法律"。但是，对于其中的"不适当"是否包括违宪，则没有明确。而另一方面，全国人大监督全国人大常委会制定、修改的法律是否与宪法相抵触的程序问题仍然没有得到解决。

从实践看，全国人大也从没有因全国人大常委会制定、修改的法律违宪或"不适当"而撤销之。但这同样不能说明全国人大常委会制定、修改的法律就没有违宪的情形。以刑法为例，1979年刑法第9条规定，我国刑法对溯及力问题采取从旧兼从轻原则，这是罪刑法定原则的体现，但全国人大常委会1982年制定的《关于严惩严重破坏经济的罪犯的决定》和1983年制定的《关于严惩严重危害社会治安的犯罪分子的决定》却在溯及力问题上采用从新原则，使新法具有溯及力，明显地违反了罪刑法定原则。当然，我国宪法并没有明文规定罪刑法定原则，但是，如前所述，罪刑法定原则实际上是一项宪法原则，上述规定实际上是违宪的。即使在宪法未作明文规定的情况下，上述规定至少也是与全国人大制定的基本法律——刑法典相抵触，因而也应予以撤销。

但是，由于缺乏违宪审查的运作机制，这种法律却得以顺利通过并付诸实施。又如，我国1979年刑法典并没有规定单位可以成为犯罪主体，但是全国人大常委会于1987年通过的海关法以及其后通过的许多单行刑法却规定单位可以成为许多犯罪的主体，这同样突破了刑法典关于犯罪主体的基本规定。

（三）我国违宪审查制度的完善

正是由于我国的违宪审查制度存在缺陷，所以，近年来，学界对完善我国的违宪审查制度作了许多有益的探讨。设立专门的违宪审查机构，已经成为学界的共识。但对设立什么样的违宪审查机构则存在不同的意见。大体说来，主要有以下几种方案：（1）在全国人大下设立和全国人大常委会平行的宪法委员会；（2）在全国人大常委会下设立宪法委员会，作为它的一个专门的委员会；（3）设立专门的宪法法院；（4）由最高人民法院负责，即在最高人民法院下设立违宪审查庭，专门负责违宪审查；（5）设立复合制的违宪审查方式，即在全国人大下设立宪法委员会，同时在最高人民法院下设立违宪审查庭，共同行使完整的违宪审查权。

上述方案各有优点，但同时在理论上和实践中又都有其相应的缺陷：第一种方案不符合我国人民代表大会一元化的领导体制，与我国的政治体制不一致；第二种方案虽然没有突破现行的宪政体制，但它的权威性和独立性难以保证；第三种方案是一种事后的个案救济途径，而对大量的可能违宪法律等规范性文件缺乏事先的审查，并且从根本上突破了我国现行的政治体制。第四种方案也突破了我国现行的议行合一的人民代表大会制度，且最高法院缺乏权威性和至上性。第五种方案会降低违宪审查权的统一性和严肃性，有损于宪法的最高权威。

虽然理论界对违宪首次模式问题的探讨还没有取得一致的意见，但由专门的机构行使违宪审查权是各国宪政发展的趋势，也是违宪审查制度发展和完善的基本保障已成为共识。至于建立什么样的专门机关，它的组成、职权、性质、地位如何，应根据我国具体国情，在保证不动摇我国根本制度和政治体制的前提下，在不突破现行的宪政体制和议行合一的基础上，在吸收、借鉴国外违宪审查制度的优点和长处的基础上，认识到我国现行违宪审查制度的不足，选择合适的违宪审查模式，建立起真正具有可行性和可操作性的适合我国国情的违宪审查制度。

需要说明的是，虽然根据罪刑法定原则，严格意义上的刑法仅包括刑法典、单行刑法和附属刑法，因而刑法领域的违宪审查仅指对全国人大及其常委会制定的刑法文件的审查，但是实际上作为刑法渊源的并不仅限于上述三种，如少数民族地区对刑法的变通和补充规定、刑法立法解释和刑法司法解释等也是具有普遍约束力的规范性法律文件,因而从广义上也属于刑法的渊源。这些规范性法律文件同样也存在着是否违宪的问题,也需要相应的违宪审查机制。当然,对于这些规范性法律文件来说首先要考虑的是是否违反刑法典的问题,因而,本文在这里不再作具体的分析,而是在第三编中加以探讨。

## 第四节　关于刑法领域的宪法适用性问题

　　近年来,宪法的司法化成为我国学者关注的热点问题。所谓宪法司法化,实际上包括两方面的含义。其一,司法机关能否直接适用或引用宪法条文作为判决依据?在这种意义上,宪法司法化实际上是指宪法的司法适用性问题。其二,在司法机关对个案的审理过程中,能否对有违宪疑义的法律规范的合宪性进行审查并作出判断?这实际上涉及到司法机关的违宪审查权问题。关于第二种意义上的宪法司法化即违宪问题的司法审查,在前一个问题里已经涉及,这里谈谈第一种意义上的宪法司法化即宪法的司法适用性问题,具体说来是谈谈刑法领域中的宪法适用性问题。

　　关于能否将宪法作为法院判案的直接依据,学术界存在以下三种看法:

　　1. 否定说。持此说的学者认为,宪法不能成为法院判案的直接依据,这可以说是关于此问题的传统观点。[1]

　　2. 肯定说。持此说的学者认为,宪法可以而且应当作为法院判案的直接依据。[2]

　　3. 区别说。持此说的学者认为,宪法不能在刑事审判中作为判决的依据,但在民事和行政案件的审判中,宪法的司法适用性是非常必要的。[3]

　　这三种意见各有其相应的理由:

　　否定说的主要理由是:(1)宪法规范与其他法律规范相比较,在细密程度、可操作性上存在较大差异。宪法规范通常较为原则、抽象,是对某类问题的概括性规定,而其他法律规范所提供的是具体化要求。对于一项违法行为其违法程度如何,宪法规范难以提出认定的标准,只有其他法律规范才能做到这

---

[1]　胡锦光:《中国宪法的司法适用性探讨》,《中国人民大学学报》1997年第5期。
[2]　王学栋:《论我国宪法的司法适用性》,《山东大学学报(哲学社会科学版)》2001年第3期。
[3]　杨平:《论宪法的司法适用》,《甘肃政法学院学报》2002年第4期。

一点。因此，法院在审理刑事、民事、行政案件中，以宪法为直接依据来解决当事人之间的具体纠纷或者追究刑事被告人的刑事责任，是行不通的，也是没有必要的。（2）有司法解释方面的根据。1955年7月30日最高人民法院作出了《关于刑事判决中不宜援引宪法论罪科刑的依据的复函》的司法解释，① 这一司法解释明确排除了宪法在刑事审判中的适用。在1986年最高人民法院作出的《关于制作法律文书应如何引用法律规范性文件的批复》，② 该司法解释在罗列可以引用的法律文件时，只列举了普通法律，而没有列举宪法。

肯定说的主要理由是：（1）这是宪法法律性的必然要求。宪法首先是法，具有法律的一般属性。宪法的法律性表明宪法可以被人民法院在审理案件时予以适用，这是宪法法律性的必然推论。（2）这是弥补普通法律漏洞的需要。法律漏洞在任何国家都存在。自改革开放以来，我国在社会主义法制建设方面取得了重大进展，在政治、经济、文化、社会生活等诸多领域制定了一系列重要的法律、法规，初步建立起了与社会主义市场经济相适应的法律体系。但是，我国的法律体系仍不完备，在很多方面还只有宪法的原则性规定而缺乏普通法律的具体规定。在这种情况下，如果仅仅通过适用刑法、民法、经济法、行政法等普通法律来保障宪法的实施，宪法中一些没有被普通法律具体化的条款和内容就难以实现，宪法具有最高的法律效力也就成为一种政治性宣告。因而需要运用宪法条文的"原则性"和"概括性"来弥补普通法律的漏洞。（3）是解决法律冲突、维系法制统一的需要。根据法的效力的层级规则，在处理上述法律冲突时应坚持宪法至上原则和上位法优于下位法的原则。因此，

---

① 该解释的原文是："新疆高级人民法院：你院（55）刑二字第336号收悉。中华人民共和国宪法是我们国家的根本大法，也是一切法律的'母法'。刘少奇委员长在关于中华人民共和国宪法草案的报告中指出：'它在我们国家生活的最重要的问题上，规定了什么样的事是合法的，或者是法定必须执行的，又规定了什么样的事是非法的，必须禁止的。'对刑事方面，它并不规定如何论罪科刑的问题，据此，我们同意你院的意见，在刑事判决中，宪法不宜引为论罪科刑的依据。"

② 该司法解释指出："人民法院在依法审理民事和经济纠纷案件制作法律文书时，对于全国人民代表大会及其常务委员会制定的法律、国务院制定的行政法规，均可引用。各省、直辖市人民代表大会及其常务委员会制定的与宪法、法律和行政法规不相抵触的地方性法规，民族自治地方的人民代表大会制定依照当地的政治、经济和文化特点制定的自治条例和单行条例，人民法院在依法审理当事人双方属于本行政区域内的民事和经济纠纷案件制作法律文书时，也可引用国务院各部委发布的命令、指示和规章，各县、市人民代表大会通过和发布的决定、决议，地方各级人民政府发布的决定、命令和规章，凡与宪法、法律、行政法规不相抵触的，可在办案时对照执行，但不要引用。最高人民法院提出的贯彻执行各种法律的意见以及批复等，应当贯彻执行，但也不宜直接引用。"

当普通法律性规范文件与宪法的规定相冲突时,应适用宪法而不应适用普通法律,这既是宪法至上原则的必然要求,也是解决法律冲突、维系法制统一的重要形式。(4)是树立宪法权威、培养公民宪法意识的重要途径。目前我国公民的宪法意识从整体上看还比较低,甚至出现了"不怕违宪,只怕违法"、"违反宪法不算违法"的不正常现象。造成这种现象的原因虽然是多方面的,但因宪法不具有司法适用性而导致宪法的根本大法功能不能发挥和宪法的至上权威无法树立无疑也是其中一个重要的方面。要树立宪法权威,培养宪法意识,必须把宪法作为一个普通法律来看待,使宪法可以像普通法一样被法院和律师引用到诉讼中来,可以被公民用于保护自己,宪法才会真正具有生命力,才会真正走入社会生活,成为每个公民生活中的一部分。①

区别说的主要理由是,刑事审判不能适用宪法作为定罪科刑的依据,这是罪刑法定原则的要求,是符合法治精神和宪法保障人权的宗旨的。而对于宪法已经作出明确规定而普通法律没有作出相应的具体规定的公民的基本权利,在民事审判和行政审判中需要给予法律救济时,就要求人民法院在审判中适用宪法规定,才能够有效地履行人民法院作为国家审判机关依法裁判纠纷、保障人权的法定义务。在此情况下,法院应直接援引宪法的规定作出判决。②

针对上面各自所持的理由,各说也对他说又提出了一些反驳意见。

针对肯定说提出的反驳,否定说论者指出,若法院直接依据宪法审理具体案件,因宪法规范较为抽象、原则,其解释权和自由裁量权只能由法院掌握,实际上是法院造法,这与法院在中国现行政治体制中的地位及权限相矛盾。对于肯定说认为直接依据宪法审理案件可以提高公民的宪法意识的观点,否定说认为,公民宪法意识不高的原因不在于法院是否直接依据宪法审理具体案件,而在于宪法作为根本法的基本功能没有得到应有的发挥。③

区别说是建立在对否定说所持的司法解释论据的批判的基础之上,认为1955年的司法解释只是排除了宪法在刑事审判中的适用而没有排除在其他审判中的适用,不能由此推广到其他审判中。④

肯定说针对否定说提出的司法解释依据,认为我国宪法中并没有任何一条

---

① 王学栋:《论我国宪法的司法适用性》,《山东大学学报(哲学社会科学版)》2001年第3期。
② 杨平:《论宪法的司法适用》,《甘肃政法学院学报》2002年第4期。
③ 胡锦光:《中国宪法的司法适用性探讨》,《中国人民大学学报》1997年第5期。
④ 周伟:《宪法在审判实践中的适用问题研究》,《内蒙古社会科学(汉文版)》2000年第4期。

规定不能以宪法作为法院作出判决的依据,因而上述1955年的司法解释本身有违宪之嫌。法院作为由人大产生,并对其负责、受其监督的国家审判机关,只能执行由享有立法权的国家权力机关制定的法律,而无权拒绝适用。由最高法院规定法院系统判案不适用宪法,显然是越权了。这与中国议行合一原则不符。① 有的肯定说论者也对区别说认为宪法只能作为民事、行政审判的根据而不能作为刑事审判的根据的观点提出了反驳意见,认为,宪法虽未规定如何定罪量刑,但规定了何为公民的权利与自由,该类人权条款在刑法方面的意义是:属于公民权利和自由范围内的行为不是刑事审判的对象。如宪法中规定公民享有言论自由,而刑法典中规定有煽动、诽谤方面的犯罪,倘若公民以激烈的言论批评政府,出于维护秩序的考虑,他就有可能受到指控,此时就有必要寻求宪法的支持。因此,在很多情况下,宪法中的人权条款可以被公民引为抗辩不适当指控的理由。宪法虽不规定如何定罪量刑,却可据以判定罪与非罪,宪法的这一作用对于保障人权是必不可少的。②

由上可见,对于宪法能否作为法院审判的根据,以及进一步讲,宪法能否作为刑事审判的根据,不同的人有不同的认识,而且各种观点似乎也都不能完全驳倒对方。笔者在此无意加入这场争论之中,也不想对各种观点详加分析,但不能不略作说明。

其一,宪法的司法适用性问题其实和违宪审查问题具有密切的联系。因为法院要适用宪法作为审判的根据,就必然要涉及到对宪法的解释,而宪法的解释权和违宪审查权是分不开的。按照我国的现行宪法,法院显然没有宪法解释权,更没有违宪审查权,所以,在此意义上来说,法院就不能适用宪法作为审判案件的根据。而许多学者所得出的法院可以或应当把宪法作为审判的依据的结论,实际上是以法院具有违宪审查权和宪法解释权为条件的,这就需要突破现行的政治体制框架而进行根本性的政治体制改革。而有的学者则是在现行体制框架下来谈论这个问题,因而得出了不同的结论。所以,引起这场争论的原因很多,但这显然是其中不可忽视的一个重要方面。

其二,在宪法的司法适用性问题上,笔者赞成童之伟教授的观点。研究和推进宪法司法适用的目的是促使现行宪法在社会生活中充分实现,而要有效实现这个目的,不一定非得让司法部门直接适用宪法。可以通过以下途径解决问

---

① 李曙光、苗连营:《宪法应成为法院判案的直接依据》,《理论信息报》1989年5月22日。
② 姜峰:《论我国宪法中人权条款的直接效力》,《山东大学学报(哲学社会科学版)》2001年第3期。

题。一是顺应实行制定法制度的传统和人民代表大会体制，用加快人民代表机关立法的方式来解决宪政立法不充分的问题，这比用法院造法的方式来解决要更为合理也更为现实。二是采取切实步骤，在全国人大或全国人大常委会之下设立宪法法院或宪法委员会专事宪法监督，赋予其宪法解释权、规范性文件合宪审查权和审理宪法控诉案件权。我国实行制定法制度，法律传统和体制较接近欧洲大陆诸国而与美国相去较远，设立奥地利式的或法国式的违宪审查机构比较合适，不宜像美国那样由普通法院行使违宪审查权。三是以修宪或解释宪法的形式将解释法律之权完整地交由司法机关行使，让其在司法机关内合理分配，以加强宪法的间接适用。同时可由全国人大常委会行使法律解释监督权。总之，法院直接适用宪法，对于当前某些问题的合理解决会有帮助，但随着立法的逐步到位和逐步完善，法院直接适用宪法的需求会日益降低、空间会日益缩小。从根本上说，我国没有必要、也没有可能建立真正意义上的、稳固的宪法司法适用制度。①

其三，在宪法能否在刑事审判中适用的问题上，否定说和区别说是一致的，而肯定说虽然从表面上看与其他两说相左，但实质上并无根本的冲突。因为其出发点是相同的，即都是为了保护人权不被任意侵犯：否定说和区别说否定宪法在刑事审判中的适用，是为了保护公民免受刑法没有明文规定的法外惩罚，而肯定说肯定宪法在刑事审判中的适用并不是适用宪法中的条款对嫌疑人定罪判刑，而是利用宪法中的人权条款来作为犯罪嫌疑人无罪辩护的根据。所以，二者的目的都是为了保护公民的人权不被任意侵犯。

肯定说的出发点虽好，但其提出的理由却不够充分，即其所举的例证实际上并不能支持它的论点。按照前引肯定说的观点，因为宪法中规定了公民享有言论自由，而刑法中又规定有煽动②、诽谤的犯罪，因而若有人以激烈的言辞批评政府，就有可能被以刑法中有关煽动、诽谤的犯罪追究刑事责任，此时就可以以宪法中的人权条款（即宪法第35条关于公民享有言论自由的规定）作为无罪辩护的理由。这种理解存在着明显的不妥之处，它片面强调了公民的权利这一个方面，而忽视了宪法同样也规定了行使权利的限制。宪法在第二章不仅规定了公民享有广泛的权利和自由，同时也规定了公民应当履行的义务，权

---

① 童之伟：《宪法司法适用研究中的几个问题》，《法学》2001年第11期。
② 原文中用的是"煽动罪"，但实际上我国刑法中并无笼统的"煽动罪"，故作此变动。我国刑法中有关煽动的犯罪有第103条第2款的煽动分裂国家罪，第105条第2款的煽动颠覆国家政权罪，第249条的煽动民族仇恨、民族歧视罪、第278条的煽动暴力抗拒法律实施罪以及第373条第1款的煽动军人逃离部队罪。

利和义务不能分割开来。宪法第51条规定:"中华人民共和国公民在行使自由和权利的时候,不得损害国家的、社会的、集体的利益和其他公民的合法的自由和权利。"就言论自由而言,宪法第35条规定了公民享有言论自由,同时又规定了行使该自由的一些限制,如第41条规定:"中华人民共和国公民对于任何国家机关和国家工作人员,有提出批评和建议的权利;对于任何国家机关和国家工作人员的违法失职行为,有向有关国家机关提出申诉、控告或者检举的权利,但是不得捏造或者歪曲事实进行诬告陷害。"第52条规定:"中华人民共和国公民有维护国家统一和全国各民族团结的义务。"第54条规定:"中华人民共和国公民有维护祖国的安全、荣誉和利益的义务,不得有危害祖国的安全、荣誉和利益的行为。"因而刑法中也规定了与此相应的犯罪,如煽动分裂国家罪、煽动颠覆国家政权罪、煽动民族仇恨、民族歧视罪、煽动暴力抗拒法律实施罪、诽谤罪等,如有违反,自然应以犯罪论处,而不得以言论自由作为无罪辩护的理由。

因此,只要刑法的具体规定本身不违宪,就没有任何理由再拿宪法中的人权条款作为免罪辩护的理由。而在刑法中的具体规定本身已违反了宪法规定的情况下,就需要违宪审查制度予以解决。如前所述,在我国的现行体制下也不宜由法院在刑事审判中直接适用宪法规范。

# 第四章　刑法的效力与民法

　　法律是社会关系的调整器。任何部门法都调整一定范围的社会关系，刑法也不例外。而法律所调整的社会关系的范围实际上也就是该法律的约束力的范围，换句话说也就是该法律的效力范围[①]。因此，研究刑法的效力范围也就不能不研究刑法与相关部门法的效力范围的关系问题。在第三章中，我们研究了在一国的法律体系中，作为根本法的宪法与刑法的效力关系问题，而本章及第五章则研究在宪法这一根本法之下，其他与刑法并列的部门法与刑法的效力范围之间的关系问题。

　　在对本章和下一章的研讨展开之前，有必要对法理学中关于法律体系中的法律部门的划分和部门法的调整对象问题作一简单交代，以之作为研讨的前提。

　　根据法理学的一般原理，一国完整的法律体系是由有机联系的部门法组成的，部门法通过聚合构成法律体系，法律体系通过分类形成各部门法。而关于部门法的划分标准，法理学界的意见并不一致，概括起来说，有主辅标准说、主客观标准说、多标准说和唯一标准说几种。主辅标准说认为，划分部门法应该坚持两个客观标准，首先是法律调整的对象，如果按此标准不能划分部门法时就用法律调整的方法作为辅助标准进行划分。主客观标准说认为，划分部门法不仅要有客观标准，而且还必须坚持一定的主观标准，即必须坚持一定的原则。但是，客观标准仍然坚持法律调整的对象和法律调整的方法两个标准。多标准说认为，部门法的划分要考虑多种因素，如法律调整的对象，法律调整的方法，法律调整的主体以及法律文件的数量等。唯一标准说认为，划分部门法只能有一个标准，那就是法律调整的对象。上述几种观点中，主辅标准说可以说是通说[②]，大部分法理学教材都坚持这一立场。之所以会形成这种认识，是

---

[①] 这里所说的法律的效力范围与通常意义上的法律的效力范围含义不同，通常意义上的法律的效力范围实际上是指法律效力的维度，对此，本文将在第四章加以研究。

[②] 实际上，主客观标准说与多标准说都是主辅标准说的变种，从划分标准是否唯一的意义上来说，都是与唯一标准说相对应的多标准说。

因为人们根据已经形成的部门法来寻找划分的标准，这是一种先入为主的思维方式。人们认为，如果只按照法律调整的对象即社会关系的范围这一标准，不能完全划分部门法。具体说来，主要是刑法这一部门法难以将这一标准贯彻到底，因为它调整的社会关系的范围非常广泛，包括政治关系、经济关系、人身权关系、财产关系等其他部门法也调整的社会关系。因此，必须用法律调整的方法作为辅助标准来划分部门法。笔者不赞成这种观点，因为它存在着明显的缺陷：它违背了给事物分类只能采用同一标准的逻辑原理。虽然出于研究某一事物的目的可以从不同的角度、以不同的标准对事物进行分类，但在相互并列的类别之间，其所采用的划分标准则应当是同一的，否则就会出现类别之间的交叉和重复。在此意义上说，唯一标准说是适当的。可以说，主辅标准说一方面是由于人们对刑法这一部门法所调整的社会关系缺乏深入研究的结果，另一方面也是把刑法保护各种法益的功能（或者说目的）当成是刑法的调整而造成的。

和法理学界的认识相对应，刑法学界对于刑法的调整对象问题也存在认识上的分歧。概括起来说，存在着"广泛社会关系说"、"罪刑关系说"、"刑事法律关系说"和"层次说"等几种不同的观点。

"广泛社会关系说"与法理学中主辅标准说相对应，认为"刑法所保护和调整的社会关系范围广泛，凡是涉及到统治阶级利益的重要的社会关系，刑法都要予以保护"。[①] 或者说，"所有部门法所保护和调整的社会关系，也都同时借助于刑法的保护和调整"。[②]

"罪刑关系说"认为，"罪刑关系应当是刑法的基本问题，也是刑法的调整对象"。"罪刑关系的运动，表现为刑事法律关系的全过程"。[③]

"刑事法律关系说"认为，"刑事法律关系是刑法所调整的对象"。[④]

"层次说"认为，对刑法的调整对象应进行多层次的剖析。从表层看，其调整对象是刑事关系；从中层看，其调整对象是刑事责任关系；从深层看，其调整对象是政治关系。刑事关系和刑事责任关系是对刑法调整对象的法学认识，政治统治关系是对刑法调整对象的社会认识。[⑤]

在上述诸说中，"广泛社会关调整的系说"在我国影响最大，处于通说的

---

① 马克昌主编：《刑法学全书》，上海科学技术文献出版社1993年版，第3页。
② 高铭暄主编：《中国刑法学》，中国人民大学出版社1989年版，第12页。
③ 陈兴良：《刑法哲学》，中国政法大学出版社1997年版，第3页、第696页。
④ 赵廷光主编：《中国刑法原理》（总论卷），武汉大学出版社1992年版，第73页。
⑤ 李颂银：《刑法调整对象新说》，载《法商研究》1999年第4期。

地位，但如前所述，它存在着逻辑上的缺陷。"罪刑关系说"也不妥当，因为犯罪与刑罚的关系不是人与人之间的社会关系，而是两种刑法制度的关系，而且犯罪与刑罚的关系也并不贯穿刑法始终，有犯罪不一定有刑罚。"刑事法律关系说"也有不足，因为根据法理学的一般原理，法律关系是经法律调整的社会关系，在法律调整之前的社会关系还不能叫做法律关系。如在民法中，民法调整的社会关系是民事关系，经民法调整后的民事关系才叫做民事法律关系；在行政法中，行政法调整的社会关系是行政关系，经行政法调整后的行政关系才叫做行政法律关系。同样的道理，刑法调整的对象也应当是刑事关系而不是刑事法律关系，经刑法调整后的刑事关系才叫做刑事法律关系。所以，虽然从表面上看只是一个词之差，但含义却有本质的区别。所以，上述三种观点都有其不足之处。

比较而言，笔者赞成层次说。首先，该说从法学和社会两个方面对刑法的调整对象加以分析的思路是正确的，有利于揭示问题的实质。其次，层次说虽然把刑法的调整对象从两个方面分为三个层次，但从划分部门法的标准的角度看并不属于多标准说的一种，其在本质上仍然贯彻了唯一标准说。其对刑法调整对象的分析结论基本上是正确的，虽然从最深（或者说最高）层次上将刑法的调整对象概括为政治关系显得过于抽象，但基本上抓住了问题的实质。实际上，将刑法的调整对象概括为国家与犯罪人之间的刑事责任关系是适当的。

需要指出的是，各种法律对社会关系的调整是通过规范人们的行为来实现的，即法律通过规定人们在何种情况下可以做什么、应当做什么和禁止做什么来实现它对社会关系的调整。所以，法律效力的范围即法律所调整的社会关系的范围实际上是法律对社会关系具体领域的哪些行为进行调整的问题。

明确了刑法所调整的社会关系领域以及各种法律对社会关系的调整手段，下面我们就从两个方面考察一下民法与刑法的效力关系问题。

## 第一节　刑法与民法效力范围之关系的立法考察

如上所述，刑法是调整国家与犯罪人之间的刑事责任关系的法律，而民法作为法律体系中的一个基本部门法，则是调整公民之间、法人（或其他组织）之间或者它们相互之间的财产和人身关系的法律。表面看来，两者各自有其自己独立的调整范围，似乎是互不关联的，但实际上，由于刑法的法益保护机能使它具有其他各部门法（当然包括民法）的后盾的性质，当民事法益在民法领域里得不到有效的保护时，便由刑法承接过来，转而进入刑法的调整范围，由刑法加以保护。由此可见，二者的效力范围之间既具有明显的界限，也具有密切的关联。

### 一、刑法与民法效力范围之界限的立法历史考察

在古代法制史中，民法与刑法是合而为一的。不仅民法规范与刑法规范编纂在同一法典之中，而且对许多民事违法行为采用刑法制裁的方式。所以民法的效力范围与刑法的效力范围在很大程度上是重合的，这一点在我国古代法律中表现得特别明显。我国古代法律特别重视刑法对统治秩序的维护作用和对其他法律贯彻实施的保障作用，因而刑法在整个法律体系中处于核心地位。在法典的编纂上，从一开始就是诸法合体，以刑为主。从世界范围来看，无论是古巴比伦著名的《汉穆拉比法典》还是古罗马《国法大全》都是集刑法、民法、行政法、程序法为一体的法律文件，其中规定的许多内容都没有将民事侵权与刑事犯罪行为区分开来，这种情况一直持续到中世纪。即使在当今，在有些国家的法律中，民事侵权与刑事犯罪也没有完全分开。例如在德国，侵权责任既包括民事侵权，也包括刑事犯罪。在英语中，tort一词既可以指不法侵害他人的人身或财产权利而负担民事赔偿责任的侵权行为，也可以指刑法中的轻罪、过失罪。[①]

但是，近代以来，也就是资产阶级革命成功之后，随着保护人权观念的深入人心和罪刑法定原则在立法上的确立，民刑分立成为大陆法系欧陆各国法律的一种普遍现象。各国纷纷制定了独立的民法典和刑法典，民法和刑法各自的调整范围也相对明确。在我国，由于闭关锁国的政策被帝国主义的坚船利炮所打破，中国人开始探索学习西方的法律制度。从沈家本主持的清末修律开始，我国的法律打破了沿袭数千年的诸法合体，民刑不分的传统局面，并一直延续至今。

### 二、刑法与民法效力范围的界限

从现代刑法与民法分立的立场考察，刑法的效力范围与民法的效力范围的界限体现在如下几个方面：

---

[①] 《英汉法律词典》编写组编：《英汉法律词典》，法律出版社1985年版，第854页。

1. 违约行为属于民法的专属效力范围，刑法不能干预

法律调整与其他社会规范调整（如道德调整）的一个重要区别在于它的调整是以国家强制力作后盾，具体表现为对于违反法律规定的各种违法行为要追究相应的法律责任。对于违反刑法规定的各种犯罪行为要追究刑事责任，对于违反民法规定的各种民事违法行为要追究民事责任。民事责任有两类，即违约责任和侵权责任。与此相应，承担这两类民事责任的民事违法行为也有两种类型，即违约行为和侵权行为。其中的违约行为只由民法来调整，因为不管违约行为的具体违约情节如何，都没有超出民事违法的范围，不能构成刑事犯罪。

2. 在侵权行为领域，侵犯生命权的行为专由刑法调整

生命权是人身权的一种，但它是其他一切权利的基础，没有生命，人的其他一切权利都无从谈起，所以它是各种权利中最重要的一种，历来受到法律的严格保护。自从有法律的那一天起，侵犯他人生命权利的行为都被视为犯罪，而且是最为严厉的犯罪规定在刑法中，古今中外的情况莫不如此。特别是对于故意侵犯他人生命权利的行为，各国、各代的刑法普遍规定了死刑作为其相应的惩罚措施，"杀人偿命"成为人们朴素的道德和法律观念。即使到了近现代，不少国家对普通刑事犯罪废除了死刑，但对故意杀人的犯罪行为仍然保留了死刑。即使对故意杀人的犯罪也废除了死刑，但对这种行为的调整也仍然是刑法来实现的。

我们说侵犯生命权的行为专由刑法调整，是在行为的定性的意义上来说的，即侵犯他人生命权的行为在性质上是犯罪而不是一般的民事违法，但这并不排除行为人在承担刑事责任之后还要承担相应的民事责任，即由行为人对受害者或者其亲属赔偿损失。而这并没有否定行为的性质是犯罪而不是一般的民事侵权。实际上，很多犯罪行为都要在承担刑事责任的同时承担相应的民事责任，对此，下文还要专门予以分析。

3. 在侵权行为的其他领域，二者效力范围都可涉及，但有其相应的界限

在侵权行为的其他领域，虽然二者的效力范围都可涉及，但二者所规范的行为的性质和承担相应的法律责任的条件各有不同。

在民法领域，民事侵权行为的性质属于一般的民事违法，其所要承担的法律责任是民事责任。根据我国民法学的一般原理，结合法律规定，民事侵权行为承担民事责任需要具备四个方面的条件，即违法行为、损害事实、行为与损害事实之间的因果关系、过错。

在刑法领域，刑事侵权行为的性质属于刑事犯罪，其所承担的法律责任是

刑事责任。根据我国刑法学理论,刑事侵权行为承担刑事责任也需要具备四个方面的条件,即行为所侵犯的客体、行为的客观方面、行为主体和行为人的主观方面的心理态度。

以上是从一般意义上对民事侵权行为与刑事侵权行为所作的考察。虽然由于理论体系的不同,二者在承担责任的条件上不能完全对应起来,但从总体上来看都包含了主观和客观两个方面,体现了主客观相统一原则。从主客观两个方面来考察,民事侵权行为与刑事侵权行为的区别主要体现在:

(1) 客观上的危害大小不同

无论是民事侵权行为还是刑事侵权行为都具有社会危害性,但其社会危害性所指向的对象和程度大小有所不同。

首先,从危害行为所指向的对象来看,由于民法属于私法,其所调整的是平等主体之间的人身及财产关系,因而民事侵权行为所侵犯的对象是侵权行为所指向的对方当事人,其所造成的客观危害是指给对方当事人造成的人身、财产、精神等方面的损失。而刑法属于公法,其所调整的是国家与犯罪人之间的刑事责任关系,实质上是一种政治关系,因而刑事侵权行为所侵犯的对象不仅表现为该行为直接指向的对方当事人,而且表现为这种侵权行为给国家和社会所造成的危害,即危害了国家政权和统治秩序,而后者更是刑法所保护的价值所在。在刑法中存在着所谓没有被害人的犯罪和自己是被害人的犯罪,这些行为之所以被规定为犯罪,就是因为它们虽然没有像民事侵权行为那样给具体的对方当事人造成了人身、财产、精神等方面的损害,但却侵犯了社会利益或者国家利益。

其次,从侵权行为所造成的危害程度的大小来看,刑事侵权行为所造成的危害比民事侵权行为所造成的危害要大。危害程度的大小主要体现在行为的结果和情节两个方面,其中行为的结果是最重要也是最明显的方面,因而成为立法和司法实践中区分两种行为性质的主要分水岭。从结果的内容及范围来看,危害结果既包含物质损害也包含精神损害,既包含直接损害也包含间接损害,但刑法领域的危害结果主要是指物质损害和直接损害。情节是侵权行为危害程度大小的又一衡量因素。虽然从广义上讲,危害结果也是情节的一个重要内容,但法律上的情节通常是指危害结果之外的其他情节,如行为的次数、频度,行为对象的情况等。从危害结果及情节作为二者区分的界限在立法上的体现来看,通常是由刑法而不是民法来规定二者在这方面的区分标准的。刑法规定的刑事侵权(即犯罪)所必须具备的最低标准即下限也就是民事侵权所可能达到的最高程度即上限。

(2) 主观上的恶性程度不同

反映行为人主观上恶性程度的是行为人实施行为时的心理态度，即行为人在实施行为时在主观上是出于故意还是过失以及在故意的情况下行为人的目的和动机如何。在这方面，二者存在的差异可以从两个方面予以分析。

首先，在刑法领域，以处罚故意犯罪为原则，以处罚过失犯罪为例外。例如，根据我国刑法第14条第二款和第15条第二款的规定，"故意犯罪，应当负刑事责任。""过失犯罪，法律有规定的才负刑事责任。"而且从世界各国刑法典所规定的具体犯罪来看，绝大部分都属于故意犯罪，过失犯罪只占其中的一小部分。而在民法领域，故意与过失不是原则与例外的关系而是并列关系。从民法规定的侵权行为的种类来看，通常不对行为人主观方面的故意或者过失作特别的要求。

其次，在刑法领域，侵权行为要构成犯罪必须具备故意或者过失二者之一，否则不能以犯罪论处。如我国刑法第16条规定，"行为在客观上虽然造成了损害结果，但是不是出于故意或者过失，而是由于不能抗拒或者不能预见的原因所引起的，不是犯罪。"而在民法领域，有些特殊侵权行为实行无过错责任原则，即不管行为人实施行为时是否具有故意或过失，只要是因自己的行为造成了损害，就要承担民事责任，因此又叫做严格责任。①

民事侵权行为与刑事侵权行为除了在客观危害和主观恶性上的区别之外，还存在着其他一些方面的区别。例如主体条件的限制上有所不同。在刑法领域，行为人必须具备刑事责任能力才能对其所实施的刑事侵权行为承担刑事责任，反之，如果不具备刑事责任能力如未成年或患有精神病，其所实施的行为无论危害多么严重都不承担刑事责任。而在民法领域，具有民事权利能力的民事主体，不管其是否具有民事行为能力，对其所实施的民事侵权行为都不能免除民事责任的承担，只不过不具有民事行为能力的人实施的民事侵权行为的民事责任由其监护人承担而已。

### 三、刑法与民法效力范围的衔接

如前所述，在侵权行为领域，民法与刑法的效力范围都能涉及。一般的侵

---

① 虽然在英美刑法和刑法理论中存在严格责任，在我国刑法学界的理论探讨中也有人认为我国刑法中存在严格责任的犯罪，但这种主张还没有得到大多数人的承认而上升到通说的地位，因为它违背了刑法第16条的规定，与主客观相统一的刑法基本原则相冲突。

权行为受民法的调整，但当民法的调整手段不足以保护法益时，就进入刑法的调整范围之内。由此可见，刑法并不是对所有的侵权行为都予以调整，而是只调整那些民法不能有效调整的侵权行为。那么，具体来说，民法中的哪些侵权行为是需要由刑法予以调整的呢？下面分两类分别对民法中一般侵权行为和特殊侵权行为与刑法中的侵权犯罪的衔接予以分析。

（一）一般民事侵权行为与刑事犯罪的衔接

1. 侵犯人身权行为方面的衔接

民法中的人身权是指以与权利主体的人身不可分离的特定人身利益为内容的民事权益。我国民法中的人身权可以分为人格权和身份权两大类别，在这两大类别之下又都包括一些具体的权益。人格权包括生命权、健康权、姓名权、名称权、肖像权、名誉权和隐私权。身份权包括荣誉权和婚姻家庭中的身份权。在上述各项人身权中，纳入我国刑法保护范围的只有生命权、健康权和名誉权，其他人身权都只由民法予以调整。具体说来，我国刑法针对侵犯生命权的行为规定了故意杀人罪和过失致人死亡罪，针对侵犯健康权的行为规定了故意伤害罪和过失致人重伤罪，针对侵犯名誉权的行为规定了侮辱罪和诽谤罪。[1]

前已述及，对于侵犯他人生命权的行为，虽然要承担相应的民事责任，但从行为的定性上看则不是民法所能涵盖的，即凡是侵犯他人生命权的行为，不管是否发生了死亡结果以及行为的情节轻重如何，都不是一般的民事侵权行为，而是严重的刑事侵权行为即犯罪行为。对于因过失而致人死亡的侵权行为则不尽然。一般来说，因过失致人死亡的，应构成刑法中的过失致人死亡罪，因而属于刑法的调整范围。但有些因过失致人死亡的行为，如因医疗事故致人死亡的行为，因这种过失不是普通的过失而是一种业务过失，因而长期以来在我国只承担相应的民事责任而不以犯罪论处。因为我国1979年刑法典没有将此种行为规定为犯罪，实践中对这类在法律上一般只作民事赔偿处理。直到1987年6月29日国务院发布的《医疗事故处理办法》才有对这类行为追究刑事责任的规定。根据该《医疗事故处理办法》第24条的规定，"医务人员由于极端不负责任，致使病员死亡，情节恶劣已构成犯罪的，对直接责任人员由司法机关追究刑事责任。"但是，该规定没有解决对这类行为的定罪问题，于

---

[1] 刑法第252条和第253条所规定的侵犯通信自由罪和私自开拆、隐匿、毁弃邮件、电报罪侵犯的客体是公民的通信自由和通信秘密，其中的通信秘密实际上属于公民的隐私权。

是最高人民检察院在同年 8 月 31 日发布的《关于正确认定和处理玩忽职守罪的若干意见（试行）》中规定对此种行为按玩忽职守罪处理。虽然如此，在司法实践中除对极少数责任人追究了刑事责任外，大部分责任人未受到应有的刑事制裁。① 当然，1997 年修订的新刑法典已经将这种行为专门规定为医疗事故罪，但上述情况至少说明了有些因过失致人死亡的行为并没有纳入刑法的效力范围之内，而是仅作为民事侵权行为，让行为人承担民事责任。笔者认为，这种情况是不合理的，因为刑法中明文规定有过失致人死亡罪，即使刑法典没有将这类因业务过失致人死亡的情形专门规定为独立的罪种，它仍然属于刑法中的犯罪而不是一般的民事侵权。将这种因业务过失致人死亡的情形仅仅当作民事侵权来处理，无疑是轻纵了犯罪，是对生命权的漠视。

在侵犯健康权方面，因行为所造成的客观结果的差异和行为人的主观心理态度的是故意还是过失的不同而会出现不同的情况。但其中有两种情形属于刑法调整的范围，即故意伤害他人致人轻伤以上（包括轻伤、重伤和死亡）的和因过失伤害他人致人重伤的。除此以外的情形即故意伤害他人未达到轻伤的以及过失伤害他人未达到重伤的，则由民法予以调整。②

在侵犯名誉权方面，根据侮辱、诽谤他人的情节轻重不同，分别由民法和刑法予以调整。根据我国刑法第 246 条的规定，只有以暴力或者其他方法公然侮辱他人或者捏造事实诽谤他人，情节严重的，才构成侮辱罪和诽谤罪。因而，对于一般的侮辱、诽谤行为，因为情节不严重，所以只需由民法调整，由行为人承担相应的民事责任就可以了。但从总体上看，即使是侮辱、诽谤他人达到了刑法规定的"情节严重"的程度，与侵犯生命权、健康权等侵犯人身权的行为相比，其社会危害性也明显较小，故刑法把侮辱罪和诽谤罪规定为亲告罪，即把是否追究行为人刑事责任的选择权赋予被害人一方。但刑法同时规定了例外情形，即严重危害社会秩序和国家利益的除外。

2. 侵犯财产权行为方面的衔接

财产权是与人身权相并列的一种法律权利。在民法中，财产权又称物权，是指作为法律确认的主体直接支配财产的权利。根据我国《民法通则》和其他民事法律的规定，我国的财产权（物权）包括财产所有权、用益物权（承包经营权、土地使用权、典权、地役权等）和担保物权（抵押权、质权、留

---

① 参见张赞宁：《医疗事故刑事案件 64 例法理剖析》，载《法律与医学杂志》1994 年第 1 卷第 2 期。
② 在行政法领域，这两种情形又属于违反治安管理的行为，要受到治安管理处罚。这反映了部门法调整范围的交叉重合或者说某种社会关系同时受到多个部门法调整的现象。

置权)。其中,财产所有权是指所有人在法律规定的范围内独占性地支配(占有、使用、收益、处分)其所有的财产的权利。在财产权的体系中,财产所有权处于核心的地位,它是最完整、最充分的财产权,其他财产权都是所有人与非所有人在一定法律关系的基础上由所有权派生和分离出来的。正因为如此,虽然所有的财产权都是刑法对财产权都是民法的保护范围,但进入刑法调整视野的仅有财产所有权一项。

为了加强对财产所有权的保护,我国刑法典专章规定了侵犯财产罪。刑法典分则第五章《侵犯财产罪》主要根据侵犯财产权的行为方式的不同将侵犯财产的犯罪分为抢劫罪、盗窃罪、诈骗罪、抢夺罪、聚众哄抢罪、侵占罪、职务侵占罪、敲诈勒索罪以及故意毁坏财物罪等不同的类型。另外,刑法典分则第八章《贪污贿赂罪》一章中的贪污罪、挪用公款罪、私分国有资产罪和私分罚没财物罪实际上也是侵犯财产的犯罪,只不过因为这些犯罪又是有关国家工作人员违反职务行为廉洁性的要求而实施的职务犯罪,因而没有把它们放在第五章而已。

上述各种侵犯财产所有权的行为并非一经实施就进入刑法的调控范围,而是要根据行为所侵犯的财产数额和具体情节的不同来确定是由刑法调整还是由民法调整。由于财产可以以价值大小来衡量,所有,大部分侵犯财产权行为的性质是一般民事侵权还是刑法中的侵犯财产罪是根据被侵犯财产的价值大小来确定的。如盗窃、诈骗、抢夺、聚众哄抢、侵占、职务侵占、敲诈勒索以及故意毁坏财物等侵犯财产权的行为,刑法都规定以数额较大作为构成犯罪的最低标准。当然,被侵犯财产的价值大小并不是唯一的衡量标准,有的虽然没有达到数额较大的标准,但情节严重的也进入刑法的调整范围而以犯罪处理。反之,如果侵权行为所侵犯的财产价值不大,又没有刑法规定的严重的情节,则由民法予以调整,作为一般民事侵权行为,承担返还财产、恢复原状、赔偿损失等民事责任。

需要注意的是,有的侵犯财产行为由于其自身的特点,刑法并没有把数额和情节作为其构成犯罪与否的标准,因而一经实施即构成犯罪而没有民事侵权行为存在的余地。抢劫行为就是这样。因为抢劫这种侵犯财产权的行为是以暴力、胁迫或者其他使被害人不能反抗的手段当场取得财物的,这种行为不仅侵犯了被害人的财产权利,同时也侵犯了被害人的人身权利,所有较之其他单纯侵犯财产权的行为具有更大的危害性,因而它专属于刑法的调整范围。

3. 侵犯知识产权行为方面的衔接

知识产权是指人们对通过脑力劳动创造出来的智力成果所依法享有的权

利，它具有人身权和财产权的双重性质，我国民法通则将其确认为一种与物权、债权相并列的独立的民事权利。从世界范围来看，1967年的《世界知识产权公约》规定的知识产权包括：关于文学、艺术和科学作品的权利；关于表演艺术家演出、录音和广播的权利；关于人类发展的一切领域的发明权利；关于科学发现的权利；关于工业品外观设计的权利；关于商标、服务标志、厂商名称和标记的权利；关于制止不正当竞争的权利；以及在工业、科学、文学或艺术领域内一切其他来自智力活动的权利。上述知识产权通常被分为工业产权和著作权两部分。工业产权是指在产业领域中对发明、商标等知识成果享有的专有权。著作权又称版权，是指作者在科学技术、文学艺术等领域中所创作的作品享有的专有权利以及作品的传播人所享有的权利。

我国民法通则规定的知识产权有六种类型，包括著作权（版权）、专利权、商标权、发现权、发明权和其他科技成果权。为了加强对知识产权的保护，我国刑法也专门规定了侵犯知识产权的犯罪。从我国刑法所规定的具体犯罪种类来看，刑法并没有将民法中的六种知识产权全部纳入其调整和保护的范围，而是只包括其中的三种，即商标权、专利权和著作权，另外又将民法通则中没有规定，而是规定在《反不正当竞争法》之中的商业秘密纳入其中。这样，我国刑法就规定了侵犯这四种知识产权的犯罪共七个罪名，即假冒注册商标罪、销售假冒注册商标的商品罪、非法制造、销售非法制造的注册商标标识罪、假冒专利罪、侵犯著作权罪、销售侵权复制品罪和侵犯商业秘密罪。

侵犯上述四种知识产权的行为并非一经实施就进入刑法的调整视野，构成犯罪，而是必须符合刑法规定的条件才能构成。这些条件主要表现为侵权行为的相关数额大小和情节的轻重。如销售假冒注册商标的商品罪要求销售金额数额较大，销售侵权复制品罪要求违法所得数额巨大，侵犯商业秘密罪要求给商业秘密的权利人造成重大损失；假冒注册商标罪、非法制造、销售非法制造的注册商标标识罪和假冒专利罪都要求情节严重；侵犯著作权罪则要求违法所得数额较大或者有其他严重情节。反之，如果达不到这些标准，则不能进入刑法的调整范围，而只能追究侵权行为人的民事责任，如要求侵权行为人停止侵害、消除影响、公开赔礼道歉和赔偿损失。①

---

① 当然，上述几种侵犯知识产权的行为同时还受到行政法的调整，侵权行为人还要承担相应的行政法律责任（如受到责令停止侵权行为、罚款等处理），这同样也是同一社会关系受多个部门法调整的现象。

4. 侵犯婚姻家庭权利行为方面的衔接

婚姻家庭关系是民法调整的社会关系的一个重要方面。在这方面，我国有三部重要的法律文件即《婚姻法》、《继承法》和《收养法》分别对有关婚姻家庭、收养、继承等方面的社会关系予以调整。为了加强对社会主义婚姻家庭关系的保护，我国刑法也专门规定了侵犯婚姻家庭权利的犯罪。1979年刑法典曾设专章规定了"妨害婚姻、家庭罪"，1997年刑法典虽然没有设立专章，但有关这方面的犯罪仍然完全保留下来。这些犯罪是：暴力干涉婚姻自由罪、重婚罪、破坏军婚罪、虐待罪、遗弃罪和拐骗儿童罪。其中前三个犯罪是保护婚姻关系的，后三个罪是保护家庭关系的。对于这些侵犯婚姻家庭关系的行为，我国第一部婚姻法只是在总则部分作了原则性规定。

（二）特殊民事侵权行为与刑事犯罪的衔接

除了规定上述几种一般侵权行为的民事责任之外，民法通则第121~127条还规定了几种特别的民事侵权行为也应当承担民事责任的情形。这些情形是：（1）国家机关及其工作人员职务行为的侵权责任；（2）缺陷产品致人损害的侵权责任；（3）高度危险作业致人损害的侵权责任；（4）环境污染致人损害的侵权责任；（5）地面施工致人损害的侵权责任；（6）建筑物致人损害的侵权责任；（7）饲养动物致人损害的侵权责任。根据民法学的一般理论，这些侵权行为之所以特殊，在于它们在构成要件上比一般侵权行为要少，[①] 而且必须有法律的明文规定才能存在。在这些特殊的侵权行为领域，若侵权行为达到相当程度，亦可进入刑法的调整范围。下面分别予以具体的说明。

1. 国家机关及其工作人员职务侵权行为方面的衔接

《民法通则》第121条规定："国家机关或者国家机关工作人员在执行职务中，侵犯公民、法人的合法权益造成损害的，应当承担民事责任。"而1995年1月1日生效的《中华人民共和国国家赔偿法》第2条又规定："国家机关和国家机关工作人员违法行使职权侵犯公民、法人和其他组织的合法权益造成损害的，受害人有依照本法取得国家赔偿的权利。"那么，两部法律规定的赔偿责任是相同的责任还是不同的责任呢？我们认为是相同的责任即民事责任。国家赔偿虽有刑事赔偿和行政赔偿之分，但我们不能从名称上来判断这种赔偿的性质，错误地认为刑事赔偿属于刑事责任，行政赔偿属于行政责任。实际上，无论是刑事赔偿还是行政赔偿都是一种赔偿责任即民事责任的一种，"刑事"和"行政"只不过是引起赔偿的不同原因而已，即刑事赔偿是由于国家

---

① 至于与一般侵权责任相比可以缺少哪些要件则往往语焉不详。

司法机关在办理刑事案件中发生侵权行为而引起的民事赔偿，行政赔偿则是国家行政机关在行政执法中发生侵权行为而引起的民事赔偿。但是，如果国家机关或国家机关工作人员的职务侵权达到了相当严重的程度，仅仅承担民事赔偿责任就不够了，这时就需要刑法予以调整，在承担民事赔偿责任的同时，追究国家机关工作人员的刑事责任。从刑法所规定的具体罪名看，有些犯罪就是专门针对这些情形规定的，如第247条规定的刑讯逼供罪和暴力取证罪，第248条规定的虐待被监管人罪，第397条规定的滥用职权罪和玩忽职守罪以及第399条规定的徇私枉法罪等都是国家机关工作人员的职务侵权行为构成的犯罪。同时，为了保证对这些职务侵权犯罪行为的惩治，刑事诉讼法还专门规定这些职务犯罪由人民检察院负责侦查。

2. 缺陷产品致人损害的侵权行为方面的衔接

《民法通则》第122条的规定："因产品质量不合格造成他人财产、人身损害的，产品制造者、销售者应当依法承担民事责任。运输者、仓储者对此负有责任的，产品制造者、销售者有权要求赔偿损失。"《民法通则》的这一规定被《中华人民共和国产品质量法》予以具体化。1993年2月22日第七届全国人民代表大会常务委员会第三十次会议通过并于当年9月1日生效的《中华人民共和国产品质量法》在第四章专门规定了"损害赔偿"，实际上也就是因产品缺陷造成他人人身或财产损害时应承担的民事责任。① 同时在第五章"罚则"部分又规定了生产、销售伪劣产品所应承担的行政责任（如责令停止生产、销售，没收违法所得，罚款以及吊销营业执照）和刑事责任。对于刑事责任，虽然产品质量法规定了"构成犯罪的，依法追究刑事责任"，但当时的刑法典并没有专门规定这方面的犯罪，因而在实践中难以具体操作。1997年新刑法典在分则第三章中设专节规定了生产、销售伪劣商品的犯罪。

根据商品是一般商品还是特殊商品，刑法第140~148条规定了9种具体的犯罪，即生产、销售伪劣产品罪（第140条）、生产、销售假药罪（第141条）、生产、销售劣药罪（第142条）、生产、销售不符合卫生标准的食品罪（第143条）、生产、销售有毒、有害食品罪（第144条）、生产、销售不符合标准的医用器材罪（第145条）、生产、销售不符合安全标准的产品罪（第146条）、生产、销售伪劣农药、兽药、化肥、种子罪（第147条）和生产、销售不符合卫生标准的化妆品罪（第148条）。在这9种犯罪中，除了第140条的生产销售伪劣产品罪是一般商品外，其他各条的犯罪都是特殊商品。这些

---

① 除了赔偿损失以外，还包括修理、重作、更换、恢复原状等民事责任形式。

特殊的商品在日常生活中最容易对他人的人身和财产造成损害。从刑法对这些犯罪构成要件的规定来看，并非这些缺陷产品一经对他人造成人身或财产损害即构成犯罪，而是一般都要求必须"对人体健康造成严重危害"、"造成严重后果"、"使生产遭受重大损失"才能构成。这正是由民法调整进入刑法调整范围的标准或者说界限，也是民法效力范围与刑法效力范围在这方面的衔接点。

当然，由于刑法惩治生产、销售伪劣商品的犯罪并不仅仅着眼于它所造成人身或财产损害，而是同时考虑到这些行为也侵犯了社会主义经济秩序，① 因而并非所有的这些犯罪都以造成实际损害为条件，有的即使未造成实际的损害也可能构成犯罪。如刑法第 140 条规定的生产、销售伪劣产品罪是以销售金额的大小作为认定犯罪的标准，而根据刑法第 141 条的规定，生产、销售假药只要"足以严重危害人体健康"即可构成犯罪。② 这些又表现出民法调整与刑法调整的差异性。

3. 高度危险作业致人损害的侵权行为方面的衔接

《民法通则》第 123 条："从事高空、高压、易燃、易爆、剧毒、放射性、高速运输工具等对周围环境有高度危险的作业造成他人损害的，应当承担民事责任，如果能够证明损害是由受害人故意造成的，不承担民事责任。"

与此相应，刑法上也规定了一些因高度危险作业造成损害后果或者存在危险的威胁而构成的犯罪。这些犯罪包括：重大飞行事故罪（第 131 条）、铁路运营安全事故罪（第 132 条）、交通肇事罪（第 133 条）、重大责任事故罪（第 134 条）、重大劳动安全事故罪（第 135 条）、危险物品肇事罪（136 条）、妨害传染病防治罪（第 330 条）、传染病菌种、毒种扩散罪（第 331 条）、妨害国境卫生检疫罪（第 332 条）、非法采集、供应血液、制作供应血液制品罪（第 334 条第 1 款）、采集、供应血液、制作、供应血液制品事故罪（第 334 条第 2 款）；另外，《中华人民共和国刑法修正案（三）》修订并增加了下列有关高度危险作业的刑事犯罪：过失投放毒害性、放射性、传染病病原体等物质

---

① 立法者没有将这些犯罪放在分则第四章或第五章有关侵犯人身权利或财产权利的犯罪中而是放在第三章"破坏社会主义市场经济秩序罪"之中，说明了立法者的着眼点主要不在于这些行为对人身和财产权利的侵害，而在于它们对社会主义市场经济秩序的破坏。

② 根据《中华人民共和国刑法修正案（四）》第 1 条的规定，刑法第 145 条规定的生产、销售不符合标准的医用器材罪也由原来的实际上"对人体健康造成严重危害"才构成犯罪修改为只要"足以严重危害人体健康"就构成犯罪。当然，这类行为若实际上已经造成了人身、财产的损害无疑更应以犯罪论处，但这时人身、财产的损害已经不是区分民法调整与刑法调整的界限，而是区分重罪与轻罪的界限了。

罪（第115条）和非法制造、买卖、运输、储存毒害性、放射性、传染病病原体等物质罪（第125条）。

4. 环境污染造成损害的侵权行为方面的衔接

《民法通则》第124条："违反国家保护环境防止污染的规定，污染环境造成他人损害的，应当依法承担民事责任。"《民法通则》的这一规定被此后所制定的环境保护类法律所肯定。如1989年12月26日第七届全国人民代表大会常务委员会第十一次会议通过并施行的《中华人民共和国环境保护法》在第五章"法律责任"部分第41条规定："造成环境污染危害的，有责任排除危害，并对直接受到损害的单位或者个人赔偿损失。"同时，该法第43条规定："违反本法规定，造成重大环境污染事故，导致公私财产重大损失或者人身伤亡的严重后果的，对直接责任人员依法追究刑事责任。"1984年5月11日第六届全国人民代表大会常务委员会第五次会议通过并于1996年5月15日第八届全国人民代表大会常务委员会第十九次会议修正的《中华人民共和国水污染防治法》在第六章"法律责任"部分的第55条规定："造成水污染危害的单位，有责任排除危害，并对直接受到损失的单位或者个人赔偿损失。……水污染损失由第三者故意或者过失所引起的，第三者应当承担责任。水污染损失由受害者自身的责任所引起的，排污单位不承担责任。"同时，该法第57条又规定："违反本法规定，造成重大水污染事故，导致公私财产重大损失或者人身伤亡的严重后果的，对有关责任人员可以比照刑法第115条或者第187条的规定，追究刑事责任。"1982年8月23日第五届全国人民代表大会常务委员会第二十四次会议通过，并于1999年12月25日由第九届全国人民代表大会常务委员会第十三次会议修订的《中华人民共和国海洋环境保护法》在第九章"法律责任"部分的第90条规定："造成海洋环境污染损害的责任者，应当排除危害，并赔偿损失；完全由于第三者的故意或者过失，造成海洋环境污染损害的，由第三者排除危害，并承担赔偿责任。对破坏海洋生态、海洋水产资源、海洋保护区，给国家造成重大损失的，由依照本法规定行使海洋环境监督管理权的部门代表国家对责任者提出损害赔偿要求。"同时，该法第91条规定："对造成重大海洋环境污染事故，致使公私财产遭受重大损失或者人身伤亡严重后果的，依法追究刑事责任。"其他如1995年10月30日第八届全国人民代表大会常务委员会第十六次会议通过的《中华人民共和国固体废物污染环境防治法》、2000年4月29日第九届全国人民代表大会常务委员会第十五次会议通过的《中华人民共和国大气污染防治法》都有类似的规定。

从上述法律的规定可以看出，环境污染所造成的事故是否重大是环境污染侵权行为由民法调整进入刑法调整的衔接点。若环境污染已经造成重大的事故，则行为人仅承担民事赔偿责任就不够了，而需要追究其刑事责任。但是，从上述法律的规定也能看出，由于我国1979年刑法典并没有规定有关环境污染事故方面的犯罪，因而上述法律中有关追究刑事责任的规定就没有刑法依据，所以，上述各有关法律中有关追究刑事责任的规定有的是笼统地规定"追究刑事责任"，有的则规定比照（1979年）刑法第115条即危险物品肇事罪追究刑事责任。有鉴于此，1997年新刑法典增加了重大环境污染事故罪，这就是新刑法第338条的规定。根据该条规定，违反国家规定，向土地、水体大气排放、倾倒或者处置有放射性的废物、含传染病病原体的废物、有毒物质或者其他危险废物，造成重大环境污染事故，致使公私财产遭受重大损失或者人身伤亡的严重后果的，就构成了重大环境污染事故罪。同时，新刑法还规定了与此相关的两种犯罪，即第339条的第1款的非法处置进口的固体废物罪和第339条第2款的擅自进口固体废物罪。前者是指违反国家规定，将境外的固体废物进境倾倒、堆放、处置的行为。构成该罪不以造成重大环境污染事故为条件，若已实际造成重大环境污染事故，致使公私财产遭受重大损失或者严重危害人体健康的，则要处以更重的刑罚。后者是指未经国务院有关主管部门许可，擅自进口固体废物用作原料，造成重大环境污染事故，致使公私财产遭受重大损失或者严重危害人体健康的行为。显然，该罪也以造成重大环境污染事故作为其构成要件。与刑法第338条的重大环境污染事故罪不同的是，刑法第339条的两种犯罪所涉及的污染源来自国外而不是国内。另外，新刑法典第155条第3款规定了走私固体废物罪，第339条第3款作了照应性规定，所以，该犯罪的正条虽然规定在第三章"破坏社会主义市场经济秩序罪"一章中的"走私罪"一节，但在本质上也可以归入这一类犯罪。而2002年12月28日第九届全国人民代表大会常务委员会第三十一次会议通过的《中华人民共和国刑法修正案（四）》第5条又将刑法第339条第3款修改为："以原料利用为名，进口不能用作原料的固体废物、液态废物和气态废物的，依照本法第一百五十二条第二款、第三款的规定定罪处罚。"即上述行为所涉及的废物的种类不限于固体的，也包括液态和气态的。据此，《最高人民法院、最高人民检察院关于执行〈中华人民共和国刑法〉确定罪名的补充规定（二）》也取消刑法原第155条第

3项"走私固体废物罪"罪名,将其该为"走私废物罪"。①

5. 其他特殊侵权与刑事犯罪的衔接

以上对《民法通则》规定的四类特殊的民事侵权与刑事犯罪的衔接关系作了分析。如上所述,《民法通则》规定的特殊民事侵权还包括地面施工致人损害的侵权责任、建筑物致人损害的侵权责任以及饲养动物致人损害的侵权责任。但是这三类特殊侵权行为与刑事犯罪的衔接关系和前四类有所不同,虽然这些特殊的侵权行为也可能进入刑法的调整范围而构成犯罪,但这些犯罪只是普通的犯罪,并非专门与这些侵权行为相对应。根据《民法通则》第125条的规定,地面施工致人损害的侵权行为显然是出于过失,若造成致人死亡的结果可以构成过失致人死亡罪,若造成重伤的结果可以构成过失致人重伤罪,若仅造成财产损失则不能构成犯罪,仅承担民事赔偿责任。第126条规定的建筑物致人损害的侵权行为和第127条规定的饲养动物致人损害的侵权行为与第125条的情形是一样的。而刑法中的过失致人死亡罪和过失重伤罪又都不是仅仅与上述三种特殊的侵权行为相对应。

## 四、刑法与民法效力范围的立法互动

以上是以我国刑法为视点,从静态的角度来考察刑法效力范围与民法效力范围之间的关系。下面我们从动态的角度,从立法的变化中来考察刑法效力范围与民法效力范围之间的互动。

从动态的角度来考察刑法效力范围与民法效力范围之间的关系,我们会发现,某些社会关系由原来的只由民法调整转而进入刑法的调整范围,或者相反,由原来的由刑法调整转而退出刑法的效力范围只由民法调整。这两个过程分别叫做犯罪化和非犯罪化。②

所谓犯罪化,是指将原来不是犯罪的行为规定为犯罪,或者说将原来由其他法律调整的社会关系转由刑法调整。在民法与刑法之间就存在这种犯罪化现象。前已述及,在古代社会,法律与法学不够发达,还没有现代意义上的部门

---

① 当然,刑法修正案仅仅修改刑法第339条第3款而没有对刑法第155条的文字表述进行相应的修改,这就造成二者之间的不协调。同时,第339条第1款和第2款所涉及的对象也是固体废物,所以也存在着同样的问题。
② 犯罪化和非犯罪化的过程不仅存在于民法与刑法之间,也存在于行政法与刑法之间,这里仅探讨民法与刑法之间的犯罪化与非犯罪化问题,行政法与刑法之间的犯罪化与非犯罪化的问题将在下一章探讨。

法的划分，往往是采取诸法合体的形式，因而民法与刑法的效力范围界限也并不十分清晰。许多社会关系根据现代意义的部门法划分本应由民法调整，实际上却由刑法予以调整，对相关行为以犯罪论处，或者根据现代意义的部门法划分本应由刑法调整，对相关行为处以刑罚，却仅仅按照民事侵权行为予以处理。但是，由于文化差异和法律传统的不同，东西方又表现出不同的特点。在西方，以罗马法为代表的西方古代法律以民法的发达而著称，因而社会关系多由民法予以调整。而在东方尤其是在中国，则是以刑法的发达为其特点，社会关系多由刑法予以调整。也就是说，若以现代的法律观念观察，从整体上来看，古代西方法律在民法与刑法之间存在着非犯罪化的倾向，而在古代东方尤其是在中国，则在民法与刑法之间存在着犯罪化的倾向。

近代以来，部门法的划分界限渐趋明晰，刑法与民法各自的效力范围也相对确定。并且随着世界各国文化交流的增加，作为法律制度趋同化现象的表现，各国法律体系中刑法与民法的效力范围的划分也基本一致起来。但是，在不同的国家以及同一国家的不同历史时期，仍然存在着民法与刑法之间的犯罪化和非犯罪化问题。

首先，在不同的国家，同一社会关系有的由民法予以调整，有的则由刑法予以调整，体现出犯罪化与非犯罪化的不同倾向。例如隐私权属于典型的私权，这种权利关系在世界各国的法律中一般是由民法予以调整的，但有些国家则把隐私权纳入了刑法的调整范围，在刑法中规定了侵犯隐私权的犯罪。如在我国，隐私权关系局限于民法的调整，而在俄罗斯，1996 年通过并于 1997 年 1 月 1 日施行的《俄罗斯联邦刑法典》第 137 条就规定了侵害私生活的不受侵犯权的犯罪。①

其次，在同一国家的不同历史时期，同一社会关系也存在着由民法调整到刑法调整的转变。例如在我国，对于著作权关系的调整就经历了一个由民法调整到刑法调整的过程。1986 年《民法通则》提出了著作权的概念，1990 年制定了著作权法，但两部法律都没有规定对侵犯著作权的行为予以刑罚制裁。

---

① 俄罗斯刑法第 137 条规定："一、未经本人同意非法收集或者散布构成他人个人或者家庭隐私的私生活材料，或在公开演讲、公开出版物或大众信息媒介中散布这些材料，如果这些行为是出于贪利的动机或其他的个人利害关系实施，并给公民的权利和合法利益造成损害的，处数额为最低劳动报酬 200 倍至 500 倍或被判刑人 2 个月至 5 个月工资或其他收入的罚金，或处 120 小时至 180 小时的强制性工作，或处 1 年以下的劳动改造，或处 4 个月以下的拘役。二、利用自己职务地位实施上述行为的，处数额为最低劳动报酬 500 倍至 800 倍或被判刑人 5 个月至 8 个月工资或其他收入的罚金，或处 2 年以上 5 年以下剥夺担任一定职务或从事某种活动的权利，或处 4 个月以上 6 个月以下的拘役。"

1994年八届人大常委会通过的《关于惩治侵犯著作权的犯罪的决定》，首次确立了侵犯著作权的行为可以构成"侵犯著作权罪"和"销售侵权复制品罪"两种犯罪，1997年刑法则将这两种犯罪规定在刑法典中。

上述两种情形实际上反映了刑法与民法之间犯罪化与非犯罪化的两个基本特点，即地域性和时间性。

## 第二节　刑法与民法效力范围之关系的司法考察

### 一、刑事责任与民事责任在形式上的重合

某种社会关系受民法的调整，属于民法的效力范围，意味着侵犯该社会关系的行为要承担相应的民事责任。同样，某种社会关系若受到刑法的调整而进入刑法的效力范围，则意味着侵犯该社会关系的行为要承担相应的刑事责任。承担民事责任和刑事责任的方式是不同的。根据我国《民法通则》第134条的规定，承担民事责任的方式主要有十种，即：（1）停止侵害；（2）排除妨碍；（3）消除危险；（4）返还财产；（5）恢复原状；（6）修理、重作、更换；（7）赔偿损失；（8）支付违约金；（9）消除影响、恢复名誉；（10）赔礼道歉。而根据我国新刑法第32条至第35条的规定，承担刑事责任的方式主要是刑罚，包括主刑（管制、拘役、有期徒刑、无期徒刑、死刑）和附加刑（罚金、剥夺政治权利、没收财产和对外国人适用的驱逐出境），但根据刑法第37条对于犯罪情节轻微不需要判处刑罚的，可以免予刑事处罚，而根据案件的不同情况给予非刑罚的处理方法，如训诫或者责令具结悔过、赔礼道歉、赔偿损失，或者由主管部门予以行政处罚或者行政处分。由此可见，赔礼道歉和赔偿损失既是实现民事责任的重要方式，也可以作为刑事责任的实现方式，即在民事责任和刑事责任的实现方式中出现了重合的情形。但是，我们应当注意的是，在侵权行为构成犯罪的情况下，对犯罪人免予刑罚处罚而给予赔礼道歉或者赔偿损失的处理并不是追究犯罪人的民事责任，而仍然是在追究犯罪人的刑事责任；同时，也不能因这种处理而否认行为构成了犯罪而不是一般民事侵权这一根本性质。

## 二、刑事责任与民事责任关系之原则

民事侵权行为因情节严重而进入刑法的效力范围之后，是否还要承担侵权的民事责任呢？如果相应承担，则刑事责任与民事责任之间的关系如何？这是我们相应进一步探讨的问题。笔者认为，应该掌握以下几个原则：

（一）双重责任原则

虽然某一行为因情节严重已经超出民法的效力范围而进入刑罚的效力范围之内，但并非只追究行为人的刑事责任，而是在追究刑事责任的同时要求行为人承担相应的民事责任。这是因为，民事责任与刑事责任是两种性质不同的法律责任：民事责任是一种私法责任，它是由实施侵权行为的人向权利被侵害的对方所承担的，主要是一种补偿责任；而刑事责任是一种公法责任，它是由实施犯罪行为的人向国家承担的，主要是一种惩罚责任。所以，两种法律责任不能互相代替。对此，我国刑法第36条第1款作了明确的规定："由于犯罪行为而使被害人遭受经济损失的，对于犯罪分子除依法给予刑事处罚外，并应根据情况判处赔偿经济损失。"而《民法通则》第110条则从民法的角度对此作出了规定："对于承担民事责任的公民、法人需要追究行政责任的，应当追究行政责任；构成犯罪的，对公民、法人的法定代表人应当依法追究刑事责任。"刑法和民法的规定都体现了双重责任原则。

（二）刑事责任优先原则

一个行为人可能为其所实施的一个行为而同时承担刑事责任和民事责任两种法律责任，但这两种法律责任的关系并不是等量齐观的，而是刑事责任优于民事责任。从诉讼过程来看，刑事诉讼与民事诉讼的交叉存在两种情况，一是民事诉讼中存在应负刑事责任的情况，二是刑事诉讼中存在应负民事责任的情况。对于第一种情况，根据最高人民法院《关于在审理经济纠纷案件中涉及经济犯罪嫌疑若干问题的规定》（法释［1998］7号）的规定，应裁定驳回起诉，将有关材料移送公安机关或检察机关。这显然体现刑事责任优于民事责任的原则。对于第二种情况，一般是以刑事附带民事诉讼来解决的。[①] 而从刑事附带民事诉讼的过程来看，同样体现了刑事责任优于民事责任的原则。刑事责

---

[①] 根据最高人民法院《关于刑事附带民事诉讼范围问题的规定》（法释［2000］47号）的规定，当事人既可以提起刑事附带民事诉讼，也可以在刑事诉讼终结后，单独提起民事诉讼，即当事人有选择权。

任的这种优先地位表现在诉讼程序和法律适用两个方面。

1. 在诉讼程序方面

在刑事附带民事诉讼中，刑事诉讼居于主导和支配地位，主要是解决刑事问题，而附带民事诉讼则居于附属和依从的地位，民事问题附带解决。因为从总体上而言犯罪行为对社会的危害更为严重，而侵权行为对社会的危害相对要轻。"附带"本身就说明了刑事、民事的主从关系。正是由于附带民事诉讼的依附性，决定了其在性质上虽为民事诉讼，但它不构成一个完整独立的诉讼阶段，而要受刑事诉讼的制约。

2. 在法律适用方面

根据最高人民法院《关于执行〈中华人民共和国刑事诉讼法〉若干问题的解释》第100条的规定，人民法院审判附带民事诉讼案件，除适用刑法、刑事诉讼法外，还应当适用民法通则、民事诉讼法有关规定。如果刑事法律与民事法律的规定一致，自然没有什么问题，但实际上刑事法律与民事法律对某些问题常常有规定不一致的时候，比如，追诉时效与诉讼时效的不同规定、赔偿范围是否包括精神损害等等。此时究竟如何适用法律呢？从国外立法和学者的观点综合来看，有多种不同的做法和观点：一是完全适用民事法律原则，即附带民事诉讼案件无论在何种情况下均适用民事法律。二是排除原则，即明确规定在哪些问题上不适用民事法律，除此之外均适用民事法律。三是刑事法律优于民事法律原则。即凡刑事法律对民事问题作出规定的，不论民事法律如何规定，都执行刑事法律。只有在刑事法律没有作出规定的情况下，才适用民事法律。四是选择适用原则，即对附带民事诉讼的某些问题，当刑事法律与民事法律规定不一致时，根据立法本意和有利于维护社会秩序，有利于保护被害人合法利益的指导思想确定适用哪一种法律。但从我国的司法解释的情况来看，我国实际上采用了刑事法律优于民事法律的原则。例如，关于赔偿范围是否包含精神损害问题，最高人民法院在不止一个的司法解释中反复强调不包括精神损害[①]。又如，对上诉、抗诉期限的规定，最高人民法院在《关于执行〈中华人民共和国刑事诉讼法〉若干问题的解释》第242条规定："对附带民事判决或者裁定的上诉、抗诉期限，应当按照刑事部分的上诉、抗诉期限确定"。

之所以采用刑事法律优于民事法律原则，是因为其他各原则自身都有其不

---

[①] 《民法通则》第120条规定："公民的姓名权、肖像权、名誉权、荣誉权受到侵害的，有权要求停止侵害，恢复名誉，消除影响，赔礼道歉，并可以要求赔偿损失。"因此，实践中因侵犯上述几种权利而被判处赔偿精神损失的已经比较普遍。但是，根据刑法第36条第1款的规定，赔偿损失只限于"赔偿经济损失"。

足，而刑事法律优于民事法律原则较之其他各种原则更具合理性。完全适用民事法律原则与附带民事诉讼制度的特点和设立该制度的目的、意义不相吻合；排除原则难以完全解决问题，因为民事法律与刑事法律的矛盾难以在立法中完全排除，且会造成法律条文的冗长；选择适用原则貌似有理，实则模糊，容易造成执法随意。因而只有刑事法律优于民事法律原则符合附带民事诉讼的特点，应该作为民事法律与刑事法律冲突时的法律适用原则。

（三）财产责任民事优先原则

新刑法第 36 条第 2 款规定："承担民事赔偿责任的犯罪分子，同时被判处罚金，其财产不足以全部支付的或者被判处没收财产的，应当先承担对被害人的民事赔偿责任。"对于刑法的这一规定，学界多认为此规定创立了民事赔偿优先原则或者说民事财产责任优先原则。[①] 认为它体现出国家对保障受害人利益的重视，将保护受害人合法权益的司法思想作了实体上的加深，使民事赔偿的司法手段能够更好地获得体现。但是，怎样理解它与刑事责任优先原则的关系呢？它是否否定了刑事责任优先原则呢？

笔者认为，在犯罪分子的财产不足以全部支付作为民事责任的赔偿损失和作为刑事责任的罚金或没收财产时，实际上就产生了民事责任与刑事责任之间的冲突。面对这一冲突，刑法选择民事赔偿责任优于刑事财产责任的做法是具有合理性的。因为刑事责任是一种犯罪分子向国家承担的惩罚责任，除了财产刑（罚金和没收财产）之外，还有其他刑罚方法特别是自由刑可以达到这一目标；而民事责任是一种犯罪分子向被害人承担的补偿责任，主要是一种财产责任，特别是在刑事附带民事诉讼中，赔偿损失是实现民事责任的唯一法定方式。在这种情况下，若不规定财产责任执行中的民事优先原则，民事责任就难以实现或者根本不能实现（在犯罪分子被判处没收全部财产时），这于保护被害人的合法权益十分不利。但这一原则并没有从根本上否定刑事责任优先原则，因为它是局部性的。无论从实体上还是从程序上看，刑事责任的优先地位并没有动摇。

### 三、民事赔偿与刑事量刑之关系

在刑事附带民事诉讼中，有的被告人已经向被害人先行赔偿了损失，即民

---

[①] 参见陈兴良主编：《新刑法比较研究——废·改·立》，中国人民公安大学出版社 1998 年版，第 184 页；张穹主编：《修订刑法条文实用解说》，中国检察出版社 1997 年版，第 40 页；徐武生著：《经济犯罪与经济纠纷》，法律出版社 1998 年版，第 111 页。

事赔偿责任已经解决，那么，被告人的民事赔偿情况对其刑事责任是否有影响呢？如果有，是一种什么样的影响？这是民事责任与刑事责任关系的另一方面。

对于民事赔偿与刑事量刑的关系，存在着三种不同的认识：① 第一种观点认为，由于犯罪行为而使被害人遭受物质损失，被告人理所应当赔偿。赔偿与量刑彼此无关，赔偿是民事上的问题，量刑是刑事上的问题。第二种观点认为，只要被告人赔偿了被害人的物质损失，就应当从轻处罚。赔偿越多，从轻的幅度就应越大。如果不把赔偿与量刑紧密挂钩，民事赔偿部分就很难解决好。第三种观点认为，被告人积极、足额赔偿了被害人的物质损失，量刑时可以对被告人酌情从轻处罚。

在上述三种观点中，第一种观点将赔偿与量刑完全割裂开来，既不利于刑事责任的实现，也不利于民事责任的实现。从刑事责任方面看，被告人积极赔偿被害人的物质损失不仅减轻了犯罪所造成的后果，而且表明了其认罪、悔罪的良好态度，因而犯罪行为的社会危害性和行为人的人身危险性都有所降低。如果无视被告人的这一表现，显然不利于被告人的思想改造和重新做人，不利于刑罚目的的实现。从民事责任方面看，也不利于全面维护被害人的合法权益，因为这样一来，被告人势必想方设法不赔或少赔，使被害人的损失难以得到补偿。第二种观点则又不适当地夸大了赔偿对量刑的影响，有以钱赎罪、以赔抵刑的嫌疑。因为根据刑法第61条的规定，对被告人量刑时要综合考虑犯罪的事实、性质、情节和社会危害程度等多方面的因素，而不是仅仅考虑赔偿的数额多少。对于那些罪大恶极的犯罪分子，即使赔偿了物质损失，该判处死刑的还是要判处死刑。

所以前两种观点均有失偏颇。相比之下，第三种观点克服了前两种观点的极端之病，因而是适当的。实际上，司法解释已经对此予以肯定。最高人民法院《关于刑事附带民事诉讼范围问题的规定》（法释〔2000〕47号）第4条规定："被告人已经赔偿被害人物质损失的，人民法院可以作为量刑情节予以考虑。"不仅如此，根据该司法解释第5条还规定，因犯罪分子非法占有、处置被害人财产而使其遭受物质损失的，犯罪分子被追缴、退赔财产的情况，也可以作为量刑情节予以考虑。

当然，民事赔偿对刑事量刑的影响是相对的而不是绝对的，是"可以"

---

① 参见范方平主编：《怎样审理刑事附带民事诉讼案件》，人民法院出版社1995年版，第60页。

而不是"应当"。量刑时如何考虑赔偿因素,应由法官根据案件的具体情况予以裁量。

### 四、赃款赃物追缴与民法中的善意取得制度

在刑事附带民事诉讼中,除了被告人要赔偿被害人因犯罪所造成的物质损失外,还存在着赃款赃物的追缴问题。赃款赃物的追缴本身不是实现刑事责任的方式,但却与追究刑事责任相关;同时,若赃款赃物已经被被告人转移、销售给第三人,则对赃款赃物的追缴又牵涉到善意第三人的利益保护问题。所以赃款赃物的追缴是一个直接关系到刑法与民法效力范围的问题,或者说是关系到刑法的触角能够伸到多远的问题,故在此有必要予以探讨。

赃款赃物实际上包含了赃款和赃物两种类型,由于赃款和赃物在民法上具有不同的意义,所以在赃款和赃物的追缴与善意取得制度的关系上也有不同的表现。

对于赃款的追缴,各国一般都是无条件地承认绝对适用善意取得制度。即只要第三人的占有符合善意取得的构成要件,就不能予以追缴,只需向非法处分的犯罪分子索偿等量货币即可。其理由在于,货币作为流通和支付手段是具有高度可替换性的种类物,比一般动产处于更高的流通状态,一般情况下,货币占有的移转就是所有权的移转。因此,除经特别封装并标记的以外,对其所有权的判断只能依其持有关系来确定。而且货币的流通是快速的,流通环节是无穷无尽的,追索货币原物既不太可能也无必要。

对于赃物的追缴能否适用善意取得制度,各国立法规定不尽一致,大致有三种模式:一是规定不适用善意取得制度,原权利人可以向任何受让人主张返还原物,如前苏联。二是规定有限制地适用善意取得制度,即原则上不适用善意取得,但通过法定的方式而取得,则发生善意取得的效力。法定的方式通常有两种:其一是经过若干年的除斥期限间;其二是善意占有人在法定场合通过交换而取得,且受害人没有向占有人清偿其支付的代价。这是世界各国较为普遍接受的做法,如德国、法国、日本及我国台湾均采取这种做法。三是规定完全适用善意取得制度,如美国。

在我国,在赃款赃物的追缴是否适用善意取得的问题上有一个变迁的过程。1965年12月1日最高人民法院、最高人民检察院、公安部、财政部联合发出的《关于没收和处理赃款赃物若干暂行规定》中对此问题作了原则性规定。该规定第6项指出:"在办案中已经查明被犯罪分子卖掉的赃物,应当酌

情追缴。对于买主确实知道是赃物而购买的，应将赃物无偿追缴予以没收或退还失主；对于买主确实不知道是赃物而又找到了失主的，应该由罪犯按卖价将原物赎回，退还原主，或者按价赔偿损失；如果罪犯确实无力回赎或赔偿损失，可以根据买主与失主双方具体情况进行调解，妥善处理。"可以看出，该规定关于赃物处理的规定在一定程度上体现了对善意占有人利益的承认和保护，但对于是否适用善意取得制度的问题并不明确。因此，长期以来，法学界对此问题存在两种不同的意见。一种意见认为，赃物是法律禁止流通的物，不应适用善意取得制度。例如，最高人民法院研究室在1992年8月26日关于对诈骗后抵债的赃款能否判决追缴问题的电话答复中指出："赃款赃物的追缴并不限于犯罪分子本人，对犯罪分子转移、隐匿、抵债的，均应顺着赃款赃物的流向，一追到底，即使是享有债权的人善意取得的赃款，也应追缴。"实际上就是这种意见的反映。另一种意见则认为，过分强调原始物权的绝对化，完全无视交易的安全而排斥赃物的追缴适用善意取得制度，是不可取的。随着我国社会主义市场经济体制的逐步建立和不断完善，以维护交易安全为宗旨的善意取得制度的日显重要，因而第二种意见逐渐占了上风。1996年12月16日最高人民法院在《关于审理诈骗案件具体应用法律的若干问题的解释》的相关规定中已经改变自己的意见。该司法解释规定："行为人将诈骗财物已用于归还个人欠款、贷款或其它经济活动的，如果对方明知是诈骗财物而收取属恶意取得，应当一律予以追缴；如确属善意取得，则不再追缴。"

笔者认为，在赃物追缴的过程中，首先必须分清赃物占有人的占有是善意还是恶意，如属恶意，即明知是赃物而予以收买、窝藏的，不仅要予以追缴，而且其行为可能构成刑法中的犯罪；相反，如果是出于善意，则要注意保护善意占有人的合法权益。因为法律的一个重要目的是保证社会秩序的稳定，无论是刑法还是民法，都不能偏离这一目的。如果为了保护因犯罪而遭受损害的被害人的利益而忽视善意第三人的利益，刑法的触角就伸得过长，反而不利于社会秩序的稳定。

# 第五章 刑法的效力与行政法

在法律体系中，行政法是调整国家行政管理关系的一个重要的法律部门，它和刑法一样都属于公法的范畴，并且与刑法的效力范围具有密切的关系。下面我们也从立法和司法两个方面来探讨这一问题。

## 第一节 刑法与行政法效力范围之关系的立法考察

### 一、刑法效力范围与行政法效力范围的界限

从历史上来看，在资产阶级革命之前的漫长时期内，行政法是和其他法律一起存在于诸法合体这一法律形式之中的，因而那时的刑法效力范围与行政法效力范围的界限也是不明确的。资产阶级革命之后，建立了以立法、司法、行政三权分立为基础的资产阶级政权，作为现代部门法意义上的行政法才具有独立的地位的部门法地位。此后，随着行政权的不断扩张，行政法律、法规的数量大量增加，行政法的效力范围也不断扩大。从对行政违法行为所采取的法律制裁方式来看，也由单纯的给予行政制裁转向行政制裁与刑事制裁并用，并最终导致了行政刑法的产生。从部门法的效力范围上来考察，二者的效力范围既有交叉，又有各自独立的效力范围。

1. 有些行为属于刑法的专属领域，行政法不予调整

在刑法理论中，对犯罪的分类有多种，其中有一种划分是将犯罪划分为自然犯与法定犯。自然犯又称"刑事犯"，是指违反社会伦理道德，危害国家安宁和社会秩序，侵犯公民的人身、自由、财产等权利或利益的犯罪。这种犯罪的性质比较严重，行为本身具有明显的反社会性和反道义性，无需依据刑法规范加以评价，仅凭一般人的道德观念即可作出正确判断，因为这种行为本身就自然蕴含着犯罪性。如故意杀人、故意伤害、强奸、盗窃、抢劫等，即属于自然犯的适例。自然犯的观念源于自然法。意大利犯罪学家加罗法洛曾详尽阐述

了自然犯和法定犯的关系,称自然犯是违反人类同情心、怜悯心和正直感的犯罪,任何人都知道这种行为是一种罪恶。加罗法洛将自然犯罪分为两类:一是违反同情心、怜悯心的犯罪,如故意杀人罪和故意伤害罪;二是违反正直感的犯罪,如抢劫罪和盗窃罪。① 自然犯一般都要受到严厉的刑事制裁,且通常都规定在刑法典或单行刑事法规中。法定犯又称"行政犯",是指行为本身并没有明显违反传统的道德伦理观念,只是由于法律禁止而成为犯罪,如政治性犯罪、违反税法的犯罪等。也就是说,自然犯之不法,是与生俱来的,它不待法律之规定,即已存在于行为本质之中,仅自伦理道德的角度来看,就应给予否定的评价及非难。而法定犯之不法,则是由一定的行政法规或条例加以规定的。这种行为本身并不一定具有反社会性、反道义性,仅因为法律规定其必须受到一定的刑事处罚,因而成为犯罪的行为。

可见,在自然犯与法定犯的划分中,违反社会伦理道德,危害国家安宁和社会秩序,侵犯公民的人身、自由、财产等权利或利益的自然犯罪自古以来就属于刑法的效力范围,即使在现代,行政法已经成为一个独立的法律部门,这些自然犯罪仍然不属于行政法的效力范围。

2. 有些行为属于行政法的专属效力范围,刑法不能干预

在现代社会,行政管理的范围十分广泛,可以说涉及到社会生活的方方面面。与此相应,行政法的效力范围也极为广泛。一般认为,行政法调整行政关系和基于行政关系而产生的监督行政关系。② 行政关系包括内部行政关系即行政机关相互之间的关系以及行政机关和公务员之间的关系和外部行政关系即行政机关与行政相对人(公民、法人或者其他组织)之间的关系。监督行政关系则是在行政关系的基础上产生的行政主体与行政主体的监督者之间的关系。显然,上述这些社会关系并非都能进入刑法的调整范围。具体说来,进入刑法调整范围的只有外部行政关系,而内部行政关系和监督行政关系则是由有关组织法、公务员法、行政诉讼法、监察法等非刑事法律来调整的。

3. 二者有共同的调整范围——行政刑法的产生

在效力范围方面,除了各自独立的部分之外,就是共同调整的部分,那就是外部行政关系这一块。法律对社会关系的调整手段主要表现为对违法行为的制裁上,③ 从这一方面来考虑,在外部行政关系领域,若违法行为只需采取行

---

① 参见[意]加罗法洛著:《犯罪学》,中国大百科全书出版社1996年版,第44~58页;马克昌主编:《近代西方刑法学说史略》,中国检察出版社1996年版,第159~160页。
② 参见罗豪才主编:《行政法学》,中国政法大学出版社1999年版,第7~10页。
③ 当然,法律对社会关系的调整手段除了法律制裁之外,还有对社会关系内容的确认。

政制裁手段，就由行政法予以调整，即属于行政法的效力范围；若行政制裁手段与违法行为不能匹配而需采取刑罚制裁手段时，就进入刑法的效力范围，由行政法和刑法共同予以调整。在行政法效力范围内，违法行为叫做行政违法，进入刑法效力范围之内，违法行为则称之为行政犯罪。可见所谓行政法与刑法效力范围的共同部分，实际上就是行政犯罪行为。理论上通常将规定行政犯罪的刑法规范（包括刑法中的规定和行政法中的规定）称之为行政刑法。

那么，什么时候违法行为只需行政法调整，什么时候则需要刑法的参与而进入刑法的效力范围呢？换句话说，行政违法与行政犯罪的区别何在呢？从我国现行法律的规定可以看出，区分行政违法与行政犯罪的标准是违法行为的情节和所造成的后果。情节或者社会后果轻微的，是行政违法行为；情节较重或者造成严重后果的，则是行政犯罪。例如，刑法第383条第1款第4项规定："个人贪污数额不满五千元，情节较重的，处二年以下有期徒刑或者拘役；情节较轻的，由其所在单位或者上级主管机关酌情给予行政处分。"又如，出入境管理法第14条规定："对违反本法规定，非法出境、入境、伪造、涂改、冒用、转让出境、入境证件的，公安机关可以处以警告或者十日以下的拘留处罚；情节严重，构成犯罪的，依法追究刑事责任。"但是，一般说来，规定行政犯罪的行政法条文都根据情节或者后果的轻重分别规定了行政违法和行政犯罪的内容，而规定行政犯罪的刑法条文则没有规定情节较轻或者造成的后果较轻的仅构成行政违法的内容。

有人认为，判断一行为是否是犯罪，是接受刑事处罚还是行政处罚的标准，应该是行为的社会危害性和行为人的人身危险性。一个行政不法行为是否转变为刑事不法行为而构成行政犯罪，要看行为的社会危害性大小和行为人的人身危险性大小。一个行政不法行为如果具有严重的社会危害性并且反映出行为人的严重的人身危险性，就应当赋予刑事处罚，从而转化为刑事不法行为。[①] 这种观点是值得商榷的。人身危险性是指行为人的再犯可能性，它反映了对行为人改造程度的难易。对于人身危险性的大小，不能作抽象的判断，而只能根据行为人的具体情况作具体的判断，因而，不能把人身危险性用作立法上区分行政违法与行政犯罪的标准。同样，在司法实践中，也只能根据立法规定的标准即行为的状况（情节、后果等）而不是行为人的状况（人身危险性）来判断行为本身是否构成犯罪。当然，在司法实践中，行为人的人身危险性是影响对行为人的量刑的一个重要因素，但它无论如何也不影响行为本身的

---

① 黄河著：《行政刑法比较研究》，中国方正出版社2001年版，第33页。

性质。

如前所述，由行政违法行为因情节或者后果严重而构成的犯罪称为行政犯罪，与之相对应的是自然犯罪或者说是刑事犯罪。那么，行政犯罪与自然犯罪的区别何在呢？这是一个在刑法理论界存在争议的问题，存在着各种不同的学说，归纳起来可以分为三类：[①]

第一类是量的区别说，认为行政犯罪（法定犯）与刑事犯罪（自然犯）之间仅存在量的区别，行政犯罪（法定犯）是一种比刑事犯罪（自然犯）具有较轻的损害性与危险性，因而也缺少刑事犯罪（自然犯）的高度可责性的行为。如贝林格（Ernst Beling）、迈耶（M. H. Mayer）等均持此观点。

第二类是质的区别说，认为行政犯罪（法定犯）与刑事犯罪（自然犯）之间存在着质的区别，至于二者的质的区别究竟是什么，则又因学者们的着眼点不同而有所不同。其中，德国刑法学家郭特希密特（J. Goldschmidt）理论影响较大。这一理论认为，行政犯罪（法定犯）是违法法规义务或者行政秩序的行为，不具有伦理的非难性，刑事犯罪（自然犯）则是反道德、反伦理的行为，两者在本质上是不同的。

第三类是质量区别说，认为两者不但在行为的量上，而且在行为的质上都有所不同。刑事犯罪（自然犯）在质上具有较深的社会伦理的非难性，而且在量上具有较高的损害性和危险性；相对地，行政犯罪（法定犯）在质上具有较低的伦理可责性，或者不具有社会伦理的非难内容，而且在量上也不具有重大的损害性和社会危险性。

应当说，上述第一、第二两类观点有失偏颇，因为它们只抓住了质或量的某一方面，而第三类则抓住了事物的质和量两个方面，因而更为科学。

综上所述，刑法效力范围与行政法效力范围的关系，可以用下图加以表示：

---

[①] 参见林山田著：《经济犯罪与经济刑法》，台湾三民书局1981年修订三版，第110~121页；武汉大学黄明儒博士论文：《行政犯比较研究》，2002年5月印，第81~91页。

```
    行政法           刑法
  行政违法  行政犯罪  自然犯罪
```

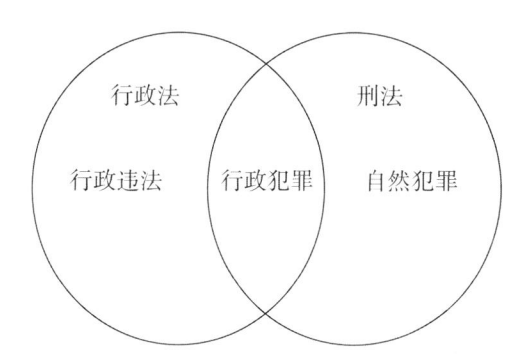

上图中，左边的圆表示行政法的效力范围，右边的圆表示刑法的效力范围，其中的交叉部分表示二者效力范围所存在的交叉状况，理论界通常称之为行政刑法，而以此为研究对象的学科则称为行政刑法学。

## 二、刑法与行政法效力范围在行政犯罪领域的衔接

由上图可以看出，并非所有的行政违法都构成犯罪而进入刑法的领域，也并非所有的犯罪都是由行政违法转化而来，行政法与刑法各自有其独立的效力范围。而行政法与刑法效力范围的交叉部分是行政犯罪部分。就是说，行政犯罪既属于行政法的效力范围，也属于刑法的效力范围，是连接行政法与刑法的纽带。那么，作为连接行政法与刑法效力范围的纽带的是哪些行政犯罪呢？在行政法所调整的外部行政关系中，作为行政关系主体的两方分别是行政主体和行政相对人，这两方都可能构成行政犯罪。下面对此予以简要的考察。

1. 行政相对人的行政违法与行政犯罪的衔接

行政相对人作为行政管理中被管理的一方，由其构成行政违法行为的情形遍布行政管理的各个领域。由于行政管理的领域极为广泛，渗透到了社会生活的各个方面，因而我们不可能一一罗列出行政管理的各个领域里由行政相对人构成行政违法的情形。虽然我们知道，从总体上来说，由于行政违法行为的具体内容各不相同，并非所有行政相对人的行政违法行为都能构成行政犯罪：有些行政违法行为由于其行为本身的特点，即使情节达到最为严重的程度，也不可能构成行政犯罪，而另一些行政违法行为则可能因情节轻重的不同而分别构成行政违法和行政犯罪。但是我们难以从行政法律的规定中直接分辨出其中的哪些可以构成行政犯罪，哪些则不能构成。所以，我们可以反过来从刑法关于行政犯罪的规定来看行政违法与行政犯罪在哪些领域里衔接起来了。

从刑法典所规定的由行政相对人构成的行政犯罪来看，并不是集中规定在

分则中的某一章之中,而是分散在不同的章节之中。这是因为,刑法典对所有犯罪的分类及排列次序并不是仅仅考虑行政犯罪的特点,而是还要考虑其他不同的方面,如犯罪所侵犯的法益、犯罪主体的种类等。下面以第一章为例对此予以简要分析。

在第一章《危害国家安全罪》中,集中规定了危害国家安全的犯罪。从衔接关系上来看,这些犯罪是与《中华人民共和国国家安全法》中的规定相衔接的。国家安全法第 4 条规定:"任何组织和个人进行危害中华人民共和国国家安全的行为都必须受到法律追究。"而其所称的"危害国家安全的行为"包括阴谋颠覆政府,分裂国家,推翻社会主义制度,参加间谍组织或者接受间谍组织及其代理人的任务,窃取、刺探、收买、非法提供国家秘密、策动、勾引、收买国家工作人员叛变,以及其他危害国家安全的破坏活动。显然,刑法典所规定的危害国家安全的犯罪都是包含在国家安全法所规定的范围之内的。但是,国家安全法所规定的各种违法行为可能构成犯罪的情形并非全部体现在刑法典分则第一章之中,还有一些由违反国家安全法而构成的犯罪规定在刑法典的其他章节之中,如刑法典分则第六章第一节中的妨害公务罪、非法获取国家机密罪、非法持有国家绝密、机密文件、资料、物品罪、非法生产、销售间谍专用器材罪、非法使用窃听、窃照专用器材罪等都是与国家安全法规定的行为相衔接的。

2. 行政主体的行政违法与行政犯罪的衔接

在行政犯罪中,由行政主体构成的行政犯罪与由行政相对人构成的犯罪相比其种类要少得多。从行政法律所规定的具体犯罪种类来看,由行政主体构成的行政犯罪一般都是行政主体的渎职、失职类犯罪,如玩忽职守罪、滥用职权罪、受贿罪、非法拘禁罪、刑讯逼供罪等。而从这些犯罪在刑法典中的分布来看,主要分布在分则第九章《渎职罪》、第八章《贪污贿赂罪》及第四章《侵犯公民人身权利、民主权利罪》三章之中。

### 三、刑法与行政法效力范围的立法互动

以上是从静态意义上来考察行政法与刑法效力范围的关系,但实际上二者的效力范围的划分并不是一成不变的,而是随着社会的变迁而发生变化。这一变化表现为犯罪化和非犯罪化两种不同的方向。

从 20 世纪中叶开始,随着全球犯罪规律的不断变化,世界各国在刑事政策上出现了犯罪化与非犯罪化的反复,这种双向演变的刑事政策发展态势一直

延续至今。这种犯罪化与非犯罪化的过程实际上也是行政法与刑法效力范围的互动过程。

所谓犯罪化（criminalization），是指将那些本来不是犯罪的行为在法律上规定为犯罪，使其成为刑事制裁对象的入罪化过程。西方现在经济刑法的膨胀，就是犯罪化的实例。其实质就是把一些新形式的严重行政不法行为规定为犯罪。例如，在德国，1986年颁布的《经济犯罪对策的第二个法律》为预防利用计算机进行的犯罪，设立了窃取数据、电脑诈骗、伪造重大数据、清除数据、更改数据和破坏电子计算机等新罪。此外，该法还规定了资本投资诈骗罪，扩大了《证券交易法》在证券投机交易，特别是冒险的期货交易和期货选择交易中关于行情诈欺与诱使的犯罪种类。①

所谓非犯罪化（decriminalization），则是指依立法者意图，认为法律原来规定的犯罪没有继续存在的必要，从而把该罪名从法律规定中撤销，使行为合法化或行政违法化。② 西方国家非犯罪化的内容之一就是违警罪的非犯罪化。例如，联邦德国在1975年进行的一项改革中排除了违警罪（性质不严重的轻微犯罪）的刑事犯罪的性质，把违警罪只视为一般的对法规的违反，因此只处罚款，而不处刑事罚金。葡萄牙进行了同样的革新，意大利也受到很大的影响。

在我国，行政法与刑法之间的犯罪化和非犯罪化现象同样存在。我国1979年刑法典规定的行政犯罪种类并不是很多。此后，随着经济和政治体制改革的深入，行政法的调整范围不断扩大。与此同时，在这些领域里也出现了许多严重危害社会的违法行为。由于对这些违法行为单纯采用行政制裁方法收效甚微，于是转而求助于刑事的方法，将这些违法行为上升为犯罪，以期达到良好的治理效果，这就导致了这些领域的犯罪化现象。从1979年刑法颁行之后到1997年刑法颁行之前，大量单行刑法的出台以及经济和行政法律中的附属刑法的规定就是犯罪化的真实写照。相比之下，非犯罪化的趋向则不甚明显。但并非绝对没有。例如，1979年刑法第117条规定的投机倒把罪是一个包含多种行为的"口袋"罪，1997年刑法典将其分解，其中有的行为规定了新的罪名，有的行为如长途贩运以谋利的行为则随着经济体制的转变而失去了其相应的社会危害性，因而不再以犯罪论处。

---

① 参见储槐植主编：《美国德国惩治经济犯罪和职务犯罪法律选编》，北京大学出版社1993年版，第433~434页。
② 参见黎宏、王龙：《论非犯罪化》，载《中南政法学院学报》1991年第2期。

行政法与刑法之间的犯罪化和非犯罪化过程可以用下图表示：

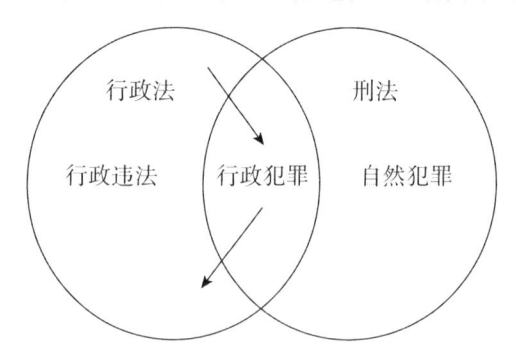

图中的右下方向箭头表示犯罪化的过程，而左下方向箭头则表示非犯罪化的过程。

## 第二节 刑法与行政法效力范围之关系的司法考察

### 一、刑事责任与行政责任在形式上的部分重合

一般而言，行政违法行为要承担行政责任，刑事犯罪行为则要承担刑事责任。

如果某种行为仅属于行政违法，则仅需承担行政责任。承担行政责任的方式，对行政相对人（公民、法人或者其他组织）而言，主要是行政处罚。行政处罚的种类主要有警告、责令停产停业、暂扣或者吊销许可证和执照、罚款、没收非法财物和拘留。对行政人（公务员）而言，主要是行政处分。行政处分包括警告、记过、记大过、降级、撤职、开除等。[①]

如果某种行为构成犯罪，则承担的法律责任因犯罪是自然犯罪还是行政犯罪的不同而有所不同。如果属于自然犯罪，则犯罪人需要承担刑事责任但不需

---

① 实际上，在行政法领域，作为行政主体的国家机关或者被授权的组织也应承担相应的行政责任。它们承担行政责任的方式也因追究责任的主体不同而有所不同：权力机关可以按照法定程序撤销行政机关不合法和不适当的抽象行政行为，上级行政机关可以通过直接予以纠正、撤销或者责令行政主体自行纠正、撤销行政违法行为，也可以通过行政复议程序，以变更、撤销、返还权益、恢复原状、赔偿损失等形式追究行政主体的责任；人民法院可以通过诉讼程序，以撤销、责令履行职责、赔偿损失等方式，追究行政违法责任，对显失公正的行政处罚，还可以直接予以变更。当然，如前所述，我国刑法和行政法没有设立作为行政主体的单位因违法行政而构成的行政犯罪。

承担行政责任；如果属于行政犯罪，则不仅需要承担刑事责任，同时还要承担相应的行政责任。根据刑法第33～35条的规定，承担刑事责任的主要方式是刑罚，包括主刑（管制、拘役、有期徒刑、无期徒刑和死刑）和附加刑（罚金、剥夺政治权利、没收财产以及对外国人适用的驱逐出境）；但根据刑法第37条的规定，对于犯罪情节轻微不需要判处刑罚的，可以免予刑事处罚，而根据案件的不同情况给予非刑罚的处理方法，如训诫或者责令具结悔过、赔礼道歉、赔偿损失，或者由主管部门予以行政处罚或者行政处分。可见，行政处罚和行政处分既是实现行政责任的重要方式，也可以作为行政犯罪的刑事责任实现方式，即在行政责任和刑事责任的实现方式中出现了重合的情形。当然，与上一章所说的民事责任与刑事责任方式的重合不同，赔偿损失虽然既可以作为民事责任的实现方式又可以作为刑事责任的实现方式，但无论作为哪一种法律责任的实现方式，都是由人民法院来适用的；而行政处罚与行政处分无论作为行政责任还是作为刑事责任的实现方式都只能由行政机关予以适用。这是由国家机关的权力分工所决定的。

### 二、刑事责任与行政责任之关系

（一）双重责任原则

如前所述，若某一行为属于行政犯罪，则犯罪人既要承担刑事责任，也要承担相应的行政责任，这就是行政犯罪的双重责任原则。之所以对行政犯罪采取双重责任原则，是因为行政犯罪行为在性质上具有双重性：既是犯罪行为，也是严重违反行政法律规范的行为。这种行为违法的双重性，决定了其责任和处罚的双重性。只有既要追究其刑事责任，给予刑罚处罚，又要追究其行政法律责任，适用行政处罚，才能全面追究犯罪分子的法律责任，有效地打击犯罪和预防犯罪。而且两种责任在性质、形式和功能上均有所不同，这也决定了二者的适用不能遵循"一事不再理"原则或者"重罚吸收轻罚"的吸收原则，因为这两个原则都是对同一性质法律责任而言的，只有在同一性质的法律责任中，或刑事责任中或行政法律责任中，才能适用"一事不再理"原则和"重罚吸收轻罚"的吸收原则，否则就抹煞了两种责任在质上的区别。同时，这两种责任在形式和功能上的差异性又决定了两者的合并适用可以相互弥补各自的不足，以消除犯罪的全部危害后果。比如，对偷税、抗税的犯罪人，仅予以刑罚处罚并不能挽回犯罪人给国家造成的损失及其应履行的法定义务，还必须由有关行政机关责令其补缴税款，吊销营业执照等。再如，对制造、销售假药

79

的犯罪人，除了给予刑罚处罚外，还必须辅之以适当的行政处罚——吊销其药品生产、经营许可证，否则不足以消除和防止其犯罪行为给社会造成的危害后果。①

当然，从理论上来看，对于行政犯罪是否适用双重处罚原则的问题并非没有争议。除了认为应当适用双重处罚原则的观点以外，还有两种与此不同的主张。

一种认为二者只能选择适用而不能合并适用。其理由是，二者都是公法上的责任，在法的限制与促进机能上，二者是类似的；在一般预防与个别预防的机能上，二者也是互为交错的。按违法与责任相适应的原则，当同一违法行为同时触犯了刑法规范和行政法规范时，只应从两种责任中选择一种，至于如何选择，又有两种观点，一种是根据适用法律责任时重罚吸收轻罚的原则，选择刑罚处罚，另一种是根据从轻原则或有利于行为人的原则，选择行政处罚。另一种观点则认为，行政处罚与刑罚处罚竞合时可以并科，但任何一个"罚"执行后，若没有必要执行另外一个时，可以免除执行。②

上述前一种观点只强调行政责任和刑事责任相同或类似的方面，而没有考虑它们之间的根本差异，因而其理由并不充分。后一种观点则把是否执行另一个"罚"的自由裁量权赋予了相应的执法机关，在实践中也会存在操作上的困难。因为行政机关在适用行政处罚后，自身并无权力决定刑罚不再适用；同样，人民法院在适用刑罚处罚后，也不能决定是否适用行政处罚，而只能由行政机关决定。所以，行政犯罪的法律责任原则还是以双重责任原则为恰当。实际上，法律的规定已经对此作了肯定。首先是行政处罚法对此作了一般性的规定。行政处罚法第 7 条规定："公民、法人或者其他组织因违法受到行政处罚，其违法行为对他人造成损害的，应当依法承担民事责任。违法行为构成犯罪，应当依法追究刑事责任，不得以行政处罚代替刑事处罚。"其次是许多具体行政法律对此作了具体性规定。如食品卫生法第 39 条第 1 款规定："违反本法规定，生产经营不符合卫生标准的食品，造成食物中毒事故或者其他食源性疾患的，责令停止生产经营，销毁导致食物中毒或者其他食源性疾患的食品，没收违法所得，并处以违法所得一倍以上五倍以下的罚款；没有违法所得的，处以一千元以上五万元以下的罚款。"第 2 款规定："违反本法规定，生产经

---

① 参见周佑勇、刘艳红：《论行政处罚与刑罚处罚的适用衔接》，载《法律科学》1997 年第 2 期。
② 参见汪永清：《行政处罚与刑罚的适用范围和竞合问题》，载《政治与法律》1993 年第 2 期。

营不符合卫生标准的食品,造成严重食物中毒事故或者其他严重食源性疾患,对人体健康造成严重危害的,或者在生产经营的食品中掺入有毒、有害的非食品原料的,依法追究刑事责任。"第3款规定:"有本条所列行为之一的,吊销卫生许可证。"其中的第1款和第3款都是关于行政责任的规定,第2款则是关于刑事责任的规定。①

在实践中坚持双重责任原则,要注意克服两种偏向,一是不能以罚代刑,否则就会对行政犯罪打击不力,从而破坏社会主义法制的尊严,妨碍国家的正常行政管理秩序。二是不能只刑不罚,这同样也会导致对行政犯罪的打击不力,法律的严肃性也还是得不到维护。

当然,行政处罚与刑罚处罚应当合并适用与实际上是否合并适用不可混同。由于实际情况复杂,有时会出现某些不能合并或者无需合并适用的情况,因此,行政处罚与刑罚处罚的合并适用只是个一般原则,在具体合并适用时应视不同情况采用不同的方法予以处理。具体而言,可以分为先刑后罚和先罚后刑两种情况:

对于人民法院已经适用了刑罚处罚或免予刑罚处罚的,行政机关在适用行政处罚时应注意两方面的问题。一是人民法院已经适用了刑罚处罚的,行政机关不能再处以类似的处罚。例如,人民法院已经判处罚金后,行政机关不能再处以罚款。因为罚款和罚金虽然性质不同,但在内容和目的上却是相同的,即都是责令违法者交纳一定数额的款项,使其受到经济上的制裁,而罚金比罚款的制裁程度要强,因此,已由人民法院处以罚金后,给行为人以经济上的制裁目的即已达到,不宜再由行政机关予以罚款处罚。同样的道理,人民法院已经适用了拘役或者有期徒刑后,行政机关也不得再适用目的和内容相同的行政拘留等限制人身自由的行政处罚。但对于不相类似的处罚则可以适用。例如,人民法院已经适用了管制、拘役、有期徒刑或罚金后,行政机关认为需要可依法处以吊销许可证或执照等能力罚的,可以适用;人民法院没有适用罚金,行政机关认为需要的,则可以依法予以罚款。对于法人或其他组织的行政犯罪行为,如果人民法院只依法追究直接责任人员的刑事责任的,行政机关还可对该法人或其他组织依法适用行政处罚。二是人民法院对犯罪人免予刑罚处罚的,行政机关应当依法给予犯罪者以相应的行政处罚。当然,并非所有被免予刑罚

---

① 1997年新刑法典已经将食品卫生法第39条的内容纳入其中,即第143条的生产、销售不符合卫生标准的食品罪和第144条的生产、销售有毒、有害食品罪。不过,刑法的规定与食品卫生法的规定有不协调之处。

处罚的犯罪人都要给予行政处罚，是否给予相应的行政处罚，应依法根据各种犯罪案件的具体客观情况以及被告人的主观过错程度确定。而且，对免予刑罚处罚的犯罪人适用行政处罚时，可以在法定范围内从重处罚，因为行政犯罪比行政违法行为危害大，对其予以从重处罚是符合罚当其责和公平原则的，同时又体现了与违法行为的区别对待和与刑罚处罚的衔接。但是，不能因其有犯罪行为而突破行政法律规范规定的处罚幅度而加重处罚。

对于行政机关已经适用了行政处罚的行政犯罪，人民法院在适用刑罚处罚时也要注意两方面的问题。一是类似的处罚应当予以折抵，即罚款应当折抵罚金，拘留应当折抵拘役或有期徒刑。对此，行政处罚法已经作出了明确的规定。行政处罚法第28条规定："违法行为构成犯罪，人民法院判处拘役或者有期徒刑时，行政机关已经给予当事人行政拘留的，应当依法折抵相应刑期。违法行为构成犯罪，人民法院判处罚金时，行政机关已经给予当事人罚款的，应当折抵相应罚金。"之所以如此规定，是因为罚款与罚金、拘留与拘役或有期徒刑虽然法律性质不同，不能相互代替，但它们在本质上有共同之处，即罚款和罚金都是对犯罪人财产权的剥夺，拘留和拘役、有期徒刑都是对犯罪人人身自由的剥夺。二是不同性质的处罚则各自适用，互不影响。例如，行政机关已经适用了吊销许可证或执照、罚款等处罚，不影响人民法院对犯罪人处以有期徒刑。

（二）刑事优先原则

如前所述，对于行政犯罪，应当适用双重责任原则，行为人既要承担行政责任，又要承担刑事责任。但是，就这两种责任的关系而言，二者并不是等量齐观的。由于刑事责任比行政责任更加严厉，且具有明显的不可替代性，因此，在二者的关系中，刑事责任是主要的，即首先应考虑行为人的犯罪与刑罚适用问题，其次才是予以行政处罚。二者有主有次，不可等同，更不能主次颠倒，这就是双重责任基础上的刑事优先原则。

本来，刑事优先原则是指同一案件同时涉及刑事诉讼与民事诉讼时，法律赋予刑事诉讼相对于民事诉讼之优先权，即先解决被告人的刑事责任问题，再解决民事责任问题。但实际上这一原则并不仅限于对同一案件同时涉及刑事责任与民事责任的情况适用，对于同一案件同时涉及刑事责任与行政责任的情况也同样适用，即先解决行为人的刑事责任问题，再解决行为人的行政处罚责任。这一原则已为我国的刑法、行政法以及相应的刑事司法实践、行政执法实践所肯定。

一般认为，刑事优先原则是处理刑事诉讼与民事诉讼具有交叉关系时，决定谁先谁后问题的一项诉讼原则。但笔者认为，刑事优先原则首先是实体上的刑事优先，其次才是程序上的刑事优先，程序上的刑事优先不过是实体上刑事优先的反映而已。上一章我们在考察刑事责任与民事责任关系时也探讨了刑事优先问题，其中就包括实体优先和程序优先两个方面。这里关于刑事责任与行政责任之间的刑事优先原则同样也包含实体与程序两个方面。

首先是实体上的优先。所谓实体上的优先，是指当有关刑事责任的规定与有关行政责任的规定相冲突时，应优先适用有关刑事责任的规定。例如，前面所举的食品卫生法第39条的规定与1997年新刑法典第143条和第144条的规定是有关同一内容的，即都是关于生产、经营不符合卫生标准的食品行为的法律责任的规定，但二者的规定却不相协调。根据食品卫生法第39条的规定，生产、销售不符合卫生标准的食品，只有造成严重食物中毒事故或者其他严重食源性疾患，对人体健康造成严重危害的，才追究刑事责任；而根据刑法第143条的规定，生产、销售不符合卫生标准的食品，即使未对人体健康造成实际上的损害，只要是足以造成严重食物中毒或者其他严重食源性疾病的，就构成犯罪，应当追究刑事责任，判处三年以下有期徒刑或者拘役，并处或者单处销售金额百分之五十以上二倍以下罚金；如果已经实际上对人体健康造成严重危害的，则要处以更重的刑罚。那么，在这种情况下，应当如何适用法律呢？是适用刑法典的规定还是适用食品卫生法的规定？按照刑事优先原则，当然要适用刑法典的规定。为什么呢？笔者认为，至少有两方面的理由。其一，从法律的位阶上看，刑法典属于基本法律，由全国人大制定和修订，而食品卫生法属于一般法律，由全国人大常委会制定和修改，这就决定了它们之间的效力层次是前者高于后者，当二者的内容相冲突时，应优先适用基本法律的规定。其二，从新法与旧法的关系来看，食品卫生法于1995年通过并实施，而新刑法典则是于1997年通过并实施，根据新法优于旧法的原则，也应适用刑法典的规定。

其次是程序上的优先。程序上的优先主要包括两方面的内容。一是处理程序上的优先，即刑事诉讼程序应先于行政处罚程序。行政处罚法第22条规定："违法行为构成犯罪的，行政机关必须将案件移送司法机关，依法追究刑事责任。"这一规定主要是为了防止行政机关将行政犯罪案件以罚代刑，但同时也可以说在一定意义体现了刑事优先原则。为了保证刑事优先原则的贯彻，避免以罚代刑，不仅行政处罚法作了上述规定，1997年新刑法典第402条还专门规定了徇私舞弊不移交刑事案件罪，根据该条的规定，行政执法人员徇私舞弊，对依法应当移交司法机关追究刑事责任的不移交，情节严重的，处三年以下有期徒刑或者拘役；造成严重后果的，处三年以上七年以下有期徒刑。因此，如果行政机关在查处行政违法活动过程中，认为行为人的行为已经构成犯罪或者可能构成犯罪的，应及时主动地将案件移送有管辖权的司法机关先行处理。受移送的司法机关应依法及时、积极地立案、侦查和处理。司法机关对行政机关正在查处的行政违法案件，可以主动介入和监督检查，认为行为人的行为已构成犯罪或者可能构成犯罪的，应该也有权要求行政机关移送案件作为刑事案件予以立案，有关行政机关应该立即移交，并予积极协助，以避免行政机关与司法机关在行为人是否构成犯罪的问题上看法分歧而影响案件的及时查处。当然，上述行政处罚法和刑法的规定还显得过于原则，缺乏可操作性。要更好地贯彻刑事优先原则，必须将移送程序法定化，对有关移送的具体条件、移送的方式、期限、受移送的机关等作出规定，以建立系统完备的案件移送制度。同时还应建立与之配套的司法机关与行政机关对行政违法犯罪查处的联系制度、司法机关定期对行政机关查处违法活动的监督检查制度以及司法机关在行政机关查处阶段主动介入制度等。①

程序优先的另一个内容表现为刑事程序效力上的优先，即行政机关先对行为人作出行政处罚，并不是司法机关审理行政犯罪案件的必经程序，作为行政处罚的事实和证据依据，对司法机关并不具有当然的效力，还需经司法机关重新调查、核实和认定；而司法机关认定的犯罪事实和审查的证据，对行政机关具有当然的效力。这同样也体现了程序上的刑事优先原则。

---

① 参见周佑勇、刘艳红：《论行政处罚与刑罚处罚的适用衔接》，载《法律科学》1997年第2期。

# 第三编
# 刑法效力层次论
## ——刑法渊源与刑法效力

作为刑法的来源和存在形式的刑法渊源具有多种不同的形式,而各种不同的刑法渊源的效力层次又并非处于同一平面上,它们之间有着复杂的关系。本编就研究各种刑法渊源的效力层次以及它们之间的复杂关系,名之曰"刑法效力层次论"。

# 第六章 我国刑法的渊源及普通刑法的效力

## 第一节 我国刑法的渊源

### 一、法律渊源概述

法的渊源是指法律规范的来源,也称法源。法的渊源一般有实质意义和形式意义两种不同的解释。在实质意义上,法的渊源是指法律内容的来源,如法律渊源源于经济或经济关系。形式意义上法的渊源,也就是法律效力渊源,是指一定的国家机关依照法定职权和程序制定或认可的具有不同法律效力和地位的法律的不同表现形式，即根据法律效力来源不同而划分的法律不同形式，如制定法（包括宪法、法律、行政法规等）、判例法、习惯法、法理等。在我国，对法的渊源的理解，一般指效力意义上的渊源，主要是各种制定法。

法的渊源多种多样，可以从不同的角度作不同的分类。例如，根据法的渊源的载体形式，可以将法的渊源分为成文法渊源与不成文法渊源。根据法的渊源与法律规范的关系，可以将法的渊源分为直接渊源与间接渊源：制定法等与法律规范、法律条文直接相关的渊源为直接渊源；学说等与法律规范、法律条文间接相关的渊源为间接渊源。根据各种法的渊源的相对地位可以分为主要渊源与次要渊源。根据是否表现于国家制定的法律文件中的明确条文形式，还可以将法的渊源划分为正式渊源与非正式渊源。正式渊源是指那些可以从体现于国家制定的规范性法律文件中的明确条文形式中得到的渊源，如宪法、法律、法规等，主要为制定法，即不同国家机关根据法定职权和程序制定的各种规范性文件。法的非正式渊源则指那些具有法律意义的准则和观念，这些准则和观念尚未在正式法律中得到权威性的明文体现，如正义标准、理性原则、公共政策、道德信念、社会思潮、习惯等。

由于社会制度、国家管理形式和结构形式的不同以及受政治、思想、道德、历史与文化传统、宗教、科技发展水平、国际交往等的影响，在不同国家或不同历史时期，有各种各样的法的渊源。在古希腊，最早的法的渊源是神谕，这是早期的习惯法，最主要最常见的法的渊源是民众大会决议。古罗马的法的渊源则有平民大会决议、元老院决议、皇帝敕令、法学家的解答等。中世纪欧洲的法的渊源，主要有王室法令、习惯法、罗马法、教会法、城市习惯法、普通法和衡平法、诏令等。近代以来西方国家法的渊源，在英美法系国家主要是判例法，如普通法、衡平法，20世纪以来也开始重视制定法；在大陆法系国家，制定法成为主要的法的渊源。

在中国，历代封建王朝的法的渊源，总的来说，以制定法、成文法为主，也包括习惯法、法理等。具体来说，包括律、令、格、式、典、敕、比、例、礼等。自清末沈家本修订法律以来，近代中国在法的渊源方面也以大陆法系国家为模式，以制定法为主。在南京国民政府时期，判例和解释列为重要的法的渊源。

在当代中国，法的渊源主要为以宪法为核心的各种制定法，包括宪法、法律、行政法规、地方性法规、经济特区的规范性文件、特别行政区的法律法规、国际条约国际惯例等。此外，法学上一般也认为，习惯、政策应视为我国法的非正式渊源。

## 二、我国刑法的渊源

如前所述，当代中国法的渊源是以宪法为核心的各种制定法，包括宪法、法律、行政法规、地方性法规、经济特区的规范性文件、特别行政区的法律法规、国际条约与国际惯例等，同时，还有习惯、政策作为我国法的非正式渊源。但是，这些都是从总体上对法的渊源的考察。若从部门法的角度考察，则因各个部门法自身的特点而有所不同。就是说，并非每个部门法中都存在上述各种法的渊源形式。就刑法而言，由于刑法是关于犯罪和刑罚的规定，事关国家刑罚权的行使和国民基本权利的保障，因而，上述各种法的渊源形式并非都能作为刑法的渊源。例如，根据立法法第8条和第9条的规定，有关犯罪和刑罚的内容只能制定法律，尚未制定法律的，全国人大及其常委会也不能授权国务院先制定行政法规。所以，行政法规就不能作为刑法的渊源。同样的道理，经济特区的规范性文件也不能作为刑法的渊源。那么，刑法的渊源到底有哪些呢？这里先予以概括的说明。

第一，宪法。宪法是我国的根本大法，在我国社会主义法律体系中具有最高的法律地位和法律效力，其他各种法律、法规的制定，均须以宪法为根据，服从宪法，不能与之相抵触，刑法也不例外。在第三章，我们曾经探讨过宪法与刑法效力的关系，但那是从部门法的意义上来说的，即宪法作为一个特殊的部门法与刑法效力的关系。而这里则是从法的渊源意义上来说的。也就是说，我们通常可以在两种意义上使用"宪法"这个词语。由宪法的根本法地位所决定，作为法的渊源意义上的宪法与法的其他渊源相比，在效力层次或者说位阶上同样处于最高的地位。

第二，刑法典。刑法典是国家以刑法的名称颁布的、系统规定犯罪及其刑事责任的法律。我国建国以来颁布了两部刑法典。第一部刑法典于1979年7月1日由第五届全国人民代表大会第二次会议通过，于1980年1月1日起施行。第二部刑法典实际上是对第一部刑法典的修订，是1997年3月14日由第八届全国人民代表大会第五次会议修订通过的。理论上一般称第一部刑法典为旧刑法典，而称第二部刑法典为新刑法典。刑法典是刑法最重要的也是最基本的渊源。

第三，单行刑法。单行刑法是国家以决定、规定、补充规定、条例等名称颁布的、规定某一类犯罪及其刑事责任或者刑法的某一事项的法律。单行刑法曾经是我国刑法最重要的渊源之一。新刑法典颁布前，全国人大常委会曾经先后颁布了 23 个单行刑法。1997 年修订刑法典时，它们的内容基本上都已被纳入到新刑法典中或者已不适用，因而被完全废止；或者虽未完全废止，但仅仅是其中关于行政处罚和行政措施的规定继续有效，有关刑事责任的规定因被纳入刑法典而适用刑法典的规定。① 新刑法典颁布后，出于对刑法修订形式优劣的考虑，这种单行刑法已不多见，目前仅有 1998 年 12 月 29 日九届全国人大常委会第六次会议通过的《关于惩治骗购外汇、逃汇和非法买卖外汇犯罪的决定》。

第四，附属刑法。附属刑法是指附带规定于经济法、行政法等非刑事法律中的罪行规范。新刑法典公布之前，有 130 多个非刑事法律规定了附属刑法条文，现在，这些附属刑法规范基本都被纳入新刑法典中或已不适用。当然，这样的规范以后难免还会产生。

在理论上，通常将以上两种刑法的渊源形式合称为特别刑法，作为与刑法典即普通刑法的对称。之所以在刑法典之外还会出现单行刑法或者附属刑法这样的特别刑法，是因为刑法典作为最基本的刑法规范有其自身难以克服的缺陷，即它不能适应惩治那些随着社会生活的变化而变化的犯罪现象的需要，从而导致刑法典的规定出现漏洞。而由立法机关适时颁布一些特别刑法规范，对刑法典进行修改、补充，就能够有效地克服刑法典滞后于社会生活的弊端。

第五，刑法修正案。1999 年 12 月 25 日九届全国人大常委会第十三次会议通过了《中华人民共和国刑法修正案》，这是新中国立法史上第一次以刑法修正案的方式对刑法进行修改、补充。立法机关这样做，主要是考虑到，一部统一的刑法典不仅便于司法机关适用，而且便于广大群众学习、掌握，不宜再单独搞两三个决定或者补充规定。而采取修正案的方式，不论修改、补充多少内容，均可一次、多次修正原有规定。所以，今后修改、补充刑法，如果增加条文，就列在内容相近的刑法条文之后，作为某条之一、之二。如果修改某条，就直接修改条文。这样，不改变刑法的总条文数，有利于维护刑法典的完整性和稳定性，法律文书也可以直接援引修订原条文款项内容。② 此后，根据社会发展变化和惩治犯罪的需要，全国人大常委会又于 2001 年 8 月 31 日、2001 年 12 月 29 日和 2002 年 12 月 28 日先后通过了三个刑法修正案，对刑法典的有关内容进行了修正。因此，刑法修正案是我国目前对刑法修改、补充的

---

① 参见 1997 年刑法典第 452 条的规定。
② 参见黄太云：《〈中华人民共和国刑法修正案〉的理解与适用》，载《刑事审判参考》2000 年第一辑，法律出版社 2000 年版，第 73 页。

主要方式,因而也成为我国刑法的重要渊源。

第六,民族自治地方制定的有关刑事方面的变通或补充规定。新刑法典第90条规定:"民族自治地方不能全部适用本法规定的,可以由自治区或者省的人民代表大会根据当地民族的政治、经济、文化的特点和本法规定的基本原则,制定变通或者补充的规定,报请全国人民代表大会常务委员会批准施行。"因此,少数民族自治地方的省级人大根据刑法的基本原则制定的变通或补充规定也是我国刑法的渊源之一。

第七,国际条约。新刑法典第9条规定:"对于中华人民共和国缔结或者参加的国际条约所规定的罪行,中华人民共和国在所承担条约义务的范围内行使刑事管辖权的,适用本法。"据此,我国缔结或者参加的国际条约是我国刑法的一个重要渊源。

以上七种是我国刑法主要的、直接的、正式的渊源,除此之外,我国刑法还有一些次要的、间接的、非正式的渊源,在这类刑法渊源中,最重要的是刑法解释,除此之外还包括刑事习惯和刑事政策。

以上从总体上对我国刑法的渊源进行了概括的考察,但这并不是本文的正题,而只是为进入正题所作的铺垫。本编所要研究的问题是,所有这些不同形式的刑法渊源其效力如何?各种形式的刑法渊源之间是什么关系?对此,我们有必要分别展开探讨。本编以下各章就是按照上述刑法渊源的不同形式对这些问题的展开。

有两点需要特别作出说明。其一,宪法与刑法效力的关系问题已经在第三章进行了探讨。虽然这两处的"宪法"一词是在两种不同的意义上使用的,但无论在哪一种意义上使用,宪法作为根本法的地位是相同的。从法律渊源的意义上来考察,在刑法的各种渊源中,宪法处于效力层次的最高层,具有任何其他刑法渊源无法比拟的优越性,其他刑法渊源的内容若与宪法渊源的内容有冲突,都应以宪法的内容为准。由于这些内容在第三章中已经作了比较深入的探讨,为避免重复,本编不再设专章讨论。其二,目前我国虽然不存在严格意义上的刑法判例,但这并不妨碍我们对刑法判例作为刑法渊源时的效力的探讨,故关于刑法判例的内容本编也设立了专章。

## 第二节 普通刑法的效力

在刑法理论上,刑法有广义和狭义之分。狭义的刑法仅指刑法典,广义的刑法则除了刑法典之外还包括其他形式的刑法规范。通常称刑法典为普通刑法，而称刑法典之外的其他刑法规范为特别刑法。本节研究作为普通刑法的刑法典的效力。

### 一、刑法典效力的优越地位

如前所述，在刑法的各种国内渊源中，刑法典是刑法最重要的也是最基本的渊源，这也就决定了它在各种国内刑法渊源中的效力层次：除了宪法渊源以外，刑法典具有比任何其他渊源更高的效力，其他渊源的内容若与刑法典的内容相冲突，则应以刑法典的规定为准。

刑法典之所以具有较宪法之外的其他刑法渊源更为优越的地位是有其原因的，具体说来有以下几个方面：

（一）从其所涉及的内容看

虽然各种刑法渊源从其内容上看都是关于犯罪与刑罚的规定，但是，刑法典有系统的总则性内容，而其他刑法渊源则没有。一般来说，世界各国的刑法典从体系上来看都分为总则和分则两部分：总则部分规定的是关于犯罪和刑罚的一般原理，分则部分则规定各种具体的犯罪及其处罚幅度。而其他刑法渊源规定的内容一般都是对具体犯罪及其处罚幅度的规定，即属于分则性内容。即使有个别条文从性质上看属于总则性内容，但也不像刑法典的规定那样具有系统性。因此，其他刑法渊源的内容在实际适用时就离不开刑法典总则的指导。对此，各国刑法典本身一般都作出了明确规定，我国两部刑法典也是如此。新刑法典第101条规定，"本法总则适用于其他有刑罚规定的法律"。

（二）从其制定机关看

刑法典的制定机关是国家最高立法机关，而其他各种刑法渊源的制定机关则通常是最高立法机关以下的中央或地方立法机关。在我国，刑法典是由最高国家立法机关——全国人民代表大会制定的，而单行刑法和附属刑法由全国人大常委会制定，[①] 地方刑法则是由地方立法机关即民族自治地方省一级的人民代表大会来制定，并需报全国人大常委会批准。制定机关的层次不同同时也就决定了其效力层次的不同：上级立法机关制定的法律的效力层次高于下级立法机关制定的法律，中央立法机关制定的法律效力的层次高于地方立法机关制定

---

[①] 在我国所有的单行刑法中只有一个是由全国人大制定的，即1981年的《中华人民共和国惩治军人违反职责罪暂行条例》。

的法律。

(三) 从其效力的维度看

法律效力的维度是指法律效力范围的各个方面。① 具体包括时间维度、地域维度、对象维度和事项维度。② 就刑法典的效力维度而言，与其他刑法渊源相比，其特点非常明显：从时间维度上看，它较其他刑法渊源持续的时间更长，具有更高的稳定性。其他刑法渊源如单行刑法、附属刑法等的适用期间则相对较短，一旦条件成熟，它们中的大部分内容将被纳入刑法典。事实上，它们本身的存在很大程度上就是为了保持刑法典的稳定性。从地域维度看，刑法典所适用的地域范围最为广泛，一般适用于一国主权的全部范围，而其他刑法渊源则不尽然，如地方刑法仅适用于主权范围内的个别地方。从对象维度看，刑法典适用于一国的全体公民，即使他身在国外，而其他刑法渊源则不尽然，如原《惩治军人违反职责罪暂行条例》仅适用于犯罪的军人，又如地方刑法仅适用于特定地方的、具有特定身份的公民。从事项维度看，刑法典对各个领域的犯罪都有规定，而其他刑法渊源则不尽然，如单行刑法多是对某一方面犯罪的规定，附属刑法规定的则是与其所在的非刑事法律内容相关的犯罪。

因此，从刑法典的效力维度与其他刑法渊源的效力维度的对比来看，刑法典也处于较其他刑法的渊源优越的地位。

## 二、刑法典效力的部分排除

虽然从上述几个方面来看，刑法典较之其他刑法渊源具有更高的效力层次，但这只是问题的一个方面，即从总体上看以及在其他刑法渊源的内容与刑法典相冲突时，刑法典的效力地位具有优越性。如果其他刑法渊源的内容并不违反刑法典总则性内容的规定，则在刑法典和其他刑法渊源对同一事项都有规定时，应优先适用其他刑法渊源对该事项的特别规定而排除刑法典相关规定的适用，这就是特别法优于普通法的原则。之所以如此，也是由刑法典本身的特

---

① 我国学者一般称之为法律的适用范围或效力范围，与英文中的 scope 一词相对应，本文称之为"维度"，与英文中的 dimension 一词相对应。之所以如此称呼，有两个方面的原因。一方面是借鉴了数学和物理学上的术语。例如我们通常说长方形是的二维的，因为它只有长和宽两个量度，而长方体是三维的，因为它有长、宽和高三个量度。法律的适用范围或效力范围既然包含多个方面的内容，因而也就可以说具有多个维度。另一方面的原因是为了将它与本文第二章中的效力范围的含义区分开来。

② 有关刑法效力的维度问题本文将在第四编展开。

点决定的。一方面,刑法典总则是对犯罪与刑罚内容的一般性规定,而犯罪与刑罚的情况是复杂多样的,因而也就难以做到因地制宜、因人制宜、因事制宜,这就需要其他刑法渊源对此做出特别规定以适合需要。另一方面,刑法典较之其他刑法渊源又具有更高的稳定性,因而又难以根据社会情况的变化而及时做出调整,做到因时制宜,这也需要其他刑法渊源对此做出特别规定以适应变化了的社会情况。特别刑法正是在这种需要之下应运而生的。如果在这种情况下还以刑法典效力的优越性为由来排除这些特别刑法的适用,就失去了制定这些特别刑法的目的和意义。因而在此情况下就必然要排除刑法典相关内容的适用效力。

但是,特别法优于普通法的原则仅仅是对刑法典效力的部分排除而非整体排除,即排除的仅仅是刑法典与其他刑法渊源对同一事项的相关规定的内容的适用,这些内容一般都属于分则性的内容,而对于适用该事项时所应遵循的一般原则,仍应适用刑法典总则的规定。所以,特别法优于普通法的原则是在刑法典具有优越地位的前提下的一个原则,并没有从根本上否定刑法典效力的优越地位。

# 第七章　特别刑法的效力

如前所述，广义的刑法除了刑法典这一普通刑法之外还包括其他种类的特别刑法。至于究竟包括哪些形式，以前的通说认为包括单行刑法和附属刑法（非刑事法律中的刑法条款）两种。这当然是根据我国当时特别刑法实际存在的形式得出的结论。而在新刑法典之后，对刑法典的修订又采用了刑法修正案的方式，因此，刑法修正案又成为特别刑法的一种新形式。另外，虽然旧刑法典和新刑法典都有关于民族自治地方可以制定对刑法典的变通或者补充规定的内容，但通说并没有将这种民族自治地方对刑法典的变通或者补充规定纳入特别刑法的范畴，实际上这也是特别刑法的一种具体形式，笔者称之为"地方刑法"。所以，就我国的情况而言，至少有四种特别刑法的形式。本章拟对这四种特别刑法的效力分别予以探讨。

## 第一节　单行刑法的效力

### 一、单行刑法的概念、特征与种类

单行刑法是指为了应付某种特殊情况而由立法机关颁布的、专门规定犯罪与刑罚的规范性文件。据此，单行刑法具有以下两个基本特征：

1. 单行刑法是为应付某种特殊情况而颁布的单行法，这一特征使它与刑法典区别开来。刑法典是普通刑法，它在适用对象上具有普遍性。在原则上，无论何人、何事、何时何地以及触犯何种罪名，均应适用。而单行刑法是特别刑法，仅适用于某种特殊情况：或者仅适用于特定的时间，或者仅适用于某些特定的地域，或者仅适用于某种特定的对象，或者仅适用于某种特定的事项。

2. 单行刑法是专门规定犯罪与刑法的规范性文件，这一特征使它与附属刑法区别开来。附属刑法是非刑事法律的附属物，其自身不能完整地反映出载体法律的性质，非刑事法律规范才是载体法律的核心内容，而且从法律名称上也看不出是刑事法律。而单行刑法则不同，它以关于犯罪与刑罚的规定为核心内容，一般情况下不规定别的事项，而且从法律名称上就能直接反映出刑法的性质。

根据单行刑法不同于普通刑法的特殊之处，可以将单行刑法分为以下几种类型：

1. 适用于特定时间的单行刑法。这种单行刑法是为了适应一时之需而颁布，只在特定的时间内具有法律效力，超过法定的时间，如果立法机关不决定延续，该单行刑法便自然失效。理论上通常称这种单行刑法为限时刑法。在我国过去颁布的特别刑法中就有这种单行刑法，如1981年6月10日全国人大常委会通过的《关于死刑案件核准问题的规定》即属此类。该决定规定，在1981~1983年内，将杀人、抢劫、强奸、爆炸、放火等部分案件的死刑核准权下放到高级人民法院。因此，超过1983年，该单行刑法自然失效。当然，鉴于当时的治安形势仍未好转，为适应同那些犯罪作斗争的需要，1983年9月2日在修改《人民法院组织法》时将这一单行刑法的内容吸收了进去，这样，在该单行刑法失效后，其内容得以继续保持下来。

2. 适用于特定地域的单行刑法。这种单行刑法仅适用于特定的地域，因而也可以叫做地域刑法或地方刑法。例如我国建国之初，各大行政区曾经颁行过有地方性的单行刑法。而两部刑法典也都有关于民族自治地方的权力机关可以根据当地的特点和刑法典的基本原则制定变通或者补充规定的内容，如果它们以单行刑法的形式出现，当然也属于这种单行刑法，只是从实践看，这种类型的单行刑法并没有制定出来。

3. 适用于特定对象的单行刑法。这种单行刑法的内容主要是针对具有特定身份的人员而制定的，例如1981年6月10日全国人大常委会通过的《惩治军人违反职责罪暂行条例》和《关于处理逃跑或者重新犯罪的劳改犯和劳教人员的决定》分别适用于犯罪的军人和逃跑或者重新犯罪的劳改犯和劳教人员，因而都属于这种类型。

4. 适用于特定事项的单行刑法。这种单行刑法一般都是针对社会生活发生较大变化而制定的惩治某类或某种犯罪的，对刑法典的补充修改作用较大。例如全国人大常委会1982年3月8日通过的《关于严惩严重破坏经济的罪犯的决定》和1983年9月2日通过的《关于严惩严重危害社会治安的犯罪分子的决定》都是针对一类犯罪所制定的，而1988年1月21日通过的《关于惩治走私罪的补充规定》则是针对一种犯罪而制定的。①

## 二、单行刑法与刑法典之效力关系

(一) 与刑法典并存时的关系

刑法典是普通刑法,单行刑法是特别刑法,当二者都是现行有效的法律时,其效力关系如何呢?由于刑法典的内容有总则和分则之分,而单行刑法一般只规定分则性内容,所以应当从两个方面予以考察。

一是单行刑法与刑法典总则的效力关系。刑法典总则是关于犯罪和刑罚的一般原理的规定,因而可以说是"普通刑法中的普通法"。关于单行刑法与刑法典总则的关系,刑法典已经作出了明确的规定。新刑法典第101条规定:"本法总则适用于其他有刑罚规定的法律,但是其他法律有特别规定的除外。"这里的"有刑罚规定的法律"、"其他法律"当然包括单行刑法在内。根据这一规定,可以把单行刑法与刑法典总则的关系分为三种情形:(1) 由于单行刑法较少涉及总则性规定,因此凡是单行刑法未作特别规定的,刑法典总则一律适用。(2) 如果单行刑法中有明确的新的总则性内容,因属于特别法,应优先适用,排除刑法典总则相关内容的适用。例如,1981年6月10日全国人大常委会通过的《惩治军人违反职责罪暂行条例》中关于战时缓刑的规定与1979年刑法典总则关于缓刑的一般规定有所不同,因此,对于在战时对犯罪的军人适用缓刑时就应以该条例规定的内容为准。(3) 单行刑法中虽然没有明确规定新的总则性内容,但根据其分则性条文的内容可以分析出排除刑法典总则有关条文的适用,或者有与刑法典总则规定相冲突的分则性内容的,也应适用单行刑法的规定。例如,1988年1月21日通过的《关于惩治走私罪的补充规定》和《关于惩治贪污罪、贿赂罪的补充规定》、1990年12月28日通过的《关于禁毒的决定》、《关于惩治走私、制作、贩卖、传播淫秽物品的犯罪分子的决定》等单行刑法规定了单位可以成为某些犯罪的主体并处以罚金。这些单行刑法中虽然没有明确的总则性规范专门规定单位可以成为犯罪主体,但因为承认个罪可以由单位构成,因而就在实质上突破了1979年刑法典关于犯罪主体只包含自然人的规定,对此也应适用单行刑法的规定。

二是单行刑法与刑法典分则的效力关系。关于单行刑法与刑法典分则的效

---

① 走私罪在1979年刑法典中是一种犯罪,即属于个罪,而在新刑法典中则是一个类罪,包括多种不同类型的走私犯罪。

力关系,理论上的通说是适用"特别法优于普通法"的原则。"特别法优于普通法"的原则历史悠久,古罗马时代就已经存在并一直延续至今。根据这一原则,当刑法典中的分则性规范与单行刑法的分则性规范相冲突时,应以单行刑法的规定为准。当然,从内容上看,单行刑法的分则性规范与刑法典的分则规范之间也存在着多种不同的关系,如有的是交叉关系,即单行刑法对刑法典的分则性规范作了部分的修改和补充;有的是替代关系,即单行刑法完全替代了刑法典分则的有关内容;有的是竞合关系,即刑法典分则已有规定的犯罪,单行刑法为了突出其中的某一类型又作了特别的规定,两种规定同时有效;有的是增补关系,即在单行刑法中增设刑法典中没有规定的新罪种。但是,无论上述哪一种情形,单行刑法作为特别法都有优先适用的效力,即在其与刑法典中的分则性规定相冲突时,以单行刑法的规定为准。

(二)被刑法典吸收后的效力关系

就我国的情况来看,单行刑法一般都具有过渡的性质,即根据惩治犯罪的需要颁布新的单行刑法先行试用,待大规模修订刑法典时,再根据单行刑法的实施情况而作出不同的处理:对于其中内容适当的,将其纳入刑法典之中,对于那些不适合需要的,则将其排斥在刑法典之外。我国在 1997 年修订刑法典时对此前颁布的单行刑法的处理就是这样做的。根据新刑法典附则篇第 452 条的规定,对此前颁布的 23 个单行刑法分两种情况作了处理:列于附件一的《中华人民共和国惩治军人违反职责罪暂行条例》等 15 个单行刑法已纳入修订后的新刑法典或者已不适用,自新刑法典施行之日起,予以废止。列于附件二的《关于禁毒的决定》等 8 个单行刑法予以保留。因为其中有关行政处罚和行政措施的规定还继续有效,但有关刑事责任的规定也已经纳入新刑法典之中,自新刑法典施行之日起,适用新刑法典的规定。

可见,不管这些单行刑法从整体上是予以废除还是予以保留,其中关于犯罪和刑罚的刑事部分都因被纳入新的刑法典或者已不适用而失去其法律效力。

当然,这是从立法的角度而言的。如果从司法的角度来看,则这些已经失去法律效力的单行刑法并非在司法实践中已经完全不适用。如果某一行为发生在原单行刑法的有效期间,而对该行为的处理是在这些单行刑法因刑法典的修订而失去效力之后,则对这一案件是适用原单行刑法的规定还是适用新的刑法典的规定还要在比较两者规定的具体内容后才能确定。比较的结果,可能适用新的刑法典,也可能适用原来的单行刑法。这个问题实际上是刑法效力时间维度中的溯及力问题,本文将在第四编予以详细的探讨,这里就不再展开了。

### 三、单行刑法相互之间的效力关系

若单行刑法相互之间是针对不同的犯罪所作的规定，自然是各自适用，互不影响。但是，实际上有些单行刑法是针对同一种犯罪而作了不同的规定。这是因为，单行刑法不像刑法典那样一次性颁布成形，而是随着社会形势的变化以及立法认识的发展而逐步成形的。那么，在这种情况下，应以哪一个单行刑法为准呢？由于它们都是单行刑法，都属于特别刑法，因而它们之间不存在普通法与特别法的关系，自然也不能适用特别法优于普通法的原则。但是，它们之间却有颁布先后之分，因而对它们之间的效力关系是按照颁布时间的先后来决定的，即适用"后法优于前法"或者说"新法优于旧法"的原则。例如，1982年3月8日通过的《关于严惩严重破坏经济的罪犯的决定》鉴于1979年刑法典第185条受贿罪的法定刑偏低而不足以打击这种严重的犯罪，因而规定对国家工作人员索取、收受贿赂的，比照1979年刑法典第155条贪污罪论处。但是，受贿罪与贪污罪在性质上毕竟不同，因此，1988年1月21日通过的《关于惩治贪污罪贿赂罪的补充规定》第四条又将其重新修正为："国家工作人员、集体经济组织工作人员或者其他从事公务的人员，利用职务上的便利，索取他人财物的，或者非法收受他人财物为他人谋取利益的，是受贿罪"，并在其第五条规定了受贿罪的处罚幅度。根据上述原则，由于《关于惩治贪污罪贿赂罪的补充规定》颁布在后，属于新法，因而在其颁布后，《关于严惩严重破坏经济的罪犯的决定》中的相关内容则失去法律效力。

基于同样的道理，上述结论也是仅从立法决定而言的，若从司法实践的角度来看，如果犯罪行为发生在旧法（前法）施行期间而处理是在新法（后法）施行之后，则适用哪一个单行刑法还需按照刑法时间维度中的溯及力问题的原则来解决。

## 第二节　附属刑法的效力

### 一、附属刑法的概念、特征与种类

附属刑法,① 是指在非刑事法律中，为了保护该法律所确定的社会关系而规定的，为刑法典和单行刑法所不具有的有关犯罪和刑罚的规范的总和。据此，附属刑法具有如下三个方面的特征：

1. 从规范的性质上看，附属刑法是关于犯罪和刑罚的规范而不是非刑事法律。虽然它身处非刑事法律文件中，但从实质上来看它属于刑事法律的范畴，因而又称"实质刑法"。

2. 从立法目的来看，它是为保护某些非刑事法律所确定的社会关系的特殊需要而相应设立的刑法规范。这种规范的行为模式直接存在于该法律之中，但是该法律固有的调整手段已不能奏效，或者显然不能使法律后果与行为性质相一致，因而立法者动用刑法手段予以调整，追究行为者的刑事责任，这样就产生了附属刑法规范。

3. 从规范的内容来看，附属刑法规范的内容是刑法典和单行刑法所不具有的。这一特征将那些虽然也规定在非刑事法律之中，虽然也是关于犯罪和刑罚的内容，但仅仅是对刑法典或者单行刑法有关内容的照应性规定的条款排除在附属刑法之外。

根据附属刑法的内容与刑法典内容的关系不同，可以将附属刑法分为以下几种：

1. 创制性附属刑法。即规定刑法典没有规定的刑法规范的附属刑法。这种创制既有分则性的，也有总则性的。前者如，1984 年 9 月 20 日全国人大常务委员会通过的《药品管理法》第 51 条第 2 款规定："对生产、销售劣药，危害人民健康，造成严重后果的个人或者单位直接责任人员，比照刑法（1979 年刑法典）第 164 条的规定追究刑事责任。"这实际上是创制了生产、销售劣药罪这一新罪名，其刑罚则比照刑法典规定的制造贩卖假药罪的法定刑确定。后者如，全国人大常委会 1988 年 7 月通过的《中国人民解放军军官军

---

① 也有的称之为非刑事法律中的刑法规范（或刑事条款），但这一称呼显然将那些单纯的照应性条款也包括其中，较之本文的附属刑法概念更为宽泛。

衔条例》第 27 条规定："军官犯罪，被依法判处剥夺政治权利或者 3 年以上有期徒刑的，由法院判决剥夺军衔。退役军官犯罪的，依照前款规定剥夺其军衔。"这实际上是创制了剥夺军衔这种附加刑。

2. 补充性附属刑法。这种附属刑法是在原刑法典规定的基础上增加新的内容，包括对原刑法规定的犯罪构成要件的补充和对法定刑的补充。例如，1982 年 8 月 23 日第五届全国人民代表大会常务委员会第二十四次会议通过的《中华人民共和国商标法》第 40 条规定："假冒他人注册商标，包括擅自制造或者销售他人注册商标标识的，对直接责任人员由司法机关依法追究刑事责任。"这一条款就是对 1979 年刑法典第 127 条假冒商标罪的补充。因为旧刑法典第 127 条仅规定"假冒其他企业已经注册的商标"的行为为犯罪，而《商标法》则又把"擅自制造或者销售他人注册商标标识"的行为规定为假冒商标罪的行为方式，因而扩大了该罪的外延。就分则性规范而言，补充性附属刑法与创制性附属刑法的基本区别在于，创制性附属刑法增加新的罪名，而补充性附属刑法则不增加新的罪名。

3. 解释性附属刑法。这种附属刑法结合非刑事法律的内容，对刑法原有规范的罪状进行阐明，以使原有规范更为具体化。从刑法典分则条文的罪状规定方式上来看，有的采用了空白罪状和引证罪状的方式。这两种方式都需要对罪状进行进一步的解释，而有些附属刑法就担当了这一任务。例如，1979 年刑法典第 116 条关于走私罪的条文规定："违反海关法规，进行走私，情节严重的，……处三年以下有期徒刑或者拘役，可以并处没收财产。"但对于什么样的行为属于走私，刑法的规定并不明确。而 1987 年 1 月 22 日第六届全国人民代表大会常务委员会第十九次会议通过的《中华人民共和国海关法》第 47 条则对走私行为及其情节作出了明确、具体的解释。

此外，根据其他标准也可以把附属刑法分为不同的类别。如根据附属刑法规范的内容可以将其分为总则性的和分则性的，根据附属刑法的适用特点还可以将其分为独立性的和依附性的。按照这两个标准，我国的大部分附属刑法属于分则性的和依附性的，而上述所举的《军官军衔条例》中剥夺军衔附加刑的规定则属于总则性的和独立性的。

## 二、附属刑法与刑法典之间的效力关系

附属刑法与刑法典之间的效力关系和单行刑法与刑法典之间的效力关系类似，故我们也从两个方面分别予以考察。

## （一）附属刑法与刑法典并存时的效力关系

这是考察当附属刑法和刑法典都是现行有效的法律时，二者之间的效力关系。对此，也应当从总则和分则两个方面分别说明。

关于附属刑法与刑法典总则的关系，新刑法典第101条的规定同样适用，即其中的"有刑罚规定的法律"、"其他法律"不仅包括单行刑法，同时也包括附属刑法在内。具体说来，凡是附属刑法未作特别规定的，刑法典总则一律适用；但是，如果附属刑法中有明确的新的总则性内容，如前述关于剥夺军衔作为附加刑的规定，则应适用相关的规定。

关于附属刑法与刑法典分则之间的效力关系，同样也适用"特别法优于普通法"的原则。即从内容上看，不管附属刑法的分则性规范是新的创制还是对刑法典分则规范的修改、补充或者解释，均以附属刑法的规定为准。

## （二）附属刑法纳入刑法典后的效力关系

作为特别刑法之一种，附属刑法和单行刑法一样也具有暂时性，当大规模修订刑法典时，将根据具体情况对附属刑法的规定进行适当的处理，有的可能被纳入刑法典之中，有的可能因各种原因而没有纳入。但是，附属刑法与单行刑法不同，它不是单纯的刑事法律文件，而是存在于其他非刑事法律之中，因而不能在新的刑法典中直接宣布该非刑事法律整体失效。那么，当新的刑法典施行之后，这些附属刑法是否也失去其法律效力呢？对于这个问题，我国1997年新刑法典采取了回避的态度，没有作出明确的规定。但是理论上却不能不对此问题作出回答。

就笔者视野所及的范围来看，目前理论界很少有人专门从理论角度研究这一问题，一般只是在研究个别条文的问题时涉及到这一问题。例如，对于军官的剥夺军衔现在是否仍然适用的问题，理论界就有不同的认识。肯定者认为，含有附属刑法规范的《中国人民解放军军官军衔条例》是现行有效的法律，刑法本身和其他法律都没有明确规定该法所确立的剥夺军衔附加刑法废止适用，因此，剥夺军衔仍然适用。否定者则认为，适用刑法总则分则都没有规定的剥夺军衔附加刑，有违罪刑法定原则。[①] 但是，这只是对这类问题的个别探讨，不具有一般的意义。

笔者认为，从一般意义来说，新刑法典与原附属刑法的效力关系应适用新法优于旧法的原则，即附属刑法的规定失去法律效力，虽然作为附属刑法载体

---

① 参见罗佩杰、刘昌松《"剥夺军衔"附加刑不应继续适用》，载《法学杂志》2001年第1期。

的非刑事法律并不从整体上失去法律效力。当然，由于附属刑法内容的多样性，也不能一概否认原附属刑法的效力，而是要根据附属刑法的内容是总则性的还是分则性的以及附属刑法内容对刑法典依附性的不同而具体分析。（1）如果原附属刑法的分则性内容在旧刑法典修订时被完全吸收或者被修改后吸收到新刑法典之中，则原有附属刑法失去法律效力，对具体案件的处理应适用新刑法典的规定。（2）如果原附属刑法的分则性内容在旧刑法典修订时没有被吸收到其中，则原有附属刑法也失去法律效力，对具体案件的处理应适用新刑法典的规定，根据罪刑法定原则，不能再将该种行为以犯罪论处。（3）如果原附属刑法的总则性内容对原刑法典总则具有依附性，在旧刑法典修订时被完全或者部分吸收到其中的，则原有附属刑法的规定失去法律效力，对具体案件的处理应适用新刑法典的规定。（4）如果原附属刑法的总则性内容是对原刑法典总则性内容的补充，属于对总则内容的例外规定，且有其特定的适用范围，即该附属刑法规范具有独立性，立法者只是考虑到体系上的原因而没有将其吸收到新刑法典之中的，则原有附属刑法仍应有法律效力，即该内容在特定范围内仍可适用，如上述的剥夺军衔附加刑即属于这种情形。之所以得出这样的结论，是因为刑法典第101条的规定本身就包含了这样的含义，这属于"其他法律有特别规定的除外"性质的总则性规范。

### 三、附属刑法与单行刑法之间的效力关系

附属刑法与单行刑法都从属于作为主刑法的刑法典，即都具有辅刑法的性质，它们都由全国人大常委会创制，并都受到刑法典总则的制约，因此，从整体上说，二者的法律效力处于同一个层次。在适用原则上，应当按照它们的颁行顺序，以新法优于旧法的原则来确定。

当然，在我国的分则性附属刑法中，有一部分对单行刑法具有依附性。例如，1984年5月31日六届全国人大常委会通过的《中华人民共和国兵役法》第61条第2款规定："在战时，预备役人员拒绝、逃避征召或者拒绝逃避军事训练，情节严重的，比照《中华人民共和国惩治军人违反职责罪暂行条例》第6条第1款的规定处罚。"从这个意义上说，附属刑法在我国刑法体系中居于单行刑法之后。

### 四、附属刑法相互之间的效力关系

一般而言，附属刑法相互之间是针对不同的犯罪所作的规定，因而是各自适用，互不影响。但是也不排除有些附属刑法针对同一种犯罪而作出不同规定的情况。在这种情况下，应以哪一个附属刑法的规定为准呢？由于它们都是附属刑法，都属于特别刑法，因而它们之间不存在普通法与特别法的关系，自然也不能适用特别法优于普通法的原则。而只能是按照颁布时间的先后来决定应适用的法律，即适用"新法优于旧法"的原则。

## 第三节 刑法修正案的效力

1999年九届全国人大常委会第十三次会议通过了《中华人民共和国刑法修正案》，这是在新中国立法史上第一次采取修正案的方式修改和补充刑法。而根据立法机关权威人士的说明，以后的刑法修改将主要采用修正案的方式，立法实践也证明确实如此。修正案的形式虽然有宪法和其他法律的先例，但在刑事法律上却是全新的。作为一种新的刑法渊源形式，其效力上有何特点？又有哪些值得注意的问题呢？

### 一、修正案的名称与含义

修正案这一名称不像单行刑法或者附属刑法那样是理论上所用的学术名称，而是一个法定的名称，其英文名称是amendment。那么，它的汉语含义是什么呢？查《现代汉语词典》，并没有"修正案"这一专门词语。因此，我们只能分别查看"修正"和"案"的含义。根据该词典的解释，"修正案"中的"修正"应该是"修改使正确"[1]的意思，而"案"字虽然也具有多种含义，但"修正案"中的"案"字只能是"提出计划、办法或其他建议的文件"的意思。[2] 所以，综合起来说，"修正案"就是"提出修改建议的文件"

---

[1] 中国社会科学院语言研究所词典编辑室编：《现代汉语词典》，商务印书馆1984年版，第1297页。
[2] 中国社会科学院语言研究所词典编辑室编：《现代汉语词典》，商务印书馆1984年版，第8页。

的意思。当然,仅从该词的字面含义还不能分辨出这一"提出修改建议的文件"是否已经通过,是否具有法律效力。而我们这里所研究的修正案当然是指已经通过而具有法律效力的修正案,而不包括那些仅仅作为一种建议、尚未经过法定程序讨论并通过的修正案,后一种意义上的修正案实际上是修正案的草案。

另外,表达"对法律文本的修改"含义的还有"修订"一词。一般而言,"修订"是指对法律文件的整体的、全面的修改,"修正"则是对法律文件的局部的、个别的修改。"修订"规模较之"修正"为大。如我国1997年对1979年刑法典的全面修改就称为"修订"而不称为"修正"。

## 二、刑法修正案的属性——普通刑法还是特别刑法?

刑法修正案与单行刑法和附属刑法相比,具有明显不同的特点:单行刑法一般是对具有相关性的内容作系统的规定,立法技术与刑法典相似,因此,除总则性规定外,其对刑法典的依附性不是太大。附属刑法在立法技术上,既可以形成依附于刑法典的罚则规定,也可以具有自己独立的罪状和法定刑。在前一种情况,其对刑法典的依附性较大,而在后一种情况下,则具有相当的独立性,我国的附属刑法属于前一种情况。而刑法修正案则不同。刑法修正案与刑法典在内容上是替代关系,即刑法修正案通过之后,其内容即被融入刑法典之中,成为刑法典的一部分。从这个意义上来说,刑法修正案具有普通刑法的性质。但是,我们显然还不能据此就说刑法修正案就是普通刑法,因为普通刑法是刑法典的专称,而刑法修正案在本质上和单行刑法、附属刑法一样,是对刑法典的部分修正,没有刑法典这一普通刑法的存在,也就没有刑法修正案产生的前提。刑法修正案的内容虽然被纳入刑法典之中,但我们不能就此否认修正案的存在,刑法修正案仍具有形式的意义。所以我们说,刑法修正案在内容上具有普通刑法的性质,但从根本上来说,其仍属于特别刑法而不是普通刑法。

## 三、刑法修正案通过之后刑法典的重新公布

法律修正案通过之后,被修正的原法律是否应当重新公布?对此,各国实践中有两种不同的做法。一种是仅仅公布修正案,并不对被修正的法律重新修正后予以公布,这样法律修正案和被修正的法律处于并存状态。另一种是将修正的内容替代原内容,而重新公布被修正的法律。从我国的立法实践来看,刑

法修正案采用的是第一种做法,即全国人大常委会公报仅仅公布修正案,而没有将刑法典根据修正案修正以后重新公布。2000年通过的《中华人民共和国立法法》第53条第2款规定:"法律部分条文被修改或者废止的,必须公布新的法律文本。"因此,这种做法不符合立法法的要求。为了使内容和形式获得统一,刑法典应当重新公布。至于公布的方式,应当是两相照应,即一方面在刑法修正案中规定"根据本修正案,刑法作相应的调整,并重新公布",另一方面在重新公布的刑法典的题注中注明据以修正的修正案的名称、通过机关及通过日期。

### 四、刑法修正案在审判实践中的适用

在审判实践中,对于被刑法修正案修正过的内容,在处理具体案件时应如何引用法条作为判决的根据?对此,理论上多认为应将刑法修正案的内容作为刑法典的一条加以援引。[①] 而两高2002年通过的《关于执行〈中华人民共和国刑法〉确定罪名的补充规定》则是并列规定刑法修正案条款和刑法典条款。笔者认为,两高的这一做法是妥当的。这是因为,如果只引用刑法修正案的条文而不引用被修正后的刑法典条文,就体现不出刑法修正案与其他特别刑法的区别;而如果只引用被修正后的刑法典条文而不引用刑法修正案的条文,则不能看出该条文是刑法典的原有条文还是被修正的条文,同时,刑法修正案规定的实施时间也会因此被忽略。虽然我国刑法典并没有在刑法修正案通过之后予以公布,但是这并不妨碍在司法实践中同时引用刑法修正案和刑法典的条文,因为刑法修正案的内容已经明确指出了其所修改或增加的内容在刑法典中的条文序号。

### 五、刑法修正案与刑法典的效力关系

如前所述,作为特别刑法的单行刑法和附属刑法,如果其内容不与刑法典规定的一般原理相冲突,则适用特别法优于普通法的原则;如果与刑法典规定的一般原理相冲突,则适用上位法优于下位法的原则,排除其效力。但是,用

---

[①] 参见蒋熙辉、徐全兵:《关于刑法修正案适用的几个问题》,载《人民检察》2000年第9期。黄太云:《中华人民共和国刑法修正案的理解与适用》,载《刑事审判参考》2000年第1辑。

上述原则来解决刑法修正案与刑法典之间的效力关系却有困难。因为刑法修正案的内容已经融入刑法典之中，成为刑法典的一部分了。如果刑法修正案的内容与刑法典规定的一般原理相冲突，则这种冲突已经成为刑法典内部的冲突了，因此无法用上述两个法律适用原则去解决这一可能存在的冲突，而只能采取其他方法来解决，例如通过再次修正解决冲突，或者在刑事法的体制之外，通过违宪审查的方法排除其适用。

## 第四节　地方刑法的效力

### 一、地方刑法的名称和含义

本来，根据立法法第 8 条和第 9 条的规定，有关犯罪和刑罚的事项只能制定法律，即由全国人大及其常委会制定的规范性文件来规定这些内容。但由于宪法和刑法的特别授权，民族自治地方的权力机关可以根据当地的特点制定对刑法典的变通或补充规定。由于理论上对这种形式的刑法渊源研究不多，因而在提及这一刑法渊源时多是直接指称。本文为简便起见，将这种民族自治地方根据法律的特别授权对刑法典所作的变通或补充规定称之为地方刑法。

另外，也有人在广义上使用地方刑法这一概念，认为地方刑法是指地方立法机关、行政机关、司法机关根据宪法和刑法的原则规定及地方特点制定的，适用于地方的关于犯罪与刑罚的法规、规章、规定的总和。[1] 这种广义的地方刑法概念为本文所不采，因为其所指的地方不仅包括少数民族自治地方，同时也包括其他任何地方；其所指的地方刑法的制定机关不仅包括地方的立法机关，而且包括地方的行政机关和司法机关；其所指的规范性文件的名称也不仅仅包括地方性法规，而且还包括地方性的规章和决定，因而与上述立法法规定的立法权限明显不符。

### 二、地方刑法立法的法律依据

少数民族自治地方制定地方刑法是有宪法和法律上的根据的。我国宪法第

---

[1] 参见阿里木·赛菲：《浅议我国地方刑法的制定与完善》，载《中央政法管理干部学院学报》1998 年第 4 期。

116 条规定："民族自治地方的人民代表大会有权依照当地民族的政治、经济和文化的特点，制定自治条例和单行条例。自治区的自治条例和单行条例，报全国人民代表大会常务委员会批准后生效。自治州、自治县的自治条例和单行条例，报省或者自治区的人民代表大会常务委员会批准后生效，并报全国人民代表大会常务委员会备案。"民族区域自治法第 19 条又重申了这一规定。但是，这些授权都是一般授权，其中是否包含制定刑法规范则是不明确的。而刑法典本身的授权则属于特别授权。1979 年刑法典第 80 条规定："民族自治地方不能全部适用本法规定的，可以由自治区或者省的国家权力机关根据当地民族的政治、经济、文化的特点和本法规定的基本原则，制定变通或者补充的规定，报请全国人民代表大会常务委员会批准施行。"修订后的 1997 年刑法典第 90 条也作出了内容基本相同的规定。刑法典的这一特别授权实际上说明了民族自治地方的立法权限也包括刑事立法。

上面已经提到，2000 年 3 月 15 日第九届全国人民代表大会第三次会议通过的《中华人民共和国立法法》规定，关于犯罪与刑罚的事项只能制定法律，那么，这是不是对上述授权的否定呢？笔者认为，立法法的规定意在防止行政机关对刑事立法权的侵入，并没有否认民族自治地方的立法变通权这一宪法赋予的权力。相反，立法法本身也对这种立法变通权作出了明确的规定。立法法第 66 条第 1 款规定："民族自治地方的人民代表大会有权依照当地民族的政治、经济和文化的特点，制定自治条例和单行条例。自治区的自治条例和单行条例，报全国人民代表大会常务委员会批准后生效。自治州、自治县的自治条例和单行条例，报省、自治区、直辖市的人民代表大会常务委员会批准后生效。"这是对宪法规定的照应。同时，该法第 66 条第 2 款又进一步规定："自治条例和单行条例可以依照当地民族的特点，对法律和行政法规的规定作出变通规定，但不得违背法律或者行政法规的基本原则，不得对宪法和民族区域自治法的规定以及其他有关法律、行政法规专门就民族自治地方所作的规定作出变通规定。"这一规定又在宪法规定的程序限制之外规定了立法变通权的行使所受的其他限制。

### 三、地方刑法的立法限制

从上述宪法、立法法、民族区域自治法、刑法的规定可以看出，民族自治地方虽然享有对刑法的立法变通权而制定地方刑法，但这种权力的行使是受到限制的，具体来说主要是受到两个方面的限制。

一是内容上的限制,即其内容不得与刑法典规定的基本原则相抵触。这就要求刑法典规定的罪刑法定原则、刑法面前人人平等原则、罪责刑相适应原则等刑法的基本原则以及刑法的基本制度、指导思想等在少数民族的刑法变通规定中得到体现,以使民族自治地方的地方刑法与刑事法制的基本方向相符合。

需要注意的是,我国宪法、刑法和立法法对少数民族自治地方的刑法变通规定的内容限制并不完全一致。宪法只是笼统规定了可以制定自治条例和单行条例。刑法的规定是可以作"变通或者补充规定",而立法法的规定则只包括"变通规定"而不包括"补充规定"。应当说,立法法的规定是适当的。而刑法的规定容易让人误认为自治区或省的人大可以把刑法典未规定为犯罪的行为补充规定为犯罪并适用于民族自治地方。这样做既违反了国家法制统一的原则,也违背了刑法典的关于此规定的立法本意。

二是程序上的限制,即这种立法变通规定需报请全国人大常委会批准。批准制度是一种严格的立法监督制度。全国人大常委会在行使其批准权的过程中,对少数民族的刑法变通立法进行审查,如果发现其中存在着与刑法或者刑法的基本原则不相一致的地方,可不予批准,将变通立法发回民族自治地方修改,以达到刑事法制统一的目的。

### 四、地方刑法的立法主体

从上面宪法、民族区域自治法、立法法和刑法的规定还可以看出,宪法和法律关于民族自治地方的立法主体的规定也有不一致之处。具体说来,宪法、民族区域自治法和立法法都规定民族自治地方制定自治条例和单行条例的主体包括自治区、自治州和自治县三级,而新刑法典第90条的规定刑法变通立法的主体仅包括自治区或者省的人民代表大会。显然,刑法的这一规定与宪法及民族区域自治法、立法法的规定不符。那么,刑法的这一规定是有意为之还是立法上的疏漏呢?笔者认为是后者而不是前者。

从立法沿革上看,1997年刑法典第90条是从1979年旧刑法典第80条继承过来的,除了文字上将"自治区或者省的根据权力机关"修订为"自治区或者省的人大常委会"之外,内容上没有任何实质性的变化。1979年刑法的宪法根据是1978年宪法。1978年宪法没有对民族区域自治地方的自治机关行使自主权作出具体规定,因而,1979年刑法典第80条所作出的有关对民族区域自治地方授权的规定是可以理解的。而此后通过的1982年宪法已经具体规定了民族区域自治地方自治机关的自治权,在这种情况下,1997年修订刑法典时没有对此细加斟酌，仍然沿用旧刑法典规定的内容，以至于出现与现行宪法相违背的结果。

因此，由于刑法典第90条的规定与宪法相抵触，所以不管是有意为之还是立法上的疏漏，都应当根据宪法（并结合立法法）的规定予以相应的修改。

### 五、地方刑法的性质与形式

地方刑法显然不属于普通刑法，而是特别刑法的一种，但是这种特别刑法是属于单行刑法还是附属刑法，或者属于不同于这两种的其他形式则是不明确的。例如，有人在研究单行刑法时认为民族自治地方的刑事变通立法属于单行刑法，而在研究附属刑法时又认为民族自治地方的刑法变通立法权属于一种附属刑法的立法权。[①] 之所以出现这种两可的结论，一个很重要的原因恐怕是由于迄今为止我国还没有制定这类变通刑法，没有相应的实例可资佐证。笔者认为，不管这种刑事变通立法采用单行刑法的形式还是采用附属刑法的形式，由于它自身所具有的不同于一般单行刑法和附属刑法的特点，我们都不妨将其视为一种独立的特别刑法形式。

理论上还有人提出这种刑事变通立法是以民族为单位，一个少数民族原则上制定一部本民族统一的刑事法规，还是以地域为单位，一个自治区或者行政区域制定一部多民族合一的刑事法规的问题，并认为以前者较为合适。否则将形成一个少数民族有几部本民族的刑事法规，或者有的少数民族没有本民族的刑事法规的局面，导致民族刑事法制陷于紊乱，并给民族刑事法规的适用带来困惑。[②] 笔者认为，这种观点虽有一定的道理，但其只是强调了民族自治地方刑法变通立法中民族性的一面，而忽视了其区域性的一面。其实，以民族为单位制定民族刑法同样存在着操作上的困难，正如论者自己所言，"以族籍为单位的民族刑事立法应当如何操作的问题，有待于进一步研究。"[③] 而根据上述宪法、民族区域自治法、立法法和刑法的规定的含义，民族自治地方的刑法变通立法显然是以地域为单位而不是以民族为单位的。

---

① 参见赵秉志主编：《中国特别刑法研究》，中国人民公安大学出版社1997年版，第45页、134页。
② 参见韩美秀等：《民族自治地方刑法变通或补充立法探究》，载《法学评论》2001年第5期。
③ 参见韩美秀等：《民族自治地方刑法变通或补充立法探究》，载《法学评论》2001年第5期。

### 六、地方刑法的效力特点

作为一种特别刑法，地方刑法在效力方面有其自己的特点。这种特点在于：

1. 从效力的层次上看，地方刑法和其他特别刑法一样，其效力层次低于作为普通刑法的刑法典。这主要表现为地方刑法的制定必须受到刑法典规定的基本原则的制约，对于地方刑法没有作出专门规定的，要适用刑法典的一般规定。当然，当地方刑法对有关问题作出了变通的特别规定时，则排除刑法典相关内容的适用，此即特别法优于普通法的原则，但是如前所述，这一法条竞合时的法律适用原则，并不能由此否认地方刑法的效力层次低于刑法典。

2. 从效力的维度上看，有两个重要的特点。其一，地方刑法效力的地域维度较之普通刑法和一般的单行刑法及附属刑法都要小，它只适用于特定的民族自治地方，而刑法典或者一般的单行刑法或附属刑法则适用于全国范围之内。其二，地方刑法效力的对象维度上较之普通刑法和一般的单行刑法及附属刑法也要小，即地方刑法具有民族性，它只适用于该民族自治地方的特定的少数民族公民，而不是适用于该民族自治地方的所有公民，更不适用于非少数民族自治地方的非少数民族公民。

# 第八章  国际刑事条约的效力

国际刑事条约和国际刑事惯例是国际刑法的主要存在形式，同时也是国内刑法的重要渊源。鉴于国际刑事惯例较之国际刑事条约的内容具有相对模糊性，且本编下面还有专章涉及习惯的效力问题，故本章仅讨论国际刑事条约的效力问题。

国际刑事条约是指国际社会为惩治国际犯罪而专门签订的关于国际犯罪及其刑事责任的国际条约。一般而言，国际条约只对其签订或者加入国具有约束力。[①] 国家作为国际刑事条约的签订者或者加入者，自然就承担了遵守和执行这些国际刑事条约的义务。一个国家如何在其国内贯彻和执行其所签订或者加入的国际刑事条约？如果条约的内容与国内刑法的有关内容相冲突，则又如何处理它们之间的关系？在我国，这些问题又是怎样处理的？这些都是本章所要讨论的内容。

## 第一节  国际刑事条约国内效力的一般理论及实践

### 一、关于国际刑事条约国内效力的理论学说

从理论上说，国内法是由国家制定的，而国际条约也是由国家参与制定或同意加入的，因而二者一般情况下不会发生冲突。但是，由于国家利益在对内与对外政策上的不一致等原因，国际刑事条约的内容与国内刑法的内容发生冲突也是难以完全避免的。那么，如果国际刑事条约的内容与国内刑法相冲突，应该如何处理呢？这个问题实际上是国际法与国内法的关系问题。关于这个问题，西方国际法理论形成了国际法优先说、国内法优先说和平行说三种不同的观点。

---

① 但有些情况下，国际条约对非条约缔结国或者加入国也具有实际上的影响。

1. 国际法优先说

国际法优先说为格劳秀斯所首倡，其代表人物有凯尔森（Hans Kelsen）、费尔德洛斯（Verdross）、孔兹（Kunz）等人。[1] 该说认为，国际法和国内法不是两种不同的法律体系，而是属于同一的法律体系；在这个法律体系内，国际法位于国内法之上，在国际法之下还有许多并立的国内法；国内法的效力是国际法赋予的，而国际法的效力则来自一个不以人们意志为转移的最高规范——"条约必须遵守"。因此，国际法优于国内法。

2. 国内法优先说

国内法优先说是19世纪末20世纪初在德国盛行的学说，以伯格包姆（Bergbolm）、耶利内克（Jellindk）、左恩（Zorn）、考夫曼（Kaufmann）、温泽尔（Wenzel）等人为代表。该说认为，国际法与国内法属于同一种法律体系，且国际法的效力来自国内法。只有依靠国内法，国际法才有法律效力，才能发挥实际作用。因此，国际法处于国内法之下，是从属于国内法的次一等法律，国内法优于国际法。

3. 平行说

平行说为19世纪末德国法学家特里佩尔（Triepel）所首倡，代表人物有德国的海尔波恩（Heilborn）、斯特鲁普（Strupp）和意大利的安齐洛蒂（Anzilotti）等。[2] 该说认为，国内法和国际法是两个不同的法律体系，它们调整的关系不同，法律效力的根据不同；它们之间的关系不是从属关系，而是一种平行关系；它们各自有其适用范围，国内法适用于国内，国际法适用于国际，若要使国际法在国内适用，必须通过某种国家行为将其转换为国内法；[3] 当它们之间发生冲突时，应当根据有关法律效力和法律衔接的一般原则，即特别法优于普通法，后法优于前法的原则，判断它们谁具有优先适用的条件。[4]

当然，上述介绍只是对有关此问题的理论争议的简单概括，而实际上关于此问题的理论争议要复杂得多，在每一种类型内部又都有多种不同的观点。但限于论题，这里就不再展开介绍了。

---

[1] 参见赵理海著：《国际法基本理论》，北京大学出版社1990年版，第79页。
[2] 参见赵理海著：《国际法基本理论》，北京大学出版社1990年版，第75页。
[3] 参见王献枢主编：《国际法》，中国政法大学出版社1994年版，第34页。
[4] 参见马进宝著：《国际犯罪与国际刑事司法协助》，法律出版社1999年版，第38页。

## 二、国际刑事条约国内效力的各国实践

与理论上具有不同学说一样,实践中各国在此问题上所采取的做法也不尽一致。概括起来说,各国在其国内贯彻和执行其所签订或者加入的国际刑事条约的方式主要两种,一种是间接适用的方式,一种是直接适用的方式。换句话说,在有的国家,国际刑事条约只具有间接适用的效力,而在有的国家,国际刑事条约则具有直接适用的效力。

1. 国际刑事条约在国内刑法中的间接适用效力

所谓间接适用效力,是指国际刑事条约在一国国内不能直接适用,必须专门通过立法予以确认,才能在一国国内适用。在这种情况下,国家在国内适用国际刑事条约的有关规定时,所依据的不是国际刑事条约所规定的法律规范,而是依据其国内法。世界上有些国家,如英国、德国、意大利、爱尔兰等国家即采用这种方式。在这些国家中,国内法中关于承认国际刑事条约的国内效力的规定就成为该国际条约在其国内发生法律效力的直接源泉。

2. 国际刑事条约在国内刑法中的直接适用效力

所谓直接适用效力,是指国际刑事条约不需要再专门通过立法对其予以确认,就可以在一国国内直接适用。世界上大多数国家,如美国、法国、俄罗斯、日本、荷兰、墨西哥、巴拉圭、阿根廷、韩国、瑞士、奥地利、比利时、乌拉圭、洪都拉斯、厄瓜多尔、菲律宾等,都采用这种方式。

采用这种方式的国家,一般都在其宪法中对此作出规定。例如,在美国,现行宪法第6条第2项规定:"在美国的权力下缔结的一切条约,与美国宪法和根据该宪法制定的法律一样,都是美国最高的法律;即使任何州的宪法或者法律与之相抵触,每一州的法官仍受其约束。"在俄罗斯,宪法第15条第4款规定:"普遍公认的国际法原则和准则及俄罗斯联邦参加的国际条约是俄罗斯联邦法律体系的组成部分。"在法国,1946年宪法的26条规定:"已经依法批准和公布的外交条约,即使违反法国法律,仍然有法律的效力;为了保证条约的适用,除了为了保证条约的批准所必要的那些法律规定以外,无需其他法律规定。"第28条规定:"已经依法批准和公布的外交条约具有比国内法为高的权威,所以外交条约的规定,除非通过外交途径通知依法予以废弃,不得废除,修改或者中止……。"[①] 而1958年宪法第55条则规定,"经过合法批准或

---

[①] 参见[奥]阿·费德罗斯等著、李浩培译:《国际法》,商务印书馆1981年版,第151页。

核准的条约或协定,在公布后,具有法律的权威,但以缔约他方实施该条约或协定为条件。"①

当然,尽管国际刑事条约在这些国家具有直接适用的效力,但并不妨碍这些国家在自己制定的国内法中对国际刑事条约的相关内容再予以具体规定。而且从许多国际刑事条约的内容来看,也确实需要国内法对其进行进一步的规定才能最终实现,因为许多国际刑事条约的内容都是原则性的规定,同时,这种原则性的规定也为各国根据自己的国情予以具体化提供了方便和可能。另一方面,国际刑事条约虽然规定了具体的犯罪种类,但通常并没有对这些犯罪规定具体的法定刑,这也需要各国作出具体的规定。

事实上,在国际刑事条约在国内刑法中具有直接适用效力国家中,许多国家都在自己的刑法典中又对国际刑事条约所规定的犯罪作了具体规定。例如,1996年5月通过的《俄罗斯联邦刑法典》专章规定了国际刑事条约所规定的犯罪,即第34章"破坏人类和平和安全的犯罪",具体涉及的国际犯罪概括:策划、准备、发动或进行侵略战争罪(第353条)、公开号召发动侵略战争罪(第354条)、生产或扩散大规模杀伤性武器罪(第355条)、使用战争中禁止使用的手段和方法罪(第356条)、种族灭绝罪(第357条)、生态灭绝罪(第358条)、雇佣军队罪(第359条)和袭击受国际保护的人员或机构罪(第360条)。此外,在其他章节对有关国际刑事条约所规定的国际犯罪如恐怖犯罪、劫持人质犯罪、劫机犯罪、毒品犯罪等也设专条作了具体规定。② 又如,1994年通过的《法国刑法典》在规定具体犯罪的第二卷"侵犯人身之重罪、轻罪"中,第一编即规定了"反人类罪",对有关国际刑事条约所涉及的种族灭绝罪及其他反人类罪作了具体规定。另外,在第四卷中还设专编规定了"恐怖活动罪",在第二卷的第二编专章规定了"毒品走私罪"。③

由上可见,在刑法领域,国际刑事条约的直接适用方式与间接适用方式的区别不在于国内法上是否作出规定,因为无论采用哪种方式,都要在国内法中予以具体规定,才能使国际刑事条约的内容落到实处。其区别主要在于在法律体制上是否承认国际刑事条约的直接适用效力,其具体内容一般规定在宪法之中。

---

① 转引自王铁崖著:《国际法引论》,北京大学出版社1998年版,第207页。
② 参见黄道秀等译、何秉松审订:《俄罗斯联邦刑法典》,中国法制出版社1996年版。
③ 参见罗结珍译、高铭暄专业审校:《法国刑法典》,中国人民公安大学出版社1995年版。

## 第二节 我国关于国际刑事条约国内效力的体现与完善

### 一、国际刑事条约国内效力的刑法体现

建国以后，我国陆续加入了一系列国际刑事条约，如，规定非法使用武器罪的《关于禁止用毒气或类似毒品及细菌方法作战议定书》和规定战争罪的四个日内瓦公约；规定空中劫持罪的《关于在航空器内的犯罪和其他某些行为的公约》（东京公约）、《关于制止非法劫持航空器的公约》（海牙公约）和《关于制止危害民用航空安全的非法行为的公约》（蒙特利尔公约）；规定种族歧视罪的《消除一切形式种族歧视国际公约》；规定海盗罪和贩运奴隶罪的《联合国海洋法公约》；规定灭种罪的《防止及惩治危害种族罪公约》；规定种族隔离罪的《禁止并惩治种族隔离罪行国际公约》；规定毒品犯罪的《经1972年修正1961年麻醉品单一公约议定书修正的麻醉品单一公约》；规定侵害应受国际保护人员罪的《关于防止和惩处侵害应受国际保护人员包括外交代表罪行的公约》；规定酷刑罪的《禁止酷刑和其他残忍、不人道或有辱人格的待遇或处罚公约》；等等。① 为了切实承担国际刑事条约所规定的义务，1997 年修订的新刑法典在许多方面体现了上述国际条约的精神。其中既有总则性的规定，也有分则性的规定。

从总则性的规定来看，主要是规定了对国际刑事条约所规定的国际犯罪按照普遍管辖原则行使刑事管辖权。从立法沿革来看，我国 1979 年刑法典并没有规定这一管辖原则。但是，我国相继加入的一系列惩治国际犯罪的国际刑事条约却规定：各缔约国应将非法劫持航空器、危害国际民用航空安全、侵害应受国际保护人员等国际犯罪定为国内法上的罪行，予以惩处；有关缔约国应采取必要措施，对任何这类罪行行使刑事管辖权，而不论罪犯是否为本国人、犯罪行为是否发生在其国内，即对此类国际犯罪行使普遍管辖原则。例如，《海牙公约》第 7 条规定："在其境内发现被指称的罪犯的缔约国，如不将此人引渡，则不论罪行是否在其境内发生，应无例外地将此案件提交其主管当局以便起诉。该当局按照本国法律以对待任何严重性质的普通罪行案件的同样方式作

---

① 参见《中国参加的国际公约一览表（1875～2003）》，载中华人民共和国外交部网站：http://www.fmprc.gov.cn/chn/wjb/zzjg/tyfls/tfsckzlk/zgcjddbty/t70814.htm

出决定。"又如,《反对劫持人质公约》第 8 条第 1 款规定:"领土发现嫌疑犯的缔约国,如不将该人引渡,应毫不例外地而且不论罪行是否在其领土内发生,通过该国法律规定的程序,将案件送交该国主管机关,以便提起公诉。此等机关应按该国法律处理任何普通严重罪行案件的方式作出判决。"根据国际法条约必须遵守的原则,我国批准或加入了这类条约后,即承担了对条约规定的罪行予以管辖的义务。为此,第六届全国人大常委会于 1987 年 6 月 23 日通过并颁布了《关于对中华人民共和国缔结或参加的国际条约所规定的罪行行使刑事管辖权的决定》,以特别立法的形式确立了我国刑法的普遍管辖原则。该决定明确指出:"对于中华人民共和国缔结或者参加的国际条约所规定的罪行,中华人民共和国在所承担条约义务的范围内,行使刑事管辖权。"而 1997 年修订后的新刑法典则在第 9 条明确规定了这一原则。该条规定:"对于中华人民共和国缔结或者参加的国际条约所规定的罪行,中华人民共和国在所承担的条约义务范围内行使刑事管辖权的,适用本法。"这一规定,将我国承担的国际义务同国内法有机地衔接起来,为惩治国际刑事条约所规定的犯罪提供了法律依据。

从分则性的规定来看,我国刑法典分则也对我国加入的国际条约中规定的一些国际犯罪作出了相应的规定。主要体现在以下几个方面:

1. 关于恐怖活动的犯罪

我国参加了一系列旨在打击恐怖主义的国际公约,如三个反劫机公约(东京、海牙和蒙特利尔公约)、《关于防止和惩处侵害应受国际保护人员包括外交代表的罪行的公约》、《反对劫持人质国际公约》、《制止危害航海安全的非法行为公约》,《制止危害大陆架固定平台安全的非法行为议定书》、《核材料实物保护公约》等。我国还积极参与了《制止恐怖主义爆炸国际公约》制定的全过程。为了与上述公约相衔接,我国刑法分则中明确规定了相应的罪名,如组织、领导、参加恐怖组织罪(第 120 条)、资助恐怖活动罪(第 120 条之一)、绑架罪(第 239 条)、投放危险物质罪和过失投放危险物质罪(第 114 条和第 115 条)、破坏交通工具罪(第 116 条)、破坏交通设施罪(第 117 条)、劫持航空器罪(第 121 条)、暴力危及飞行安全罪(第 123 条)、非法买卖、运输、核材料罪(第 125 条第 2 款)等,这些规定为更有效地打击国际恐怖主义活动提供了有力的国内法根据和保证。

2. 关于毒品的犯罪

我国加入了几个主要的国际禁毒公约,包括联合国《经 1972 年修正 1961 年麻醉品单一公约议定书修正的 1961 年麻醉品单一公约》、《1971 年精神药物公约》、联合国禁止非法贩运麻醉药品和精神药物公约》。为了履行这些国际刑事条约所规定的义务，早在1990年12月28日全国人大常委会即通过了《关于禁毒的决定》这一单行刑法，对有关毒品的犯罪作了较为全面的规定。1997年修订后的新刑法典把这一单行刑法的内容纳入其中，设专节规定了走私、贩卖、运输、制造毒品罪，从第347条至第357条分别规定了走私、贩卖、运输、制造毒品罪；非法持有毒品罪；包庇毒品犯罪分子罪；窝藏、转移、隐瞒毒品、毒赃罪；走私制毒物品罪；非法买卖制毒物品罪；非法种植毒品原植物罪；非法买卖、运输、携带、持有毒品原植物种子、幼苗罪；引诱、教唆、欺骗他人吸毒罪；强迫他人吸毒罪；容留他人吸毒罪；非法提供麻醉药品、精神药品罪等毒品犯罪。

3. 关于破坏自然环境的犯罪

环境保护历来受到国际社会的普遍重视。在国际社会的共同努力下，先后达成了一系列有关国际环境保护的公约和条约。如1959年的《南极条约》（我国于1983年6月8加入）、1972年的《防止倾倒废弃物及其他物质污染海洋公约》（我国于1985年11月14日加入）、1982年的《联合国海洋法公约》（1996年对我国生效）、1985年的《维也纳保护臭氧层公约》（我国于1989年12月10日加入）以及1992年的《联合国生物多样性公约》（我国于1993年1月5日交存批准书）等。为了履行这些国际条约所规定的义务，我国1997年刑法典规定了重大环境污染事故罪（第338条）、非法处置进口的固体废物罪（第339条第1款）、擅自进口固体废物罪（第339条第2款）等。

4. 关于违反战争法的犯罪

战争犯罪严重危及到整个人类社会的和平与安宁，历来受到全世界人民的一致谴责。为了制止这类犯罪，国际社会制定了不少国际条约，我国加入的主要有：《日内瓦公约》四公约和1977年的两个附加议定书，《禁止或限制使用某些可被认为具有过分伤害力或滥杀滥伤作用的常规武器公约》，《禁止细菌（生物）及毒素武器的发展、生产及储存以及销毁这类武器的公约》以及《不扩散核武器公约》等。为了履行这些国际条约所规定的义务，我国1997年刑法典在《军人违反职责罪》一章中规定了遗弃伤病军人罪（第444条）、战时拒不救治伤病军人罪（第445条）、战时残害居民、掠夺居民财物罪（第446条）、虐待俘虏罪（第448条）等。

## 二、国际刑事条约国内效力的法律完善

虽然国际刑事条约所规定的犯罪在我国刑法中有上述诸多体现，但是从整体上看，在国际刑事条约的国内效力方面，我国的法律规定还存在着一些不足或者说需要完善之处。具体说来主要体现在以下两个方面：

其一，对于国际条约在国内的效力及其与国内法的关系，我国宪法和有关立法性法律文件（如1990年《中华人民共和国缔结条约程序法》和2000年《中华人民共和国立法法》）中都没有做出一般性规定。

从一些部门法的相关规定以及我国的法律和实践可以看出，对我国有效的条约在原则上是直接适用于国内的。例如，我国《民法通则》第142条的规定，"涉外民事关系的法律适用，依照本章的规定确定。中华人民共和国缔结或者参加的国际条约同中华人民共和国的民事法律有不同规定的，适用国际条约的规定，但中华人民共和国声明保留的条款除外。"1980年，国务院曾经发出《关于我国加入海牙公约和蒙特利尔公约的通知》，"希望各地区、各有关部门认真执行上述国际条约的有关条款"，表明政府认为国际条约应予直接执行的。1990年4月27日，我国代表在联合国禁止酷刑委员会上回答问题时声称：在中国法律制度下，中国所缔结或参加的国际条约会经过立法机关的批准程序或国务院的通过程序，条约一旦对中国有效，在中国便有法律效力，中国便有义务去施行该条约，也就是说，《禁止酷刑公约》的适用也基于国际法优于国内法的原则，条约直接对中国有效，若违反其规定，同样视为我国国内法所规定之犯罪，公约的规定可直接适用于中国。[1] 在司法实践中，也有直接适用国际条约审判案件的实例，如1986年哈尔滨市中级人民法院按照1970年《关于制止非法劫持航空器的公约》（即《海牙公约》）的规定审理了前苏联劫机犯。

关于国内法同国际法之间的关系，在我国的司法实践中，一般是遵照国际法优先的原则去处理的。例如，1987年8月27日最高人民法院、最高人民检察院、外交部、公安部、国家安全部、司法部联合发出的《关于处理涉外案件若干问题的规定》第1条规定："涉外案件应依照我国法律规定办理，以维护我国主权。同时亦应恪守我国参加和签订的多边或双边条约的有关规定。当

---

[1] 参见王铁崖：《条约在中国法律制度中的地位》，载1994年《中国国际法年刊》，第9页。

国内法以及某些内部规定同我国所承担的条约义务发生冲突时，应适用国际条约的有关规定。根据国际法的一般原则，我国不应以国内法规定为由拒绝履行所承担的国际条约规定的义务。这既有利于维护我国的信誉，也有利于保护我国国民在国外的合法权益。"

但是，上述这类规定的效力层次较低，有的没有上升为法律，有的虽然是上升为法律，但只是一般部门法的规定，还没有达到宪法的高度，而这个问题本身属于立法体制问题，需要从宪法、立法法的高度对此作出明确的规定。因此，在宪法中明确规定国际条约在国内的效力及其与国内法的关系就显得极为必要。

在宪法对此作出了原则性规定之后，刑法就可以在此基础上确定国际刑事条约与国内刑法的效力关系，并据以解决二者之间可能出现或者已经出现的矛盾和冲突。具体说来，当国内刑法与国际刑事条约的内容相矛盾时，应当遵守国际刑事条约的规定；当国内刑法还没有来得及根据国际刑事条约的内容变更相应内容时，则应当直接根据国际刑事条约的有关内容惩罚相应的国际犯罪。之所以如此，是因为国际刑事条约与国内刑法都同样体现了国家意志，国家既然已经缔结或者参加了国际刑事条约，就应当采取必要的措施保证在国内的实施，只有这样才有利于我国进行国际交往。当然，这时存在着司法操作上的困难。所以，解决国际刑事条约与国内刑法冲突的最好办法，是在制定国内刑法时顾及国际刑事条约的要求，而在缔结或者加入国际刑事条约时又考虑到国内刑法的相关规定，而一旦缔结或者加入新的国际刑事条约，就应当及时在国内刑法中增加相应的内容或者修改与其不协调的内容。

其二，我国新刑法典对国际刑事条约中相关内容的规定虽然较之1979年刑法典有着很大的进步，但与国际刑事条约的要求以及国际刑事立法的潮流还有一定的差距。这表现在，对于我国参加的国际刑事条约所涉及的许多犯罪，新刑法典并未设立专章、专节或专条加以规定，有的虽然在我国刑法中有所体现，但又不能完全涵盖国际刑事条约的全部内容，这就使得我国刑法第9条规定的对国际刑事犯罪的普遍管辖原则难以得到完全的实现。因此，凡是我国已经缔结或者参加的国际刑事条约中所规定的国际罪行，在我国刑法中还没有相应条款予以规定的，都应该以适当的方式将其增设为新罪，即将有关国际刑事条约的内容作为国内刑法的立法的渊源，在国内刑法中予以体现，以便有效地打击国际刑事条约所规定的国际犯罪。

例如，根据1991年我国参加的《万国邮政公约》，我国刑法应增设非法使用邮件罪；根据1996年我国参加的《联合国海洋法公约》，我国刑法应增设海盗罪；根据1987年我国参加的《关于防止和惩处应受国际保护人员包括外交代表的罪行公约》，我国刑法应增设暴力侵害受国际保护人员罪；根据1992年我国参加的《制止危及海上航行安全非法行为公约》，我国刑法应增设危害海上安全罪；根据1992年我国参加的《制止危及大陆架固定平台安全非法行为议定书》，增设危害大陆架固定平台安全罪。如此等等。

至于采用什么方式增加这些新罪名则可以根据具体情况斟酌确定，可以先采取单行刑法的方式，待时机成熟，大规模修订刑法典时再将其纳入刑法典之中；也可以采取刑法修正案的方式，直接修改刑法典原有的相关条文或者将新的内容插入到刑法典的相关章节中去。从我国目前的立法实践来看，立法机关倾向于采取后一种方式。例如，根据我国已经参加的有关反对恐怖主义的国际公约，九届人大常委会于2001年12月29日通过了《中华人民共和国刑法修正案（三）》，对刑法的有关内容进行了相应的补充修改。

# 第九章  刑法解释的效力

刑法的解释就是对刑法规范含义的阐明。由于刑法规范具有抽象性和稳定性，而现实生活却千姿百态、复杂多变，要使抽象的法条适用于具体的案件，使司法活动能够跟上客观情况的变化，就需要对刑法规范进行解释。

刑法的解释可以根据不同的标准进行分类。刑法理论上通常的分类有两种，一种是根据解释的方法来划分，将其分为文理解释和论理解释两种；另一种是根据解释的效力来划分，将其分为立法解释、司法解释和学理解释三种。限于选题，本文当然只对后一种分类进行研究。又由于后一种分类所划分出来的三种类别中，前两种属于具有法律效力的有权解释，后一种则属于不具有法律效力的无权解释，所以本文只研究其中的前两种即刑法立法解释和刑法司法解释。

在我国，无论是刑法立法解释还是刑法司法解释，作为规范性的刑法解释，都是我国刑法（广义的）的重要法律渊源，在司法实践中具有普遍的法律效力。

## 第一节  刑法立法解释的效力

### 一、刑法立法解释概述

（一）刑法立法解释的概念

何谓"刑法立法解释"？按照刑法学界的传统观点，刑法立法解释是指由国家最高立法机关即全国人大及其常委会对刑法的含义所作的解释，主要包括三种情况：（1）在刑法中用条文对有关刑法术语所作的解释；（2）由国家立法机关在法律的起草说明或者修订说明中所作的解释；（3）刑法在施行中发生歧义由全国人大常委会进行的解释。[1]

---

[1] 高铭暄、马克昌主编：《刑法学》（上编），中国法制出版社1999年版，第21~22页。

但实际上,上述三类并非都是刑法立法解释。其中,"在刑法中用条文对有关刑法术语所作的解释",即刑法自身的解释性条文,本身是刑法的组成部分,是刑法立法的内容,因而并非刑法立法解释;①"由国家立法机关在法律的起草说明或者修订说明中所作的解释",也不是刑法立法解释。因为这些"说明"的对象是法律草案而不是法律。因此,只有其中的"刑法在施行中发生歧义由全国人大常委会进行的解释"以及其他由全国人大常委会对刑法规定作出的专门解释性文件,才是刑法立法解释。

根据宪法第67条、1981年全国人民代表大会常务委员会《关于加强法律解释工作的决议》和立法法第42条的规定,凡是刑法条文本身需要进一步明确界限具体含义的,以及刑法制定后出现新的情况,需要明确适用法律依据的,由全国人大常委会进行解释。但在1997年刑法之前,刑法立法解释这一形式只是在理论上存在,而并不存在相应的实践。自2000年以来,全国人大常委会充分发挥立法解释的职能,迄今共颁布了六个刑法立法解释,即《关于〈中华人民共和国刑法〉第九十三条第二款的解释》、《关于〈中华人民共和国刑法〉第二百二十八条、第三百四十二条、第四百一十条的解释》、《关于刑法第二百九十四条第一款的解释》、《关于刑法第三百八十四条第一款的解释》、《关于刑法第三百一十三条的解释》、《关于〈中华人民共和国刑法〉第九章渎职罪主体适用问题的解释》。至此,刑事立法解释工作非常薄弱的状况有所改观,刑法立法解释一片空白的情形成为过往的历史。刑法立法解释的出台,对于明确法律规定的立法本意,消除司法机关之间的分歧,从而准确适用法律,正确处理刑事案件发挥了重要作用。

从刑法理论来看,关于刑法立法解释应否存在,至今仍然是有争议的问题。

肯定说认为,全国人大常委会作为全国人大的常设机关,完全了解全国人大的立法意图,能够清楚地解释法律,当然有权解释法律。这种观点是基于"有权制定法律,就要求解释法律"这一认识基础的。"这一命题之所以为人们所确信,其基本理由可以表述如下:立法是立法者的意思表示,既然法律解释的目标并依照立法者在立法时的意思(即立法原意),就没有谁能比立法者自身更有资格解释法律。"②

---

① 参见拙文:《试析我国刑法中的解释性条款》,载《云南法学》2002年第1期。
② 张志铭:《中国的法律解释体制》,载梁治平编:《法律解释问题》,法律出版社1999年版,第189页。

否定说认为，立法机关不应作为法律解释的主体。其理由是，若在立法的意义上使用法律解释权，则立法机关本来就享有立法权，何必又要享有法律解释权？确认法律条文的含义与立法不是一回事，它涉及的是立法完成后如何执法的问题，至于如何保证执行中所确认的法律含义符合立法原意，则应属于立法机关对执法机关的监督和制约的问题，不应把这个问题再拉回到立法程序中解决。①

还有人持折中说。如有人认为，立法解释制度既有其合理的一面，也有其不合理的一面。一方面，立法解释程序比立法程序相对简单，在立法权外赋予全国人大常委会专门的立法解释权可以比较有效便捷又权威地解决法律争议问题；同时还可以对各种应用解释起到协调统一的作用。但另一方面，立法解释制度作为一项制度确立下来天生就存在着一定的缺陷，如立法解释无法解决是否具有溯及力的问题，在内容上也无法同具体应用解释相区分。② 也有人认为，从理论和制度上讲，法律解释权天然属于执法机关，立法机关确实没有必要也不应享有解释权；从现实来讲，立法解释的存在是必要的、有益的。但这只是过渡时期的权宜之计，一旦我国的法制建设走上比较成熟的轨道，则立法解释制度的存在就是完全多余的了。③

笔者认为，不管理论上对立法解释存在的必要性存在怎样不同的认识，立法解释作为一个现实存在，其合法性和效力都是不容否认的。

在理解刑法立法解释时，要注意把握两个界限。

一是刑法立法解释与刑法立法的界限。在我国，由于刑法立法解释是由作为立法机关之一的全国人大常委会作出的，因而从某种意义上说，刑法立法解释本身也具有一定的刑事立法的性质。但是，刑法立法解释毕竟与刑事立法不同：立法是创制规则的行为，目的在于为社会创立一套行为准则。刑法立法解释作为刑法解释的一种，则是理解（包括分析、说明）规则的行为，目的在于准确地把握法律的含义，从刑法法律文本确定的规则中寻找解决刑法适用中具体案件的依据。因而，刑法立法解释要受到解释对象——刑法立法本身的制约，即只能在刑法立法的范围内解释。如果以刑法立法解释代替刑事立法，就会损害刑事法制的权威，不利于刑事法制的统一。

二是刑法立法解释与刑法司法解释的界限。刑法立法解释与刑法司法解释最明显的区别是解释主体不同，一个是立法机关，一个是司法机关。而这一区

---

① 袁吉亮：《论立法解释制度之是非》，载《中国法学》1994 年第 4 期。
② 黎枫：《论立法解释制度》，载《浙江省政法管理干部学院学报》2001 年第 1 期。
③ 陈斯喜：《论立法解释制度的是与非及其他》，载《中国法学》1998 年第 3 期。

别也直接决定了二者的法律效力层次的不同。除此之外,二者的解释范围也有所不同。按照1981年6月19日全国人大常委会《关于加强法律解释工作的决议》的精神,司法解释只能对属于司法工作(包括法院审判工作和检察院工作)中具体应用刑法的问题进行解释。可见,它属于应用(适用)解释。而立法解释主要是对刑法条文本身需要进一步明确界限的问题作出解释,同时也可以对部分涉及具体应用刑法的问题进行解释,即"两高"的司法解释如果有原则性的分歧时,报请全国人大常委会解释或决定。可见,立法解释主要属于"明确界限"的解释,而司法解释则是应用解释。当然,明确界限是为了应用,应用刑法则需要明确界限。所以从实质上看,立法解释与司法解释的界限仍然是不明确的。

(二)刑法立法解释的种类

从现有的六个立法解释来看,刑法立法解释从内容上可以分三种类型。

1. 进一步明确刑法条文本身含义

例如,《关于〈中华人民共和国刑法〉第九十三条第二款的解释》(2000年4月29日),是对村民委员会等村基层组织人员在从事哪些工作时属于刑法第93条第2款规定的"其他依照法律从事公务的人员"所作的解释。《关于〈中华人民共和国刑法〉第二百二十八条、第三百四十二条、第四百一十条的解释》(2001年8月31日),是对刑法第228条、第342条、第410条规定的"违反土地管理法规"和第410条规定的"非法批准征用、占用土地"的含义所作的解释。《关于〈中华人民共和国刑法〉第三百一十三条的解释》(2002年8月29日),是对刑法第313条规定的"对人民法院已经生效的判决、裁定有能力执行而拒不执行,情节严重的"含义所作的解释。

2. 解决对刑法条文理解和解释的原则分歧

例如,《关于〈中华人民共和国刑法〉第二百九十四条第一款的解释》(2002年4月28日),就是在1997年刑法实施以来,第一次在有关的法律问题已有司法解释的情况下,由于司法机关对法律规定认识不一致,而由全国人大常委会另行作出立法解释。[1] 关于刑法第294条规定中的"黑社会性质的组织"如何界定,最高人民法院2000年12月发布的《关于审理黑社会性质组织犯罪的案件具体应用法律若干问题的解释》中,认为"黑社会性质的组织"一般应具备四个特征,要有"非法保护"。最高人民检察院2001年11月向全

---

[1] 黄太云:《全国人大常委会〈关于中华人民共和国刑法第二百九十四条第一款的解释〉的背景说明及具体理解》,载《刑事审判参考》2002年第4辑,第160页。

国人大常委会递交报告，认为最高人民法院上述解释中要求黑社会性质组织要有"非法保护"的规定，突破了刑法第294条关于黑社会性质组织规定的内容，并建议对"黑社会性质的组织"的含义作立法解释。正是鉴于司法机关尤其是"两高"对法律规定的"黑社会性质的组织"的含义认识不一致，全国人大常委会才作出了上述立法解释，将最高法院司法解释中认定黑社会组织的"非法保护"特征修正为"非法控制"特征。此外，《关于〈中华人民共和国刑法〉第三百八十四条第一款的解释》（2002年4月28日），也是为消除"两高"对挪用公款罪构成要件的分歧意见而作出的。

3. 修改补充刑法条文的原有规定

例如，1997年刑法将分则第9章渎职罪的主体设定为国家机关工作人员。而《关于〈中华人民共和国刑法〉第九章渎职罪主体适用问题的解释》（2002年12月28日）则规定："在依照法律、法规规定行使国家行政管理职权的组织中从事公务的人员，或者在受国家机关委托代表国家机关行使职权的组织中从事公务的人员，或者虽未列入国家机关人员编制但在国家机关中从事公务的人员，在代表国家机关行使职权时，有渎职行为，构成犯罪的，依照刑法关于渎职罪的规定追究刑事责任"。从该立法解释的内容看，除"虽未列入国家机关人员编制但在国家机关中从事公务的人员"外，"在依照法律、法规规定行使国家行政管理职权的组织中从事公务的人员"，以及"受国家机关委托代表国家机关行使职权的组织中从事公务的人员"，均不应被界定为"国家机关工作人员"。所以，该立法解释从具体内容上看，实际上是全国人大常委会以"解释"的形式行使了修改补充刑法的权力，虽然参与起草该立法解释的人员称，"立法解释是对法律条文立法原意的阐释或者对法律条文的含义作进一步明确，并不涉及对法律条文的修改、补充"。[①]

## 二、刑法立法解释的效力

（一）刑法立法解释效力的有无

1. 刑法立法解释的主体与效力的有无

根据《宪法》、全国人大常委会《关于加强法律解释工作的决议》和《立

---

① 黄太云："对全国人大常委会《关于〈中华人民共和国刑法〉第九章渎职罪主体适用问题的解释》的理解与适用"，载《经济犯罪审判指导与参考》2003年第1卷，人民法院出版社2003年版，第193页。

法法》的规定，立法解释的主体是全国人大常委会，全国人大常委会的下属工作机构不是立法解释的主体。全国人大常委会法制工作委员会及其刑法室虽然在刑法立法解释的起草和制定过程中发挥着重要作用，但其无权以自己的名义发布有关刑法解释的文件。全国人大常委会的下属工作机构以自己的名义发布的刑法解释属于越权解释，是没有法律效力的。实践中，全国人大常委会的下属工作机构以自己的名义发布的刑法解释的情形并不多见，但也并非绝对没有。例如，全国人大常委会法制工作委员会曾经于 2002 年 7 月 24 日作出《关于已满 14 周岁不满 16 周岁的人承担刑事责任范围问题的答复意见》（法工委复字［2002］第 12 号），虽然该答复对统一司法机关对该问题的理解有重要的意义，在客观上起到了相当于立法解释的作用，但因为制作主体不符合法律的规定，应当说不具有立法解释的效力。

2. 刑法立法解释的内容与效力的有无

全国人大常委会的刑法立法解释权要和其刑法立法权一样受到宪法的限制。根据宪法第 62 条的规定，作为国家基本法律的刑法原则上应由全国人民代表大会制定和修改。根据宪法第 67 条第 3 项的规定，全国人大常委会在全国人大闭会期间享有有限的刑法制定和修改权，即可以对刑法进行部分补充和修改，但不得同刑法的基本原则相抵触。在我国的宪法体制下，立法具有至上性，法律解释权是从属于立法权的一种权力，宪法第 67 条对全国人大常委会的刑法立法权尚且进行了一定的限制，其立法解释权更不能超越这一限制，即全国人大常委会的刑法立法解释和其刑法立法一样，也不能与刑法的基本原则相违背，否则就是越权的解释，因而也就是无效的解释。

（二）刑法立法解释效力的大小

1. 刑法立法解释的效力与刑法的效力

立法法第 47 条规定："全国人民代表大会常务委员会的法律解释同法律具有同等效力。"这一规定当然也适用于刑法立法解释，即刑法立法解释与刑法立法具有同等效力。但是，笔者认为，这里的"具有同等效力"是有限制的，即在二者没有冲突的情况下具有同等效力，都应当作为司法实践中处理刑事案件的法律依据。但是，如果二者的内容有冲突，则二者的法律效力就不是"同等"的了，而是如上所述，刑法立法的效力高于刑法立法解释的效力。我们不能以立法法的规定来否定宪法规定的各国家机关之间的权力分配体制。

当然，目前我国还缺乏相应的法律体制来保证刑法立法解释与刑法的一致。根据立法法第 88 条的规定，全国人大有权改变或撤销它的常委会制定的不适当①的刑法立法，包括刑法修正案、单行刑法等。但是，宪法和立法法都没有规定对全国人大常委会所作出的"不适当"的刑法立法解释的撤销制度，因此，若出现刑法立法解释与刑法相违背的情形，虽然从理论上来说，该立法解释没有法律效力，但却没有相应的制度加以纠正。所以，建立违法立法解释的撤销制度应是将来立法法修改时的重要任务之一。

2. 刑法立法解释的效力与刑法司法解释的效力

在刑法立法解释与刑法司法解释的关系中，刑法立法解释处于主导地位，它监督和修正刑法司法解释。这种支配地位是由全国人大常委会在我国国家机构中的位置决定的。"两高"司法解释虽然在数量上占有权法律解释的绝大部分，但在某一问题上既有立法解释又有司法解释的情况下，无疑应是立法解释效力优先。

## 第二节 刑法司法解释的效力

### 一、刑法司法解释的概念

刑法司法解释有广义和狭义两种不同的用法。狭义的刑法司法解释是指我国最高司法机关根据法律赋予的职权，在刑法实施过程中，对如何具体应用刑法问题作出的具有普遍司法效力的解释。广义的刑法司法解释则除了狭义的司法解释之外还包括法官的法律适用解释即个案适用解释。由于我国还没有建立真正意义上的刑法判例制度，所以，法官的法律适用解释仅对所适用的个案有效而对其他同类案件不具有普遍适用的效力，故本文所指的刑法司法解释是狭义上的，仅指最高司法机关所作的司法解释。

### 二、刑法司法解释的效力

（一）刑法司法解释效力的有无

1. 刑法司法解释的主体与效力的有无

根据1981年全国人大常委会《关于加强法律解释工作的决议》规定，我

---

① 就刑法而言，根据立法法第87条的规定，不适当的具体情形主要包括三种，一是超越权限，二是下位法违反上位法，三是违背法定程序。

国刑法司法解释的有权主体只包括最高人民法院和最高人民检察院。因此，除这两家最高司法机关以外的其他任何机关、团体、组织或个人都无权发布司法解释或司法解释性文件。但是，从实践来看，参与司法解释的制定或者制定司法解释性文件的机关远不止这两家。概括起来说，这类无权却实际参与制定司法解释或司法解释性文件的主体主要有三类：

第一类是司法机关以外的其他机关或团体。这类机关、团体种类较多，其中有国家立法机关下属的工作机构，如全国人大常委会法制工作委员会；有国家的行政机关，如公安部、国家安全部、司法部、财政部、民政部、国家外汇管理局等；有党中央机关，如中央政法委；也有全国妇联这样的群众性组织。虽然这些机关或团体一般并不是单独制发司法解释，而是和具有司法解释权的最高司法机关一起制发，因而不能从整体上否定他们制发的司法解释的效力，但是这种无刑法司法解释主体资格的机关、团体越权参与刑法司法解释制定的做法，极大地损害了刑事法制的严肃性和权威性。

第二类是最高司法机关内部各部门。虽然最高人民法院和最高人民检察院享有司法解释权，但司法解释只能以最高人民法院和最高人民检察院的名义对外发布，最高人民法院内部各业务庭、研究室和最高人民检察院各业务厅、反贪污贿赂总局、研究室虽然在刑法司法解释的制定过程中发挥了重要作用，但无权以自己的名义对外发布司法解释性文件。实践中确有这类司法解释性文件，例如，最高人民检察院法律政策研究室曾经于2002年10月24日给山东省人民检察院研究室作出了《关于通过伪造证据骗取法院民事裁判占有他人财物的行为如何适用法律问题的答复》。这类司法解释性文件数量虽然不多，但问题也同样不可忽视。

第三类是地方各级人民法院和地方各级人民检察院。在实践中，各高级人民法院（包括军事法院）、中级人民法院、各省级人民检察院（包括军事检察院）和各地市级人民检察院都或多或少地发布过司法解释性文件。虽然从理论上说这些机关所发布的司法解释性文件因不符合主体条件而不具有相应的法律效力，但实际上却在司法实践中发挥着相当的作用。为了规范这些司法解释性文件，最高人民法院曾经于1987年3月31日发布了《关于地方各级人民法院不应制定司法解释性文件的批复》，但事实上，地方各级人民法院制发司法解释性文件的情况并没有就此停止。而且最高人民法院自己也没有严格遵守这一规定，在历次关于盗窃罪的司法解释中都授权省级高级人民法院根据本地区情况确定本地区执行盗窃罪的"数额较大"、"数额巨大"、"数额特别巨大"

的标准。① 在检察系统，1996年12月9日最高人民检察院发布的《司法解释工作暂行规定》第6条规定："最高人民检察院对地方各级人民检察院和专门人民检察院执行司法解释的情况实行监督，发现省、自治区、直辖市人民检察院、军事检察院制定的规范性文件与法律和司法解释相违背的，有权予以撤销。"该规定实际上承认了地方各级人民检察院可以制发司法解释性文件，只要不与最高人民检察院的司法解释相违背。

当然，究竟哪些主体应当享有刑法司法解释权在理论上还存在着许多争议。这实际上是关系到刑法解释体制的建构问题，限于论题，这里不再展开。但在新的司法解释体制建构之前，除两家最高司法机关以外的其他主体所作的解释都属于无权解释，都不应当具有普遍的司法适用效力。

2. 刑法司法解释的内容与效力的有无

刑法司法解释和其刑法立法解释一样，其内容也不能与其所解释的对象——刑法相违背，否则就是越权的解释，因而也应当是无效的解释。但是在现有司法解释中，这种解释内容与刑法的基本原则或者刑法的立法原意相违背的情况并不鲜见。不仅在1997年修订刑法之前大量存在，即使在1997年修订刑法之后仍然存在。前者如最高人民法院、最高人民检察院于1985年7月18日发布的《关于当前办理经济犯罪案件中具体应用法律的若干问题的解答》中关于"挪用公款归个人使用或者进行非法活动以贪污论处"的规定，明显改变了贪污罪的犯罪构成；后者如最高人民法院、最高人民检察院于2000年11月15日发布的《关于审理交通肇事刑事案件具体应用法律若干问题的解释》中关于"交通肇事后，单位主管人员、机动车辆所有人、承包人或者乘车人指使肇事人逃逸，致使被害人因得不到救助而死亡的，以交通肇事罪的共犯论处"的规定，明显与刑法关于共同犯罪的规定相违背。这些违法的司法解释

---

① 1984年11月2日最高人民法院、最高人民检察院《关于当前办理盗窃案件中具体应用法律的若干问题的解答》规定："各省、自治区、直辖市高级人民法院、人民检察院，可根据本地区经济发展状况，并考虑社会治安情况，会同公安厅（局）和有关部门，参照上列数额意见，提出认定本地区当前盗窃公私财物数额较大、数额巨大起点的适当数额。"1992年12月11日最高人民法院、最高人民检察院《关于办理盗窃案件具体应用法律的若干问题的解释》规定："各省、自治区、直辖市高级人民法院、人民检察院，可以根据本地区经济发展状况，并考虑社会治安状况，参照上列数额，确定本地区执行的数额标准，并报最高人民法院、最高人民检察院备案。"1998年3月17日最高人民法院《关于审理盗窃案件具体应用法律若干问题的解释》规定："各省、自治区、直辖市高级人民法院可根据本地区经济发展状况，并考虑社会治安状况，在前款规定的数额幅度内，分别确定本地区执行的'数额较大'、'数额巨大'、'数额特别巨大'的标准。"

虽然广为理论界所诟病，其效力也受到质疑，但因没有相应的纠错机制，仍然得以在司法实践中大行其道。

3. 刑法司法解释的形式与效力的有无

刑法司法解释的形式是指刑法司法解释存在的方式。刑法司法解释的内容总要以一定的形式作为其载体，这种载体就是刑法司法解释的形式。现行法律只规定了"两高"享有司法解释权，但没有规定司法解释可以采用的具体形式。从司法解释的实践来看，两高所作出的司法解释采用的形式多种多样，如"解释"、"规定"、"意见"、"通知"、"批复"等。这些不同的形式是否都具有同样的法律效力呢？"两高"各自制定的关于规范司法解释的文件对此作出了不同的规定。

为了促进司法解释工作的规范化，"两高"相继出台了关于司法解释的规范性文件。1996年12月9日最高人民检察院出台了《司法解释工作暂行规定》，1997年6月23日最高人民法院出台了《关于司法解释工作的若干规定》。根据最高人民检察院《司法解释工作暂行规定》，司法解释文件采用"解释"、"规定"、"意见"、"通知"、"批复"等形式。即司法解释通常是采用上述几种形式，但采用其他形式同样也是可以的。而根据最高人民法院的《关于司法解释工作的若干规定》第九条的规定，司法解释只能采用"解释"、"规定"和"批复"三种形式，并规定了三种形式所适用的具体情形，即：对于如何应用某一法律或者对某一类案件、某一类问题如何适用法律所作的规定，采用"解释"的形式。根据审判工作需要，对于审判工作提出的规范、意见，采用"规定"的形式。对于高级人民法院、解放军军事法院就审判工作中具体应用法律问题的请示所作的答复，采用"批复"的形式。显然，此三种之外的其他形式是不被承认的。但是在实践中，其他的准刑法司法解释形式如审判长会议纪要等还在不同程度上对司法实践起着事实上的指导作用。[①]

（二）刑法司法解释效力的大小

1. 刑法司法解释的效力与刑法立法解释的效力

这个问题在"刑法立法解释的效力"部分已有说明，在此不赘。

2. 刑法司法解释中审判解释与检察解释的效力及其冲突

根据1981年全国人大常委会《关于加强法律解释工作的决议》规定，目前我国刑法司法解释的有权主体包括最高人民法院和最高人民检察院两家，由

---

[①] 参见林维：《论准刑事司法解释的形成和发展》，载陈兴良主编：《刑事法评论》第11卷，中国政法大学出版社2002年版。

此，刑法司法解释也可以划分为审判解释和检察解释两种。这两种司法解释各有其相应的范围，审判解释只限于刑事审判过程中具体应用刑法的问题，而检察解释则只限于刑事检察过程中具体应用刑法的问题。由于这两家解释主体的职能性质不同，其单独制发的刑法司法解释在效力范围上也有一定的差异：最高人民法院制发的刑法司法解释在各类刑事审判活动中具有通行的司法效力，而最高人民检察院制发的刑法司法解释仅在各级刑事检察活动中有效。在这两类刑法司法解释中，立法机关没有赋予审判解释更高的效力地位，而是将它与检察解释并列，成为具有独立效力范围的两种司法解释之一。为了解决审判、检察中应用刑法所面临的共同问题，"两高"常常联合发布有关刑法司法解释文件，以防止两家单独解释时可能形成的冲突现象。但是，由于两家的解释范围不同，实践中又存在着单独解释的现象，内容的冲突难以完全避免。虽然根据1981年全国人大常委会《关于加强法律解释工作的决议》规定，"两高"解释如有原则分歧，应报请全国人大常委会解释或者决定，但在1997年刑法修订前的实践中，全国人大常委会从未行使过这一权力。所以在司法实践中常常会遇到审判机关处理个案时如何看待检察解释的效力问题。有的法院一概承认其效力，有的则不予采用。1997年刑法修订后，"两高"就同一刑法问题分别出台司法解释因而发生冲突的情况已经很少，但原则分歧还是不可避免的，但由于全国人大常委会适当地行使了法律解释权和决定权，类似的问题基本上得到了解决。例如全国人大常委会关于"挪用公款归个人使用"、"黑社会性质组织的特征"的立法解释，就是主要根据最高人民检察院的提议，修正了最高人民法院已有的有关刑法司法解释。随着全国人大常委会注重立法解释工作，其监督、修正司法解释的力度也会越来越大，司法解释效力冲突的问题也会得到彻底的解决。

# 第十章 刑法判例的效力

在当今世界上，最原始的大陆法系和英美法系的概念已不复存在。在司法活动中，大陆法系国家在坚守成文法阵地的同时，已允许判例占有一定的地盘；英美法系国家虽然仍恪守"遵循先例"的传统，但同时也越来越表露出对成文法的重视。既适用成文法又采纳判例，已成为世界各国法制发展的共同趋势。[①] 我国作为具有悠久的成文法传统的国家，判例虽然在历史上曾经十分引人注目，但在当代中国的司法实践中却销声匿迹了。近年来，法学界包括刑法理论界对我国建立判例制度的相关问题进行了有益的探讨，也取得了较为丰硕的成果。限于论题，本文不拟对有关判例的所有问题都进行深入的探讨，而是主要探讨判例是否是我国刑法的渊源以及判例的效力如何的问题。

## 第一节 刑法判例在两大法系中的渊源地位及其效力

### 一、刑法判例在英美法系中的渊源地位及其效力

在英美法系，刑法判例一直都是刑法的重要渊源，其法律渊源地位不容置疑。

在英国普通法形成和发展的早期，刑法判例是当时英国刑法唯一的法律渊源，有关犯罪、刑事责任和刑罚的一切问题都是在刑法判例中确定下来的。18世纪以后，英国制定法大量出现，但是刑法判例的法律渊源地位并没有从根本上动摇。在实现刑法功能的过程中，刑法判例仍然担负着巨大的使命，因为受法律传统的影响，法官在刑事司法实践中更倾向于从刑法判例中寻找依据。

在美国，尽管由于独立后随即而来的法典化运动的影响，刑事制定法在刑事司法实践中的地位和作用显得比刑法判例重要，但并没有人因而怀疑刑法判

---

① 参见周振想：《刑罚适用论》，法律出版社1990年版，第250页。

例的法律渊源地位。在刑事司法实践中，由于"一些联邦法典除了外观以外，并没有表达与欧洲法典同样的文化内涵"，所以，"在处理具体案件时，法官并非只在法典中寻找依据，相反，他可以也经常地依据其他法律渊源。"[①] 我国学者储槐植教授指出，"源于英国并在美国各州得到了不同发展的关于惩罚犯罪的普通法"是美国刑法的基本渊源，而法院的判决是美国刑法的次要渊源。[②]

在英美法系，作为刑法渊源的刑法判例与作为刑法渊源的刑事制定法有着密切的联系，除了个别新罪名直接通过刑事制定法予以规定外，大部分刑事制定法中的犯罪是对原判例法中犯罪的修改和补充。所以，刑事判定法的适用离不开刑法判例，刑法判例对于刑事制定法的解释和理解具有不可替代的作用。在英国和美国的个别州，由于刑事制定法尚未法典化，而只是表现为零散的单行刑法和从属性立法，因而刑事制定法的调控范围还不够全面，许多调控功能还需由刑法判例来实现的。另外，在英国，虽然制定法可以改变普通法，但是如果制定法没有明示或默示规定更改普通法，则该普通法就继续有效，从而使刑法判例继续保持其法律渊源的地位。

在当今的英美法系国家中，刑法判例在英美法系的刑法领域中仍然居于不可替代的独特地位。具体体现在以下几个方面：

1. 刑法判例是刑事制定法的重要补充。例如在英国，关于刑事责任的一般原则至今仍然是由判例表现出来的。而在罪名方面，尽管制定法创制出了绝大多数的罪名，但至今仍然有一些只存在于普通法中的罪名。[③] 如果某种普通法上的犯罪没有由制定法规定其刑罚，则法官就有权自行斟酌决定判处被告人一定期限的监禁或一定数目的罚金或者两者并处。

2. 刑事制定法的适用依赖于通过刑法判例所作的解释。由于英美法系国家长期的判例法传统，尤其是在英国，制定法往往不被看作是法的正常形式。虽然法官必须适用制定法，但制定法中所包含的规范只有在法院实施与解释后，并按照其实施与解释的限度，才最终被接纳，完全成为英国法的一部分。

3. 刑法判例是刑事制定法的材料来源，制定法只是刑法判例中的法律原则的条文化和规范化。

---

① ［美］H·W·埃尔曼：《比较法律文化》，三联书店出版1990年版，第51页。
② 储槐植著：《美国刑法》，北京大学出版社1996年版，第18~19页。
③ 例如，谋杀罪是英国普通法中最古老的犯罪之一，虽然《1957年杀人罪法》和《1965年谋杀罪法》等制定法规定了谋杀罪的刑事责任，但该罪的概念、特征及构成要素等只能在有关的刑法判例法中找到具体的阐述。

4. 长期的重视实践和经验的思想以及传统的司法风格，极大地影响着法官们的具体司法行为，在刑事司法过程中看重判例是很自然的事。①

由于判例是作为英美法系刑法的一个重要渊源而存在，因而刑法判例一经确定，即对下级法院（在一定意义上也对作出该判例的法院自身）产生法律约束力，下级法院原则上必须遵循。当然，随着社会的发展以及受大陆法系制定法的影响，遵循先例原则已并非绝对化。就英国来说，并不是所有的刑法判例都有拘束力，有拘束力的主要有两类。一是上议院的刑法判例对于其他法院来说是有拘束力的判例，一般上议院本身也应受其判例的约束。这是由上议院在英国刑事司法体系中的地位决定的。二是上诉法院的刑法判例对于下级法院和其自身，都是有拘束力的判例。除此以外，无论是高等法院还是下级法院所作的判决甚至是英国枢密院司法委员会的判决，都没有拘束力。在美国，遵循先例原则的适用从来就不像在英国那样僵硬，美国联邦最高法院和一些州的最高法院经常性地在发现自己的先例明显有错误时推翻该先例。②

## 二、刑法判例在大陆法系中的渊源地位及其效力

在大陆法系国家，由于有比较完备系统的刑法典作为定罪量刑的依据，又有罪刑法定原则的严格约束，因此在理论上或者法律上，一般都否认刑法判例是刑法的渊源，也不承认遵循先例的原则。在审判实践中，大陆法系国家长期恪守"审判不依判例而依法律"的原则。但是，历史发展到今天，这一原则早已在实践中被突破。就是说，虽然理论上拒绝判例，但在法律实践中，判例其实也是一个重要的法律渊源，只是这一事实一般还没有得到法律上的最终认可而已。

例如，在法国，尽管没有遵循先例的规则，法院仍像其他国家的法院一样，具有一种遵循先例的强烈倾向，尤其是对于高级法院的判决。下级法院对待法国最高法院判决的态度，实际上颇类似于普通法管辖权中下级法院对待上级法院判决的态度。③

在德国，最高法院确立的单个先例一般也被遵循，尽管它不能作为一项判决的惟一基础加以引证。下级法院的法官公开地背离这项判决，则是少见的和

---

① 参见陈兴良主编：《刑事司法研究》，中国方正出版社1996年版，第227、230页。
② 参见冯惠敏、冯军、孙学军：《论刑法判例法渊地位与拘束力发展的世界性趋势》，载《河北大学成人教育学院学报》2000年第2期。
③ ［美］R·B·施莱辛格：《大陆法系的司法判例》，载《法学译丛》1991年第6期。

不具有代表性。如果某一法院就某一具体案件的判决与其他法院或其他法庭以往判例的见解不同,并拟为不同判决时,必须依照法定的程序,就该法律问题向各该联邦最高法院大法庭或联合大法庭,提请裁决,除非以往判例已经过时陈旧,或法律变更或原判决法院或法庭已不存在。德国最高法院甚至认为,如果一位律师无视法院官方报告中所发表的判决,那么他本人便应当就所产生的后果对当事人负责。①

在日本,判例也具有相当的拘束力。日本著名刑法学家西原春夫指出,"从实质来看,判例如同法渊一般地约束着法院的判决"。因为,"判例的约束性对于同种事件必须承认同种法律效果这一保证判决公正的立场来说是必要的。下级审判基本上必须服从处理同类案件的上级审判,特别是有统一判例责任的最高法院的判决。"② 而且,依据日本刑事诉讼法第405条的规定,凡认为和最高法院的判决相反的,均可成为上告(向最高法院提出不服高等法院判决的申诉)的理由。从而为刑法判例的拘束力提供了法律依据。

大陆法系国家的法官之所以具有如此强烈地遵循先例的倾向,其原因是多方面的,但其中一个重要的原因是上诉制度的存在。法官们都不喜欢自己的判决被推翻,这似乎是世界范围的现象。而且,在大陆法系国家,法官又具有文官的属性,他们总是害怕自己判决被推翻的心理就更明显,因为如果他的判决过多地被推翻,那么他的提升就会受到明显的影响。同时在大陆法系国家,上级法院常常会对下级法院执行判例施加压力,这种压力在某些时候可能与"遵循先例原则"对普通法系中更具独立性的初审法官的影响一样强烈。③

比较两大法系中刑法判例的法律渊源地位及其在实践中的约束力,可以看出,尽管英美法系刑法判例的法律渊源地位正在经历由主要渊源到次要渊源的转变,但是基于对刑法稳定性的考虑,刑法判例的拘束力并没有发生质的变化;在大陆法系国家,刑法判例对大陆法系法官们的刑事审判活动也正产生着越来越积极的影响,刑法判例事实上的拘束力已经是不争的现实。

---

① 参见何慧新著:《刑法判例论》,中国方正出版社2001年版,第56页。
② [日]西原春夫:《日本刑事法的形成与特色》,法律出版社·成文堂1996年联合出版,第10页。
③ [美]R·B·施莱辛格:《大陆法系的司法判例》,载《法学译丛》1991年第6期。

## 第二节 刑法判例在我国刑法的中的渊源地位及其效力

### 一、我国刑法理论中的刑法判例的概念

尽管对于刑法判例制度的讨论在我国早已展开，但对于什么是刑法判例，至今并没有统一的认识。概括起来说，主要有两类不同的观点。一类认为判例就是案例。例如，有学者认为最高人民法院在其机关刊物《最高人民法院公报》上公布的案例就是判例。① 另一类则认为，判例是指法院可以作为先例援引，并作为审理同类案件的依据的判决和裁定。②

笔者认为，考察判例的含义不能不了解判例在其发源地——英美法中的含义。在英美法系中，判例一词有两种含义，一是指一种司法判决，是对提交到法院的争议进行处理的详细说明，包括案情、处理的法律依据以及案件处理结果等等；二是指司法判决所包含的原则，这个原则是针对案件事实所涉及的法律问题所作的法律阐述，它指出了处理该案件应作出的法律说明或者法律判断，这种法律判断不仅是合法的，而且是合情合理的，是其他法官以后审理类似案件的参考、借鉴甚至遵循的范例。显然，上述第一种含义的判例在世界各国都存在并发生作用，而第二种含义则为英美法系国家所独有，也是判例的真正含义所在。

因而，在我国国内关于判例含义的两种观点中，后一种观点更接近于判例的真正含义。说得具体一些，判例就是法院所作出的确立了某种可以在以后审理类似案件时加以参考、借鉴甚至遵循的法律原则的判决或者裁定。而刑法判例作为判例的一种，则是指法院所作出的确立了某项可以在以后审理类似刑事案件时加以参考、借鉴甚至遵循的法律原则的判决或者裁定。在此意义上，我国目前并不存在刑法判例。

### 二、刑法判例在我国刑法的中的渊源地位及其效力

在我国现行的政治体制下，立法机关独享刑事立法权，司法机关至多也不

---

① 游伟：《我国刑法判例的应用与思考》，载《法学》1991 年第 11 期。
② 参见周振想：《刑罚适用论》，法律出版社 1990 年版，第 258 页。

过享有有限的司法解释权,刑法判例更没有存身的余地,因而刑法判例并不是我国刑法的渊源,上级法院的判决对下级法院也没有法律上的约束力。但是,这并不妨碍理论上对我国建立判例制度的问题进行探讨。

关于判例法的渊源地位问题,理论界一直存在着否定和肯定两种不同的观点。否定者认为,我国立法权的高度集中没有给法院留下制定判例法确立新法律渊源的余地,司法上不允许法官造法。[①] 如果刑法判例有渊源地位,无疑就等于审判机关具有了立法权,这样就破坏了现行立法体制。[②] 肯定者则认为,判例作为法律渊源具有诸多优点,而且,当今世界两大法系的互相借鉴、靠拢和渗透是一个历史性的发展趋势,一元或独断的法律渊源已经不符合社会发展的要求,在此情况下,我国应当排除成文法作为惟一渊源的传统观念,在法律渊源中给予判例一席之地。[③]

关于我国的刑法判例是否应具有法律约束力的问题,我国刑法学界也存在着不同的观点。肯定说认为我国的判例也应像英美法系的判例那样,一经产生即具有法律上的约束力,下级法院原则上必须遵循。否定说认为我国是一个通行制定法的国家,判例不具备创制法的功能,也不是法的渊源,不应具备直接的司法约束力,下级法院在处理类似案件时只应对判例进行必要的参考、借鉴,不必遵照执行。折衷说则认为对这个问题不能一概而论,应分别不同的判例而分别对待,有些判例应具有法律约束力,而另一些判例则不必。[④]

笔者认为,刑法判例的约束力与其刑法渊源地位的确定密切相关。如果赋予刑法判例以渊源地位,刑法判例当然具有拘束力;否则,其约束力便没有相应的约束力。显然,由我国的现行法律体制所决定,刑法判例并没有取得渊源地位。从实然的角度来看,刑事判例不具有法律渊源地位,当然也不具有像刑事制定法那样的法律约束力。但是从应然的角度来看,为了保证刑事司法的公正和统一,应当赋予刑事判例以刑法渊源的地位并赋予与其渊源地位相适应的约束力。因为公正是刑事司法的基本价值取向,而刑事判例在保证刑事司法的公正方面可以发挥非常重要的作用:各级法院在个案审判中,在根据刑事制定

---

① 参见吴伟、陈启:《判例在我国不宜具有拘束力》,载《法律科学》1990年第1期;陈金钊:《论法律渊源》,载《法律科学》1991年第4期。
② 向朝阳、冯军:《继承与创新:论我国刑法判例制度的重构》,载高铭暄、赵秉志主编:《刑法论丛》第4卷,法律出版社2000年版,第211页。
③ 参见陈兴良著:《刑法的人性基础》,中国方正出版社1997年版,第500页。
④ 陈兴良主编:《刑事司法研究——情节·判例·解释·裁量》,中国方正出版社1996年版,第257页

法规范定罪量刑的前提下,可以通过相类似的刑事判例的对比,作出大体一致的判决,不致使同样的行为在定罪量刑上有太大的出入,以保证刑事审判活动在最大程度上实现公正、统一。

当然,即使赋予刑事判例以刑法渊源的地位,其与制定法的渊源地位也并非平起平坐,它只能是一个次要的渊源。同样,刑事判例的约束力也不同于刑事制定法的约束力。刑事制定法的约束力具有法定性和强制性的特点,是一种普遍的约束力;而对于刑事判例而言,由其在法律渊源中的地位所决定,其法定性和强制性都要比刑事制定法的法定性和强制性弱得多,它只是一种纵向的约束力,即只能约束下级法院对类似案件的审判活动。而且不能把这种约束力绝对化,即一般情况,下级法院在审理案件时必须接受上级法院判例的约束,但是由于我国各地经济发展的不平衡和各民族自治地方文化上的差异,如果适用上级法院的判例显失公正时,下级法院可以实事求是地自行创制判例。

# 第十一章　刑事习惯和刑事政策的效力

## 第一节　刑事习惯的效力

### 一、习惯法地位的历史走向

在古代社会中，无论是在大陆法系还是在英美法系，也无论是在民事领域还是刑事领域，习惯法的地位都十分突出。

英美的普通法传统特别强调对各种习惯法的遵从。在英国，普通法大部分是以全国性的或广泛流行的习惯为基础的，而在美国，先例的背后是一些基本的司法审判概念，而更后面的是生活习惯、社会制度。通过一个互动过程，这些概念又反过来修改着这些习惯和制度。从总体上来说，在英美法中，法官从习惯法中制定出普通法。

在大陆法系，习惯法也在社会生活的诸多方面享有权威的地位。例如在古罗马，作为父系家长特权宗法制度的"家父权"与中国古代"亲亲"、"尊尊"的礼制一样，都是全社会各阶层普遍接受的习惯与习惯法。在古罗马帝国灭亡之后建立起来的日耳曼各国，在相当长的一段时间内主要适用各部落的习惯法。

在古代中国，习惯法的地位也十分突出。中国古代的习惯法表现为"礼"这一形式。历代统治者都注重礼法并用作为其统治的有效手段。礼被奉为最高的评判标准，凡是礼所认可的，即是法所赞同的，反之，礼之所去即法之所禁，刑之所取。这样，礼治秩序与刑事处罚相互结合，构成了一张包罗万象的大网，其中无所谓民事与刑事、私生活与公共生活，只有事之大小，刑之轻重。①

---

① 梁治平：《寻求自然秩序中的和谐》，中国政法大学出版社1997年版，第249页。

古代社会中习惯法的地位之所以如此突出，一方面是因为习惯法贴近现实生活，因而能够便宜地得以遵行，另一方面也是因为理性主义的价值与理念尚未确立。及至近代启蒙运动以来，理性主义的价值理念逐渐发展成为人类世界的精神支柱，由此也导致了习惯法地位的重大变化。

以理性主义为精神支柱的启蒙运动在法律领域的一个主要标志是法典化运动。人们认为，只要运用人的理性力量，就可以建构出普遍有效和绝对完善的法律制度。在这种思想指导下，欧陆诸国展开了一场波澜壮阔的法典化运动。在这场法典化运动中，习惯法的地位迅速衰落。在民法领域，虽然习惯法在民法典的制定过程中起到了重要作用，但在法典制定完成后，一般习惯和地方习惯法都失去了相应的效力。而在刑法领域，各国刑法典普遍确立了罪刑法定原则，法律主义、禁止事后法、禁止类推成为罪刑法定原则在形式方面的基本要求。其中的法律主义，也称成文法主义，要求作为处罚依据的刑法必须是成文法，因为只有成文法才能保证国民对犯罪与刑罚的预测可能性，这样就直接导致了排斥习惯法的结论。此后，罪刑法定原则又由形式的侧面扩大到实质的侧面，要求刑法的内容适当、正当，具体体现为明确性原则和刑罚法规适正原则。其中明确性原则是指刑罚法规对什么是犯罪、应处何种刑罚的规定应当是明确的。没有明确规定什么样的行为是刑罚处罚对象的刑罚法规，因为不具有告知国民什么样的行为是犯罪及应受何种刑罚的机能，因而必须由法官进行多种多样的解释，故实际上违反了国会立法的原则。明确性原则是对成文法主义的进一步限制，也因而导致对刑事习惯法的排斥态度更为明显。

20世纪以来特别是二次大战以来，习惯法在大陆法系国家中的地位有所提升。在民法领域，许多国家的民法典对民事习惯的效力作了一般性的规定，即规定民事习惯具有补充法律的效力；有的国家虽然没有在民法典中明确规定民事习惯的效力，但在审判实践中的地位有所提高，习惯法成为制定法之外的一个重要法律渊源。在刑法领域，由于罪刑法定原则经历了由绝对到相对的转变，即"从完全取消司法裁量到限制司法裁量；从完全否定类推到容许有限制的类推适用，即在有利于被告的场合容许类推适用；从完全禁止事后法到从旧兼从轻，即在新法为轻的情况下刑法具有溯及力"，[①] 而作为罪刑法定原则之基础的成文法主义（法律主义）虽然没有改变，但多少也有些松动，习惯法虽然不能作为刑法的直接渊源，但也因其在构成要件的解释、违法性及责任的判断等方面的作用而不可完全被忽视。

---

[①] 陈兴良：《刑法的价值构造》，中国人民大学出版社1998年版，第526页。

## 二、刑事习惯在现代刑法中的渊源地位与效力

前已述及,① 在英美法系中,虽然制定法在刑法中的地位愈益突出,但判例法这种以判例的形式存在的普通法在刑法中仍然占有重要地位。而普通法又是以习惯法为基础的。在英美法系国家,即使是对制定法上没有规定的犯罪的行为,法院也可以根据不成文的普通法来认定犯罪和给予处罚。所以,习惯法在英美法系国家刑法中是具有法律渊源地位并具有普遍约束力的。对此我们不再作过多的说明,而是着重说明刑事习惯大陆法系国家中的地位与效力。

如前所述,在现代大陆法系刑法中,由于罪刑法定原则中法律主义和明确性原则的限制,习惯法被排斥在刑法的渊源之外,但由于习惯法在构成要件的解释、违法性及责任的判断等方面的作用,习惯法在许多国家实际上成为刑法的间接渊源。下面对大陆法系中几个有代表性国家的状况予以简要的考察。

在德国,19世纪的法典编纂运动使得刑法领域的习惯法失去存在的基础。如果习惯法通过增加新的刑罚规范或者加重现有刑罚规范将导致不利于公民的结果,则禁止通过习惯法创制法律与自由思想所要求的刑法的法典化是一致的。民法规范"法律是任何一个法规范"(《民法典实施法》第 2 条)不适用于刑法,刑法更多地适用"法律文件"。尽管如此,习惯法在刑法中同样仍然具有一定的意义。习惯法的适用范围一方面在于解释刑法总则部分的规定,因为一般理论不可能被完全吸纳进法律之中,所以,部分不完整规定的法律规范不得不在传统和迄今为止的实践中加以解释;另一方面,习惯法在《刑法典》的分则部分也同样发挥着一定的作用,而且是有利于公民的作用,即从习惯法的角度使得犯罪构成要件被废除、减轻或受到限制。②

在意大利,尽管刑法学界有些人仍认为习惯法是一种独立于法而单独存在的渊源,但多数人认为在现实中,只有在明确为法律所承认的情况下,习惯法才可能作为法律的补充的形式而具有法律规范的效力。关于习惯法在刑法的效力,意大利刑法学界在下列问题上有完全一致的意见:(1)习惯法不能具有创立新的犯罪与刑罚规范的效力,即不能根据习惯法设立新的罪名或新的刑种。司法实践中多次对同一行为的判处有罪的先例,如无法律明文规定,永远

---

① 参见第十章"刑法判例的效力"中的相关内容。
② 参见 [德] 汉斯·海因里希·耶赛克、托马斯·魏根特著,徐久生译:《德国刑法教科书》,中国法制出版社 2001 年版,第 140 页。

都不能作为定罪的依据。（2）习惯法不应具有废除成文的刑法规范的效力，司法实践长期未适用某个刑法规范，不能作为否认该规范作为定罪依据的理由。但是，对那些在法律颁布前就已经存在的习惯，如果没有被法律所明文禁止，则应视为法律所默许的行为。（3）作为刑法补充规范的习惯法，可以作为刑法的渊源。所谓作为刑法补充规范的习惯法，是指那些刑法规范所引用的那些已为其他法律所承认的习惯。如刑法典第51条规定的"行使权利"，就应包括民法中所根据习惯法承认的"行使权利"。（4）习惯法作为第二性的法律，或解释性规范，在刑法的解释中具有重要的作用。如刑法规定中的名誉、荣誉、善良风俗等，其含义实际上都得靠习惯来确定。至于习惯法是否可以在不否认刑法规定的犯罪规范的前提下作为非刑法规定的"排除犯罪的规范"，意大利刑法学界存在严重的分歧。"对那些坚决捍卫刑法规范确定性的人来说，即使有利于被告的习惯法，也不应具有法律效力，而对那些认为应坚持有利于个人自由原则的人来说，承认有利于被告的习惯法则是理所当然。因为，除其他理由外，这种做法可以减少形式主义的罪刑法定原则使刑法陷入僵化的危险。①

在日本，由于作为罪刑法定主义派生原则的排除习惯刑法，因而习惯和条理不能成为法源。"不违反公序良俗的习惯，在法无明文规定的事项上，和法律具有同等的效力"（日本《法例》第2条）的规定，对于刑法不适用，在这一点上，刑法与民法和其他法律不同。但是，习惯和条理在刑法上并非毫无意义。关于构成要件内容的理解和违法性的判断根据等，不少情形下应依据习惯和条理。例如，关于构成要件的解释，妨害水利罪中的水利权一般是由习惯法所承认的，保护责任者遗弃罪中的保护责任也可以说是以习惯和条理为根据的。关于违法性，也往往从条理上的观点承认广范围的超法规的阻却事由。另外，虽然形式上没有采取废除的程序，但是已经完全不适合今日社会的法规，往往在习惯法上解释为废除了其适用。这被称为习惯法的废除效力。②

可以看出，刑事习惯在大陆法系各国的地位与效力的情况虽然也有一些细微的差别，但基本地位是相同的。从刑法渊源地位上来看，都不是作为主要渊

---

① 参见陈忠林著：《意大利刑法纲要》，中国人民大学出版社1999年版，第22~23页；[意] 杜里奥·帕多瓦尼著，陈忠林译：《意大利刑法学原理》，法律出版社1998年版，第23页。
② 参见 [日] 大塚仁著，冯军译：《刑法概说（总论）》，中国人民大学出版社2003年版，第67页；[日] 野村 稔著，全理其、何力译：《刑法总论》，法律出版社2001年版，第55页；[日] 大谷实著，黎宏译：《刑法总论》，法律出版社2003年版，第45页。

*141*

源而是作为次要渊源，不是作为直接渊源而是作为间接渊源存在的。就是说，习惯法不能作为刑事司法实践中定罪量刑的直接依据，但是在定罪量刑的过程中有时又有着不可忽视的作用。

这种作用首先表现在，在进行构成要件符合性的认定时对构成要件内容的解释许多都需要参照习惯法。例如刑法中过失犯的注意义务和不作为犯的作为义务的来源和内容的确定，在相当程度上都依赖于对习惯法的了解和掌握。在判断过失犯的预见能力和不作为犯的作为能力时，需要考虑一般人的惯常能力，而一般人的惯常能力也必须参照习惯和习惯法加以确定。其实，规范性构成要件的许多内容的解释都需要参考习惯法。例如对"淫秽"、"猥亵"等用语含义的解释，也需要根据当时社会的风俗习惯的内容加以确定。

习惯法的作用还表现在，在认定犯罪的过程中所进行的违法性判断时也需要参照习惯法的内容。违法性有形式违法性与实质违法性之分。在实质的违法性的判断上有法益侵害说与规范违反说之争，在违法性阻却事由上也存在着法益衡量说、目的说和社会相当说的分歧。这其中，规范违反说[1]、目的说[2]和社会相当说[3]都适当地考虑了一个社会的文化规范、伦理秩序和社会习惯。就是说，在判断是否符合文化规范、共同生活的目的以及是否具有社会相当性时，习惯法都是必须参考的重要要素。而许多违法阻却事由，特别是超法规的违法阻却事由如医疗行为、竞技行为、自助行为等之所以阻却其违法性，就是因为它们都在一定程度上符合共同生活的目的，具有社会相当性，并与基于生活共识的习惯法协调一致。

习惯法的作用也表现在对行为人责任的判断方面有着重要的参考价值。例如，在故意的认识要素的判断上，在过失的注意义务的判断上，在期待可能性的判断上，都离不开"社会平均人"的认识标准，而"社会平均人"的认识

---

[1] 规范违反说以德国学者麦耶的观点为代表，认为违法的实质在于与国家所承认的文化规范，或者说国家的社会伦理规范的不相容。参见张明楷著：《外国刑法纲要》，清华大学出版社1999年版，第134页；赵秉志主编：《外国刑法原理（大陆法系）》，中国人民大学出版社2000年版，第117页。

[2] 目的说认为，为了达到国家所承认的共同生活目的而采取适当手段时的行为，违法性即被阻却。德国学者李斯特、日本学者木村龟二是该说的代表。张明楷著：《外国刑法纲要》，清华大学出版社1999年版，第150页；赵秉志主编：《外国刑法原理（大陆法系）》，中国人民大学出版社2000年版，第124页。

[3] 社会相当说认为，在历史地形成的社会伦理秩序的范围内，被这种秩序所允许的行为（社会的相当行为），就是正当的，阻却违法性。张明楷著：《外国刑法纲要》，清华大学出版社1999年版，第150页；赵秉志主编：《外国刑法原理（大陆法系）》，中国人民大学出版社2000年版，第124页。

能力只能依照习惯和习惯法加以确定。

### 三、刑事习惯在我国刑法中的地位与效力

我国的法律制度基本上接近于大陆法系各国的法律制度，因而刑事习惯在我国的地位与效力的状况与大陆法系各国的情况基本相同。即刑事习惯不能作为刑法的直接渊源，否则与刑法第 3 条的罪刑法定原则相违背。但是，习惯在刑事司法实践中对犯罪的认定也有着重要作用，虽然我国的犯罪构成结构与大陆法系国家有明显的不同。例如我国刑法中也存在过失犯罪与不作为犯罪，其中过失犯的注意义务和不作为犯的作为义务的来源和内容的确定，以及过失犯的预见能力和不作为犯的作为能力的判断，都需要参照习惯和习惯法加以确定。刑法中许多用语的解释，无论是立法解释还是司法解释，也都需要根据社会的风俗习惯的内容加以确定。

但是在我国，刑事习惯在刑法中的地位和效力问题，并不仅仅局限于上述这些内容，其中还有一个不容忽视的方面，这就是民族习惯法的问题。

我国是一个统一的多民族国家，除汉族外，还有 50 多个少数民族。在少数民族地区，由于历史、地理等因素的影响，民族风俗习惯和文化传统有着深厚的社会基础和群众基础，在社会生活中发挥着极大的作用。在这些少数民族的风俗习惯中，有一些与国家制定的刑法规范存在着差别甚至矛盾，如某种行为被国家刑法规定为犯罪、应受严厉制裁，但少数民族的刑事习惯却认为该行为不是犯罪或者最轻。在这种情况下，少数民族的刑事习惯就会对国家刑法在这些少数民族地区的贯彻实施产生消极的影响。从历史上来看，为了维护国家的稳定和统一，历代统治者在少数民族地区的刑事立法和司法实践中多实行"因俗而治"的原则，即对有着异俗、殊俗的民族，依其旧有的风俗习惯进行统治和管理。因此可以说，"历史上，少数民族多用本民族的习惯法来调整内部和外部关系"，"统一的国家法律在少数民族地区并未得到真正的贯彻实施"。[①] 从现实来看，当地司法机关虽然要维护国家法制的统一，但也不得不考虑当地少数民族的实际情况而在案件处理过程中采取适当的变通办法（如对一些刑法规定为犯罪的行为不作为犯罪处理或者给予从宽处理），否则可能引起当地少数民族的动荡不安。少数民族习惯法在实践中的影响由此可见一斑。

---

[①] 吴大华：《重视和加强少数民族地区犯罪控制的研究》，载《云南法学》1999 年第 3 期。

当地司法机关受少数民族习惯法的影响，在处理案件时对国家刑法的规定作变通的适用虽然有刑事政策上的依据，[1] 但是这种做法毕竟是违背罪刑法定原则的。为了既保持少数民族地区的稳定和发展，又维护国家法制的统一，宪法规定在少数民族聚居区实行民族区域自治制度，在民族自治地区可以由当地的立法机关对国家法律作出变通或者补充的规定。对此，许多部门法包括刑法也作出了相应的规定。刑法第90条规定："民族自治地方不能全部适用本法规定的，可以由自治区或者省的人民代表大会根据当地民族的政治、经济、文化的特点和本法规定的基本原则，制定变通或者补充的规定，报请全国人民代表大会常务委员会批准施行。"显然，这种少数民族自治地区对刑法的变通或者补充规定是由不成文的少数民族习惯法转变而来的，即由不成文的习惯法上升为成文的国家制定法，成为刑法的直接渊源。关于这种少数民族自治地区对刑法的变通或者补充规定，本文第七章第四节有专门探讨，这里不再展开说明。需要指出的是，并非各少数民族的习惯法都能上升为成文的制定法，那些没能上升为制定法的刑事习惯法也仍然会在现实生活中发挥其相应的作用。

## 第二节 刑事政策的效力

### 一、刑事政策的概念

刑事政策这一术语虽然由来已久，[2] 并在世界各国广泛使用，但是迄今为止，由于各种因素的存在，中外学者对刑事政策的概念并未达成一致的看法。可以说，几乎所有关于刑事政策的著述，找不到两个相同的刑事政策的定义。[3] 我国曾有学者将古今中外有关刑事政策定义进行了细致的梳理，将刑事政策概括成刑事政策一分说、刑事政策二分说、刑事政策三分说三种不同的类型，在其之下又分为广义、狭义、最狭义的刑事政策等不同的概念，最后通过

---

[1] 即1984年中共中央第5号文件提出的对少数民族公民要坚持"少捕少杀"、"在处理上一般要从宽"（简称"两少一宽"）。

[2] "刑事政策"一词起源于德国，最早由被誉为"刑事政策之父"的德国学者费尔巴哈于1800年在其所著的《刑法教科书》中使用。参见张甘妹著：《刑事政策》，台湾三民书局股份有限公司1979年版，第3页。

[3] 参见杨春洗主编：《刑事政策论》，北京大学出版社1994年版，第4页。

分析得出了自己对刑事政策的认识。① 限于论题和篇幅，本文不打算纠缠于刑事政策的概念界定上，而是采用我国刑法理论界较为通行的观点。在我国，一般认为，刑事政策是"国家或者执政党依据本国犯罪态势制定的，依靠其权威推行的，通过指导刑事立法和刑事司法，对犯罪人和有犯罪危险者运用刑罚和有关措施惩，以期有效实现预防犯罪目的的方针、策略和行动准则。"② 这一概念立足于我国的刑事政策实践，较为全面地涵盖了刑事政策的决策和实施主体、刑事政策的根据、对象、目标、手段、目的和载体等方面的特征，因而相对来说是一个比较科学的刑事政策概念。

## 二、刑事政策与刑法的关系

在我国法理学界，关于政策与法律的关系已经取得了较为一致的认识，这就是：政策是法律的灵魂，法律是政策的具体化和国家意志化。二者在原则上是一致的，都必须为党和国家的意志、利益和任务服务。一方面，法律的制定必须以政策为根据，法律的实施和适用必须以政策为指导。因为政策具有宏观性，法律具有微观性，法律一旦制定出来就具有了稳定性，不能随意废、改、立；同时法律在实施过程中具有滞后性，政策具有灵活性，社会与人等客观情况是在不断变化与发展的，法律要在不断变化的复杂情况下发挥法治的作用就必须依靠政策来指导，政策则根据客观形势不断加以调整与革新，以发挥引导法律正确适用的功能。另一方面，政策的制定必须遵循法定的程序，政策的实施必须以法律为边界。客观情况发生了新的变化，政策也必须以客观形势为基础作出相应的调整，其制定与修补必须遵循客观发展规律，在法治轨道上出台，以保证政策的民主与科学，实现其预定目标；政策不是法律，其实施不能超越法律或代替法律，必须以法律规定为标准。总之，政策与法律是互动的，它们相互补充、协调、监督，共同发挥着治理国家的手段作用。

刑事政策与刑法的关系具有政策与法律关系的一般特征。具体说来，刑事政策与刑法的关系主要表现为两个方面：一方面，刑事政策对刑法的制定与执行在宏观上具有指导作用，即刑法的制定和实施都要贯彻刑事政策的精神；另一方面，刑法对刑事政策具有制约作用，刑事政策不能超过刑法的限制，违背

---

① 梁根林：《解读刑事政策》，载陈兴良主编：《刑事法评论》第11卷，中国政法大学出版社2002年版，第3~17页。
② 赵秉志主编：《当代刑法理论探索（第一卷）：刑法基础理论探索》，法律出版社2003年版，第333页。

刑法的基本原则，不能作为司法实践中定罪量刑的直接根据。从刑法的渊源与效力的角度来看，前一方面实际上意味着刑事政策可以作为刑法的间接渊源，即通过将刑事政策的精神或者具体内容上升为刑法规范，从而成为刑法的一部分；而后一方面则意味着刑事政策不具有在司法实践中直接适用的效力。下面对这两方面分别予以说明。

### 三、刑事政策可以成为刑法的间接渊源

在社会变革时期，刑事政策的适时性与刑法的滞后性往往发生矛盾，这种矛盾的解决不能依靠随意扩大刑事政策的执行，而是需要立法机关修改补充刑法，及时将成熟的刑事政策上升为刑事法律，获得国家强制力。这一过程就是刑事政策作为刑法的间接渊源向刑法规范转化的过程。这既是刑事政策合法性的要求，也有助提高其规范性和权威性。

至于刑事政策向刑法转化的途径和形式，则应根据刑事政策不同种类和刑法规范性文件的不同形式具体确定。

从刑事政策的种类来看，从不同的角度可以划分出多种不同的种类，如根据刑事政策内容的不同性质可以划分为基本刑事政策与具体刑事政策，根据刑事政策在刑事法律运动过程中的地位与作用可以划分为刑事立法政策、刑事司法政策与刑事执行政策，根据刑事政策的适用内容特点可以划分为定罪政策、刑罚政策和处遇政策，等等。[①] 我们这里探讨的是刑事政策上升为刑法时的形式问题，因而这里的刑事政策应是刑事立法政策而不是刑事司法政策或者刑事执行政策。又因为刑法规范的内容并不仅限于定罪、刑罚或者处遇的某一方面，而是三者兼具，所以我们也不采用定罪政策、刑罚政策和处遇政策的划分。在此，我们根据刑事政策的稳定性的不同将其划分为长期刑事政策、中期刑事政策和短期刑事政策。长期刑事政策是指为了满足长期的社会发展要求与目的而形成的刑事政策。中期刑事政策是指，为了满足较长时间内一定的社会发展目标与任务而确立的刑事政策。短期刑事政策是指，为了控制社会矛盾，或者满足社会发展的短期目标，在较短时期内指导法律规范进行适用，使法律规范体现出新的法律精神的刑事政策。这种划分与上述第一种划分（即将刑事政策划分为基本刑事政策与具体刑事政策）基本一致。一般来说，长期刑

---

① 参见赵秉志主编：《当代刑法理论探索（第一卷）：刑法基础理论探索》，法律出版社2003年版，第336页。

事政策稳定性最强，属于基本刑事政策；短期刑事政策稳定性最弱，一般都是具体刑事政策；中期刑事政策的稳定性居于二者之间，通常也属于具体刑事政策。

与根据刑事政策的稳定性划分出上述三种不同类型的刑事政策相适应，在将它们上升为规范性刑法文件时所采用的形式也应有所不同。具体说来：

对于长期的基本刑事政策，应当将其内容作为法律规范的精神实质，在包括刑法典在内的各种规范性文件中体现出来。例如，"惩办与宽大相结合"的刑事政策就属于这种情形。我国1979年刑法典第1条即规定，该法典"依照惩办与宽大相结合的政策制定"，以基本法律的形式明确了这一刑事政策，而整部刑法典的主要内容也都贯彻了惩办与宽大相结合的政策思想。此后，全国人大常委会制定的《关于严惩严重破坏经济的罪犯的决定》以及最高人民法院、最高人民检察院发布的《关于贪污、受贿、投机倒把等犯罪分子必须在限制期内自首坦白的通告》等一系列法律决定和司法文件中的规定都是贯彻惩办与宽大相结合政策的有效实践。修订后的1997年刑法虽然没有再明确规定惩办与宽大相结合的政策，但并不意味着该项刑事政策在我国整个刑事政策中的地位已经发生动摇，更不能因此否认该项政策对我国刑事立法和刑事司法的指导作用。作为我国数十年来行之有效的刑事政策，"惩办与宽大相结合"精神在1997年刑法的具体条文中也同样得到了充分的体现和具体的贯彻。

对于中期刑事政策而言，由于这种刑事政策所蕴含的法律精神与思想具有阶段性，因而可以考虑依其内容制定单行刑事法规。在社会发展目标与任务实现的情况下，如果该目标与任务不需要进一步发展，则应废除该单行刑事法规；如果该社会发展的任务与目标转化为长期的社会发展目标与任务，那么，则对与之相应的单行刑事法规进行修改与完善，将其作为一项长期的法律规范内容。例如，20世纪80年代，由于治安形势的恶化，中央出台了整顿社会治安和对严重刑事犯罪依法从重从快处理的刑事政策。这一刑事政策由全国人大常委会通过立法程序上升为单行刑法，这就是《关于处理逃跑或者重新犯罪的劳改犯和劳教人员的决定》、《关于严惩严重危害社会治安的犯罪分子的决定》和《关于严惩严重破坏经济的罪犯的决定》等。这些单行刑法在1997年修订刑法之后都已经废止，但其内容则根据不同情况而分别予以吸收或者废弃。

就短期刑事政策而言，它具备灵活性、暂时性的特征，随时都有可能随社会发展的目的、任务的完成而改变或废除，因此，可以由最高司法机关发布解释，将刑事政策的内容贯穿于司法解释中。

当然，刑事政策向刑法的转化是有条件的，在条件不成熟时不能将刑事政策随意上升为刑法规范而适用新法。一般说来，要将刑事政策通过立法程序上升为刑事法律需要具备以下条件：第一，有明确的实际内容，可操作性较强；第二，经过实践已经成熟且具有稳定性；第三，对于惩治、预防、控制犯罪，保障人权有重大影响。

### 四、刑事政策没有直接的司法适用效力

刑事司法的主要依据是刑事法律，但不能否认刑事政策对刑事司法的指导作用。刑事法律具有较大的稳定性，而刑事政策则具有高度的灵活性，能够及时反映客观形势的变化。要使稳定的法律灵活地适用于瞬息万变、错综复杂的社会生活，刑事司法就必须靠刑事政策来指导。但是，绝不允许借刑事政策指导为名以言代法、以权压法，破坏法制。建国初期，刑事法律还不够完善，我们曾经有过主要依靠刑事政策进行刑事司法的阶段。随着我国刑事法制建设的不断完善，我们"要从依靠政策办事，逐步过渡到不仅靠政策，还要建立、健全法制，依法办事"[①]。笔者认为，正确处理刑事政策在刑事司法中的效力问题，应当注意以下两个方面。

1. 没有转化为刑法规范的刑事政策不能作为刑事司法的直接依据

如前所述，刑事政策不能一经制定，不经过法律转化程序就在刑事司法实践中直接执行，否则就会破坏罪刑法定原则，有损社会主义法制的权威和尊严。但是，在实践中，有些刑事政策在制定之后，并没有将其适时转化为刑法规范，其在实践中的执行就缺乏相应的法律依据。例如，关于对少数民族公民的"两少一宽"的刑事政策至今只有中共中央的文件作为其依据，而没有在相应的规范法律文件中体现出来，因而其可操作性也较差。由于该政策对什么人、什么地方有效，对哪些案件适用以及"少具体"和"宽"的限度等问题没有具体的规定，因而在司法实践中的贯彻也大打折扣。

2. 已经转化为刑法规范的刑事政策在司法实践中不能突破刑法规范的限度

例如，惩办与宽大相结合的刑事政策已经体现在包括刑法典在内的许多规范性刑法文件之中。在对具体的案件定罪量刑的过程中，虽然还要在不同的案件之间体现出区别，但是这种区别是刑法规范范围内的区别，而不是在此范围

---

① 参见肖扬主编：《中国刑事政策和策略问题》，法律出版社1996年版，第80页。

之外即突破刑法的规定另外再体现出区别来。又如,"严打"这一刑事政策要求对严重破坏社会治安、严重破坏经济等类型的犯罪从重、从快严厉打击,但是这里的"从重"并不是在刑法规定的法定刑之外来量刑,"从快"也不是突破法律规定的有关期限如法律赋予被告人的上诉期限的规定从快处理。

# 第四编
# 刑法效力维度论
——刑法的时间、地域、对象和事项效力

法律效力的维度这一称谓在我国法理学界并不通行，我国学者一般称之为法律的适用范围或效力范围，只有个别学者称之为法律效力的维度。① 本文称之为"维度"，其原因已在第四章和第六章的两处注释中作过说明。

关于法律效力的维度，我国法理学界存在着四种不同的观点：一是法律效力无维度说，认为"法律效力的确没有法的适用范围的内容"。② 二是法律效力单一维度说，认为"法律效力是法律对人的作用力，离开了法律的规制对象人，便无所谓法律效力。至于法律在时间和空间上的效力，不过是对法律效力所起作用或应当起作用的对象人的时空定位而已；至于法律在事方面的效力最终还得落实到具体的人上来"。③ 三是法律效力三维度说，认为法律效力的范围包括法律的时间效力、空间效力和对人的效力。此说为通说。四是法律效力四维度说，认为法律效力包括四个维度，即除了通说的三个维度之外，还包括法律的事项效力。此说为凯尔森所首倡，④ 我国一些学者也持此说。⑤

在上述四种学说中，法律效力无维度说明显是错误的。因为任何事物都有

---

① 参见张根大著：《法律效力论》，法律出版社1999年版，第28页、第58页。
② 参见潘晓娣：《法律效力的再认识》，载《河北法学》1993年第1期。
③ 姚建宗：《法律效力论纲》，载《法商研究——中南政法学院学报》1996年第4期。
④ 纯粹法学的代表凯尔森将法律效力范围区分为属时的（temporal）效力范围、属地的（territorial）效力范围、属人的（personal）效力范围和属事的（material）效力范围。参见[奥]凯尔森著，沈宗灵译：《法与国家的一般理论》中国大百科全书出版社1996年版，第45页以下。
⑤ 除了张根大博士在其博士论文《法律效力论》中持此观点外，一些法理学教材或专著也采用了此说。参见周永坤著：《法理学—全球视野》，法律出版社2000年版，第98页以下；赵震江、付子堂：《现代法理学》，北京大学出版社1999版。

其存在的范围问题，否认某一事物的存在范围，就等于否认事物的存在本身。法律效力单一维度论从实质上看并没有否认法律的属时、属地、属事效力范围，只是把它们从属于法律的属人效力范围之内。但事实上，属时、属地、属人、属事是并列关系而不是从属关系。"我们不仅应该说，时间、空间和事项是落在规制对象人上的时间、空间和事项，我们而且应该说，时间、空间和人是事项中的时、地、人，同时我们还应进一步说，某地发生的涉及某人的事项，只有在某个时间范围内才能谈及法律效力的问题，某时发生的涉及某人的事项只有在某个地域范围内才能谈及法律效力的问题。"① 所以，法律效力范围的四个方面的内容是相互联系、相互制约的，在实质上是并列关系而不是从属关系，法律效力单一维度论是错误的。而传统的法律效力三维度说遗漏法律效力的范围的事项方面，是其明显的不足之处。所以，只有其中的法律效力四维度说是正确的，因而也被越来越多的学者所接受。

在关于刑法效力的维度（通常称之为刑法的适用范围）问题上，我国刑法学界通行的观点与法理学界的通说即三维度说也不一致，而是认为刑法效力的维度包括刑法的时间效力和刑法的空间效力两个方面，② 而从其内容来看，则空间效力实际上又包含了地域效力和对人的效力两个方面的内容。所以，我国刑法理论关于刑法效力维度的观点从形式上来看属于二维度论，从实质上来看属于三维度论。这种观点与大多数国家刑法理论关于刑法效力范围（适用范围）的理论是一致的。

但从国外来看，刑法理论界也有人在刑法效力的维度问题上持四维度说，即在传统的刑法效力的三维度说之外又加上了刑法对事的适用范围。例如，日本学者大谷实在其《刑法总论》中论述到刑法的适用范围时，认为刑法的适用范围包括刑法的时间适用范围、刑法的空间适用范围、刑法的对人适用范围和刑法的对事适用范围四个方面。③ 日本学者大塚仁在其《刑法概说（总论）》中则将刑法的适用范围分为时间的适用范围、场所的适用范围、人的适用范围和物的适用范围四个方面。④ 当然，对于刑法的对事适用范围究竟应该

---

① 张根大著：《法律效力论》，法律出版社1999年版，第30页。
② 参见高铭暄、马克昌主编：《新编中国刑法学》，中国人民大学出版社1999年版，第47页以下；苏惠渔主编：《刑法学》，中国政法大学出版社1999年版，第57页以下；张明楷著：《刑法学》，法律出版社1997年版，第59页以下。这里只是列举了几个有代表性的教材的观点，其他版本教材的内容也是如出一辙，迄今为止尚未发现有其他不同的观点。
③ 参见［日］大谷实著，黎宏译：《刑法总论》，法律出版社2003年版，第51~64页。
④ 参见［日］大塚仁著，冯军译：《刑法概说（总论）》，中国人民大学出版社2003年版，第70~85页。

指哪些内容还值得进一步研究。

笔者认为,刑法理论上通行的观点存在着两方面的缺陷:将刑法的地域效力维度与对人效力维度合二为一,称之为刑法的空间效力,与法理学界的法律效力一维度论犯了同样的错误,而忽视刑法效力的事项维度是其缺陷的另一方面,刑法的效力范围中应该包含刑法的事项范围的内容。基于此,本文坚持刑法效力四维度的观点,并设专节对刑法学界所忽视的刑法的事项效力予以专门的分析。

# 第十二章 刑法的时间效力

马克思主义认为,运动是事物存在的基本方式。一个事物总是有一个产生、发展和灭亡的过程,法律也是这样。从宏观上看,与人类社会的基本形态相对应,世界各国的法律经历了从奴隶社会法律、封建社会法律、资本主义法律到社会主义法律四种基本类型的转变。从中观上看,某一基本类型的法律内部也是一个运动、变化的过程。而从微观上看,一部具体的法律(包括刑法)同样有一个从制定、实施、修改到废除的运动过程,而法律的时间效力也因这一运动过程而产生。

根据我国刑法学理论的通说,刑法的时间效力是指刑法的生效和效力终止的时间以及刑法对它生效前的行为是否具有溯及力。①

## 第一节 刑法的生效

### 一、刑法生效的概念

顾名思义,刑法的生效就是刑法开始发生法律效力。在这里,我们要分清

---

① 苏惠渔主编:《刑法学》,中国政法大学出版社1999年版,第67页。

与刑法的生效密切相关但又确有不同的几个概念,即刑法的通过、刑法的公布和刑法的实施。

刑法的通过是刑事立法的最后一个环节,是指立法机关对刑法草案表示正式同意,从此刑法草案成为刑法。刑法的公布是指法定主体将立法机关已经通过的刑法依照法定程序予以公开发布。例如在我国,根据宪法第80条的规定,由国家主席根据全国人民代表大会的决定和全国人民代表大会常务委员会的决定,公布法律。刑法的实施是指社会的有关主体,包括国家机关、社会组织和公民依照刑法的规定行使权力和权利以及履行责任和义务的活动。因此,这几个环节有其各自不同的含义。而从刑法的通过、公布、生效、实施的具体时间上看,这几个环节的时间并非完全一致。如我国1979年刑法典是由五届人大二次会议于1979年7月1日通过,1979年7月6日由全国人民代表大会常务委员会委员长令第5号公布的,而其生效日期则是1980年1月1日。

但是,刑法的生效与刑法的通过、公布和实施又有密切的联系。从时间上看,它们之间存在着先后衔接关系,从逻辑上看,它们之间存在着因果关系。刑法通过之后成为正式的法律予以公布,才有刑法的生效问题,刑法有了效力才能实施。

## 二、刑法生效的形式

对于法律的生效的形式,理论上主要从两个角度进行划分。一是根据法律生效的日期是否被明确规定,可以分为明定生效和推定生效。前者是指法律生效的日期已经由法律文件本身或者公布法律文件的命令明确地规定了生效的日期的情况,而后者则是指法律虽没有规定明确而具体的生效日期,但可以根据有关情况推定其生效日期的情况。[①] 二是根据公布时间与生效时间是否一致,可以分为即时生效和定时生效。前者是指自法律公布之日起即行生效的情况,后者则是指法律公布一段时间之后才开始生效的情况。

从我国刑法理论来看,主要是根据后一种标准进行划分。一般认为,刑法的生效时间分为两种情形:一是自公布之日起生效,这通常是一些单行刑法的做法。二是公布后间隔一段时间才生效。这样做是考虑到人们对新法比较生

---

[①] 参见张根大著:《法律效力论》,法律出版社1999年版,第116页。但该书所举的推定生效的例证似乎都不是真正的推定生效,而仍然是法律或公布法律的文件对生效时间已经做出明文规定的情形。所以,这种划分是否恰当还值得进一步研究。

疏，需要通过一段时间的宣传教育，以便于广大人民群众及司法工作人员学习掌握，并使司法机关做好实施新法的心理组织及业务准备。[①]

虽然上述认识不能说错误，但相对于我国刑法生效时间问题的具体状况而言这种认识还是显得粗略。实际上，在我国，关于各种刑法文件的生效方式问题远比上述认识要复杂。下面对各种刑法文件的生效方式作一具体的分析。

（一）刑法典的生效形式

建国以来，我国先后颁布两部刑法典，通常根据其颁布的年代分别称之为1979年刑法典和1997年刑法典或者分别称之为旧刑法典和新刑法典。但这是理论上的认识。就生效的日期是否被明确规定来看，两部刑法典都属于明定生效。这种明确规定同时体现在刑法典自身的条文中和公布刑法典的命令中。规定1979年刑法典生效日期的是该法第9条："本法自1980年1月1日起生效。"规定1997年刑法典生效日期的是该法第452条："本法自1997年10月1日起施行。"可以看出，两部法典所用的表示生效的术语并不相同，前者用"生效"，后者用"施行"。从我国法律生效所用的术语来看，目前已经趋于统一使用"施行"而不使用"生效"来表示。从公布时间与生效时间是否一致来看，两部刑法典的生效形式都属于定时生效而不是即时生效，即在公布一段时间后再生效。1979年刑法典于1979年7月1日通过，同年7月6日公布，1980年1月1日起生效；1997年刑法典于1997年3月14日通过，同日由中华人民共和国主席令第八十三号公布，同年10月1日起生效。

（二）单行刑法的生效形式

在1979年刑法颁布之后，1997年刑法修订之前，全国人大常委会曾经先后颁布了23个单行刑法，从这些单行刑法的生效形式来看，均采用即时生效的方式，即自公布之日起施行。大部分单行刑法都在该刑法中设专条明确规定："自公布之日起施行"，并在公布该法律的命令中再次重申。但也有少部分单行刑法的条文本身没有规定生效日期，而是在公布该法律的命令中明确其生效日期的。在23部单行刑法中，属于这种情形的有五个，即《关于惩治泄露国家秘密犯罪的补充规定》、《关于惩治捕杀国家重点保护的珍贵、濒危野生动物犯罪的补充规定》、《关于惩治侮辱中华人民共和国国旗国徽罪的决定》、《关于惩治盗掘古文化遗址古墓葬犯罪的补充规定》和《关于惩治劫持航空器犯罪分子的决定》。考察出现这种情形的原因，大概是因为这些单行刑

---

[①] 参见高铭暄、马克昌主编：《新编中国刑法学》，中国人民大学出版社1999年版，第54页。

法涉及的内容较为单一，只有一个条文，因而不便于再设专条规定其生效日期。

1997年刑法颁布之后，全国人大常委会颁布的单行刑法目前仅有一件，即《关于惩治骗购外汇、逃汇和非法买卖外汇犯罪的决定》。该单行刑法也同样采取了即时生效的方式，并且在该法自身的条文之中作了明确规定。

（三）刑法修正案的生效形式

1997年刑法典颁布之前，全国人大常委会对刑法典的部分修改和补充主要采取单行刑法这一形式。自从1999年12月25日第九届全国人民代表大会常务委员会第十三次会议首次采用修正案的方式修改刑法典以后，又相继通过了其他三个刑法修正案对刑法典的相关内容进行了修改。从这些刑法修正案的生效方式来看，一律采取明定、即时生效的方式，即在修正案本身的内容中直接以条文的形式规定"本修正案自公布之日其施行"，并在同日发布的公布该修正案的国家主席令中重申其生效时间为"自公布之日起施行"。其中《中华人民共和国刑法修正案（二）》虽然内容较少，未分条款，但也一改过去单行刑法当内容较少时对生效问题不作规定的做法，对该修正案的生效时间作了专门规定。究其原因，笔者认为这是受立法法的影响。《中华人民共和国立法法》已于2000年7月1日起施行，而该法对法律的生效问题已经作出了明文规定。立法法第51条规定："法律应当明确规定施行日期。"第52条规定："签署公布法律的主席令载明该法律的制定机关、通过和施行日期。"由此可以看出，立法法生效之后，全国人大及其常委会的立法工作更加规范化。

（四）刑法立法解释的生效形式

自从2000年4月29日九届全国人大常委会第十五次会议通过《关于〈中华人民共和国刑法〉第93条第2款的解释》以后，迄今为止，全国人大常委会已经作出五件有关刑法问题的立法解释。然而，对于这些立法解释的生效时间问题，立法解释本身无一作出明文规定，仅仅在文末指出"现予公告"，因而这些立法解释的生效时间就成为问题。笔者认为，这种情况跟立法法未对法律解释的施行日期作统一要求有关。由于立法法第46条仅规定"法律解释草案表决稿由常务委员会全体组成人员的过半数通过，由常务委员会发布公告予以公布"，而不是像法律那样再由国家主席令进行公布，因而也没有其他方式对立法解释的生效时间问题进行补充。在这种情况下，我们只能对其生效时间进行推定，即推定其公告日期为其生效时间。但这种推定只是一种理论上的推定，没有法律效力。最好的办法还是由立法法对此问题作出明文规定，或者由立法解释本身规定其生效日期。

（五）刑法司法解释的生效形式

长期以来，我国刑法理论对刑法司法解释是否应具有自己的时间效力问题上持否定态度。认为刑法司法解释本身并不是一种独立的刑法规范，而是对已有的刑法规范内涵及外延的理解与阐释，其目的主要是为了统一理解和执行刑事法律，而不是为了创制新的刑法规范，刑法司法解释的对象是刑法条文本身，受到刑法条文、款项的制约，因而刑法司法解释不应该有自己的时间效力。[①] 还有人以立法法有关立法解释的规定中没有规定其具体的生效时间为根据，认为刑法司法解释和立法解释一样都不应该有自己的时间效力，其时间效力应等同于刑法的时间效力。[②]

然而，从我国司法解释的实践来看，虽然刑法司法解释的时间效力与刑法的时间效力具有密切关系，但它自身也有自己的生效、失效和溯及力问题。我国的司法解释经历了一个从不规范到逐步走向规范的过程，在司法解释的时间效力问题上也是如此。从以往的司法解释来看，有的司法解释本身已经对其生效时间做出了明确规定，其生效时间自然不存在问题。但事实上，有些司法解释并未对生效时间作出明确规定，对此，实践中通常根据不同的情况分别确定其生效时间。如果下发刑事司法解释时附有要求"认真遵照执行"的通知，一般就将通知下发日期作为刑事司法解释的生效日期；如果刑事司法解释中既未明确规定施行日，也没有下发通知，一般就将批复或答复的日期作为刑事司法解释的生效日期。

为了促进司法解释的规范化，两高各自出台了有关司法解释的专门规定。1996年12月9日最高人民检察院通过了《最高人民检察院司法解释工作暂行规定》，但该规定没有涉及检察解释的生效时间问题。1997年6月23日最高人民法院发布了《关于司法解释工作的若干规定》。其中第11条规定："司法解释以在《人民法院报》上公开发布的日期为生效时间，但司法解释专有规定的除外。"上述规定对统一司法解释的时间效力起到了积极的作用，但理论和实践中关于司法解释时间效力问题认识仍然存在着一定的混乱和做法。为此，最高人民法院、最高人民检察院于2001年12月16日联合作出《关于适用刑事司法解释时间效力问题的规定》，其中第1条对司法解释的生效问题作了规定："司法解释……自发布或者规定之日起施行，效力适用于法律的施行期间。"据此，司法解释的生效时间可以分为两种情形。一种是司法解释本身

---

① 游伟、鲁义珍：《刑事司法解释效力探讨》，载《法学研究》1994年第6期。
② 汪治平、范三雪：《司法解释的时效性》，载《人民法院报》2001年12月29日。

已经规定了生效日期的,即从规定之日起生效(施行)。另一种是司法解释本身没有明确规定生效时间的,则自该司法解释发布之日起生效(施行)。

考察新刑法典颁布之后的刑法司法解释,最高人民法院所作的绝大多数司法解释都作了明确的"专有规定"。从这些专有规定的内容来看,司法解释的生效形式除极个别①自公布之日起施行以外,通常都采用了定时生效的形式。但就其通过时间与公布时间二者之间的时间间隔来看,却没有任何规律可循:从间隔一两天到一两个星期不等,表现出很大的随意性。而就通过时间与公布时间之间的间隔来看,同样也表现出很大的随意性,其间的间隔短的一两天,长的竟达一月甚至数月。②

就最高人民检察院的司法解释来说,其所作出的司法解释所规定的生效时间和最高人民法院的司法解释存在着大体相同的状况。另外,就两高联合所作的司法解释来看,一般是两高分别在不同的时间通过,而在同一时间公布,自同一时间开始生效。其生效时间与公布时间一般间隔几天。

### 三、两点思考

(一)立法法应对法律生效问题作出一般性规定

考察其他国家(地区)关于法律生效问题的规定,可以看出,有些国家有专门的法律对法律生效问题作出了一般性的规定。如俄罗斯的《关于联邦宪法性法律、联邦法律、联邦会议两院文件公布和生效程序的联邦法律》以及我国台湾地区的《中央法规标准法》都对法律生效时间问题作了一般性规定。这样,除了法律本身明确规定了生效时间的以外,对于法律本身没有明确规定其生效时间的,就可以据以确定该法律的生效时间。

我国也于2000年制定了立法法,对有关立法的具体问题作了专门规定。但是,立法法只是规定法律本身应当明确规定施行日期(第51条),而对于

---

① 如《关于适用刑法时间效力规定若干问题的解释》和《关于处理自首和立功具体应用法律若干问题的解释》。
② 如《关于处理自首和立功具体应用法律若干问题的解释》于1998年4月6日通过,同年5月9日公布,《关于审理毒品案件定罪量刑标准有关问题的解释》于2000年4月20日通过,同年6月6日公布,其间都间隔了一个多月。《关于审理为境外窃取、刺探、收买、非法提供国家秘密、情报案件具体应用法律若干问题的解释》于2000年11月20日通过,次年1月17日予以公布,其间间隔近三个月;而《关于审理伪造货币等案件具体应用法律若干问题的解释》于2000年4月20日通过,直到2000年9月8日才予以公布,其间间隔长达四个半月之多。

法律本身没有明确规定施行日期时，其施行日期如何确定的问题没有做出规定。而实际上，有些法律文件本身确实没有对生效时间问题做出规定，例如全国人大常委会颁布的立法解释即是如此，从而导致对这些法律文件的生效时间存在不同的认识。如果借鉴外国立法的做法，在立法法中对法律文件的生效做出一般性规定，就可以避免引起理论认识和司法实践中不必要的混乱。

（二）刑法文件未经公布不得生效

根据罪刑法定原则，规定犯罪与刑罚的法律不仅要求是成文法，而且必须予以公布，才能付诸实施，否则就会出现不教而诛的局面。我国立法法对法律的公布做出了专门规定。根据立法法第52条的规定，法律由国家主席签署命令予以公布。法律签署公布后，及时在全国人民代表大会常务委员会公报和在全国范围内发行的报纸上刊登。在实践中，全国人大及其常委会制定的法律未经公布即予以实施的情形并不多见，但两高所作的司法解释有些却是未予公布就付诸实施，形成一些内部掌握的司法解释。这种做法是极不规范也极不严肃的，是对罪刑法定原则的严重破坏。

为了促进司法解释工作的规范化和法制化，两高在各自制定的有关司法解释的规定中对司法解释的公布问题做出了专门规定。最高人民检察院在其《司法解释工作暂行规定》第18条规定："最高人民检察院的司法解释以文件形式对下颁发，并及时登载《最高人民检察院公报》或者通过其他新闻媒介对外公布。"最高人民法院在其《关于司法解释工作的若干规定》第8条也规定："司法解释经审判委员会讨论通过后，以最高人民法院公告的形式在《人民法院报》上公开发布，并下发各高级人民法院或地方各级人民法院、专门人民法院。"

有了这些规定，今后两高在制定司法解释时要严格执行，杜绝未经公布即予以适用的情形再次发生。

## 第二节　刑法的失效

### 一、刑法失效的概念与基础

所谓刑法的失效，是指刑法失去其法律效力，具体来说，就是刑法在其所适用的时间、地域、对象和事项四个维度中失去其以国家强制为后盾的约束力。

刑法作为法律之一种有其稳定性的一面，即一旦制定不能朝令夕改，轻易废除。但是刑法的稳定性是一种相对的稳定性，随着社会的发展，当刑法的规定已经与社会状况不相适应的时候，就需要将原有的刑法适时地修改或者废除。这样，新的刑法取代了原有的刑法，原有的刑法就部分或者全部地失去了法律效力。

刑法的失效和刑法的生效一样，不是自动实现的，而是通过国家权力的行使来实现的。只要制定机关没有将刑法废除或修改，即使它已经与社会状况不相适应，它也仍然具有法律效力。

## 二、刑法失效的形式

刑法的失效主要有两种形式，即明示失效和默示失效。

（一）明示失效

所谓明示失效，是指由立法机关明文宣布原有法律效力终止。这种情况，通常是在新法公布后，在新法的有关条文中或者在有关新法施行的法律中明文宣布予以废止，或者宣布与新法相抵触的原有法律即行失效等。例如，1997年修订后的刑法第452条规定，列于附件一的《中华人民共和国惩治军人违反职责罪暂行条例》等15项条例、补充规定和决定，已纳入修订后的刑法或者已不适用，自修订后刑法施行之日起，予以废止；列于附件二的《关于禁毒的决定》等8项补充规定和决定予以保留，其中，有关行政处罚和行政措施的规定继续有效。有关刑事责任的规定已纳入修订后的刑法，自该刑法施行之日起，适用该刑法规定。

（二）默示失效

所谓默示失效，是指立法机关虽然没有明文宣布原有刑法失效，但是原有刑法在实际上失去其法律效力。具体来说包括两种情况。其一是由于新法代替了同类内容的原有法律，根据新法优于旧法、后法优于前法的原则，以新法、后法为准，这就使原有的刑法自行失去了效力。例如，我国1979年刑法公布后，对我国建国后所颁布施行的一些单行刑事法规如何对待的问题，刑法本身没有作出明确规定。但是，全国人大常委会于1979年11月29日曾通过一项决议，规定建国以来制定的、批准的法律、法令，"除了同第五届全国人民代表大会制定的宪法、法律和第五届全国人民代表大会常务委员会制定、批准的法令相抵触的以外，继续有效。"据此，1979年刑法施行前制定、批准的刑事法律、法令，由于其内容有的已被1979年刑法所涵括，有的与刑法的规定相抵触，因此应该认定为均已失去了效力。同样的道理，1997年刑法典公布之后，虽然没有明文宣布1979年刑法典予以废止，但由于1997年刑法典是对1979年刑法典的全面修订，因而新刑法典生效之后，旧刑法典也自然失效。其二是由于原有的某种立法条件已经消失，使原有刑事法律实际上已无法适用而失去效力。

### 三、关于我国刑法失效的两个具体问题

（一）附属刑法的失效问题

新刑法典第452条对原有的23个单行刑法是否失效的问题做出了专门规定，但是对于原有的附属刑法的内容是否失效的问题未予涉及。那么，新刑法典生效后，原有的附属刑法的内容是否失效呢？对此，理论上有两种不同的观点。一种意见认为，依照新法优于旧法的原则，新刑法施行后，旧刑法规范（含附属刑法）自行失去法律效力，今后不得再适用；另一种意见则认为，既然现有法律未明确规定原附属刑法不再适用，而新刑法第101条也规定："本法总则适用于其他有刑罚规定的法律"，其中的"其他有刑罚规定的法律"中就包括原附属刑法，因此原附属刑法仍然有效，可以适用。①

笔者认为，虽然新刑法典没有对此问题设专条做出规定，但原有的附属刑法应当和原有的单行刑法一样失去其法律效力，这里有两方面的原因。从形式上看，原有的附属刑法是依附于1979年的旧刑法典的，即"依照"或者"比照"旧刑法典的有关条文定罪判刑，而1979年刑法典已经失效，其所赖以依附的法典既已失效，这些附属刑法也就无所依附了。从内容上看，这些附属刑法的内容也和那些原有的单行刑法一样，或者已经被纳入到新刑法典之中，或者已不适用了，因而也失去了法律效力。新刑法典之所以没有将其专门废除，是因为附属刑法具有不同于单行刑法的特点：附属刑法所赖以存身的经济、行政等非刑事法律并没有从整体上失效。至于刑法典第101条关于"本法总则适用于其它有刑罚规定的法律"的规定，笔者认为它仅适用于新刑法典施行之后的"其他有刑罚规定的法律"，而不是适用于原有的"其他有刑罚规定的法律"，否则"其他有刑罚规定的法律"岂不是将原有的单行刑法也包括进去了？

---

① 参见汪本立、谢彤：《新刑法施行后原附属刑法的效力与适用问题》，载《山东法学》1997年第5期。

当然上述分析是针对绝大部分附属刑法的内容即分则性内容而言的，对于附属刑法中的个别总则性内容，如关于剥夺军衔附加刑的规定是否失效的问题，应当作为特别情形来看待。对此，本文第七章的相关内容已有涉及，在此不赘。

(二) 司法解释的失效问题

关于司法解释的失效问题，两高在各自关于规范司法解释工作的相关法律文件中作了具体规定。

1996年12月9日最高人民检察院《司法解释工作暂行规定》第19条规定："司法解释因相关法律的制定、修改、废除或者制定了新的司法解释而自动失效。制定新的司法解释时，原司法解释不再适用或者部分不再适用的，应当明令废止。最高人民检察院法律政策研究室应当对司法解释文件定期进行清理。对需要进行修改、补充或者废止的，参照制定程序办理。最高人民检察院与有关部门联合发布的司法解释需要修改、补充或者废止的，应当与有关部门协商。"

1997年6月23日最高人民法院《关于司法解释工作的若干规定》第12条规定："司法解释在颁布了新的法律，或在原法律修改、废止，或者制定了新的司法解释后，不再具有法律效力。"

根据上述规定，司法解释的失效有两种情形。一是司法解释所解释的相关法律被修改、废除或者制定了新的法律时失效。因为这时其所解释的对象已经发生变更或者不存在了，故司法解释也当然失效。二是对于同一问题已经制定发布了新的司法解释，原有的司法解释当然失效，这和新法优于旧法是基于同样的道理。

在实践中，两高对其所作的司法解释的失效问题有的按照上述规定对失效的司法解释予以明令废止，例如在新发布的司法解释中指出此前发布的有关司法解释同时予以废止，但并非全部都这样做了。因此就需要在经过一定时间之后集中清理。最高人民法院曾于1994年至2002年间先后公布了六批予以废止的司法解释目录。

## 第三节 刑法的溯及力

### 一、刑法溯及力的概念与原则

刑法的溯及力，又称刑法的溯及既往的效力，是指一个新的刑事法律实施以后，能否适用于其生效以前发生的未经审判或者判决未确定的行为。如果能够适用，新的刑事法律就有溯及力；否则，就没有溯及力。

刑法效力不溯及既往是罪刑法定原则的重要内容之一。按照罪刑法定原则，确定某一行为是否构成犯罪以及应判处何种刑罚，原则上应根据行为当时的法律来确定。行为当时的法律不认为是犯罪的，即使行为实施后的法律认为是犯罪行为，也不能根据行为实施后的法律定罪处罚。这就是罪刑法定原则的派生原则——禁止事后法。将这一精神进一步延伸，行为当时的法律已经将该行为规定为犯罪，但行为后的法律经过修改而加重其刑罚的，也不能适用事后法加重行为人的刑罚。之所以如此，是因为人们只能根据行为当时的法律来选择自己要实施的行为，不能预见行为之后立法机关会制定什么样的新法律。新法不溯及既往，有利于保障公民的权利和自由。另一方面，因为罪刑法定原则的宗旨是保障公民的权利和自由，因而各国在坚持不溯及既往原则时又存在一个例外，即当事后法的规定有利于行为人时，事后法可以有溯及力。换句话说，当行为时的法律认为是犯罪而事后法不认为是犯罪，或者事后法虽然认为是犯罪，但其规定的处罚比行为时法为轻时，从有利于行为人的角度出发，事后法可以有溯及力。

综观世界各国刑事立法关于刑法溯及力的规定，主要有以下几种原则：

1. 从旧原则。即新法律一律不溯及既往，不论新旧法律刑罚之轻重如何，一概适用行为时的法律。

2. 从新原则。即新法律具有溯及既往的效力，凡过去未经审判或判决未确定的行为，不论新旧法的轻重如何，一律按新法律处理。

3. 从新兼从轻原则。原则上适用判决时的新法律，但旧法律处罚较轻时适用旧法律。

4. 从旧兼从轻原则。原则上适用行为时的旧法律，但新法律处罚较轻时适用新法律。

在上述四种关于溯及力的原则中，从旧兼从轻原则既符合罪刑法定原则的要求，又有利于保障被告人的权利和自由，因而为世界上大多数国家所采用。

## 二、我国刑法有关溯及力问题规定的发展与变化

就我国的刑法立法来看，有关溯及力问题的规定经历了一个发展、变化的过程。

建国初期公布施行的一些有代表性的单行刑事法律，采取的是从新原则，有溯及力。例如，1951年公布施行的《惩治反革命条例》第18条规定："本条例施行以前的反革命罪犯，亦适用本条例之规定。"1952年公布施行的《惩治贪污条例》，虽然在条文中没有关于溯及力的专门规定，但彭真同志对这个条例草案所作的说明中明确提出："这个条例，对于过去犯本条例之罪的，是要加以追究的。追究的时限，应自中华人民共和国成立之日，即1949年10月1日算起。但对其中贪污或盗窃情节严重恶劣或民愤甚大者，可追查到各地大城市和省城解放之日。在中华人民共和国成立以后解放的地方，应自解放之日算起。"以上是建国初期我国刑事立法中关于溯及力问题的规定。

文革期间，由于我国的法制遭到彻底破坏，定罪量刑根本不以法律为依据，因而所谓刑法的溯及力问题也就无从谈起。

1979年7月《中华人民共和国刑法》公布后，关于溯及力问题，按照该法第9条的规定，采取的是从旧兼从轻的原则。即对于中华人民共和国成立后至刑法施行前未经审判或判决未确定的行为，应当按照以下不同的情况分别处理：

1. 行为时的法律、法令、政策不认为犯罪的，不论刑法如何规定，都不能根据刑法追究行为人的刑事责任，即刑法没有溯及力。例如，1979年刑法第144条规定的非法侵入他人住宅罪，第149条规定的侵犯公民通信自由罪，过去的法律、法令、政策并不认为是犯罪，因此，对刑法生效以前的这些行为，就不能作为犯罪处理。

2. 行为时的法律、法令、政策认为是犯罪，而刑法不认为是犯罪的，只要该行为未经审判或者判决尚未确定，即不认为犯罪，也即刑法有溯及力。如原有法律中规定，通奸妨害家庭的行为属于犯罪，而刑法对妨害婚姻家庭犯罪的构成另有要求。据此，就不认为是犯罪。

3. 行为时的法律、法令、政策和刑法都认为是犯罪，并且按照刑法总则关于时效的规定应当追诉的，按行为时的法律、法令、政策追究刑事责任，也即刑法没有溯及力。但是，如果刑法的处罚比行为时的法律、法令、政策轻，

则应适用刑法，也即刑法有溯及力。例如，对林彪、江青反革命集团10名主犯在十年动乱期间所犯罪行的认定，按照他们行为时施行的《惩治反革命条例》和审判时施行的刑法典都认为是犯罪，但是，刑法典规定的关于反革命罪的法定刑比《惩治反革命条例》所规定的法定刑要轻，因此，最高人民法院特别法庭在具体适用法律时是按照刑法典对他们追究刑事责任。

1979年刑法实施以后，为了适应不断发展变化的国内形势的需要，我国立法机关先后颁布了一些单行刑事法律。有些单行刑事法律在溯及力问题上较之1979年刑法第9条所采取的原则发生了一些变化，有一些新的规定形式。有的采取有条件的从新原则。例如，1982年3月8日全国人大常委会通过的《关于严惩严重破坏经济的罪犯的决定》第2条规定："本决定自1982年4月1日起施行。凡在本决定施行之日以前犯罪，而在1982年5月1日以前投案自首，或者已被逮捕而如实地坦白承认全部罪行，并如实地检举其他犯罪人员的犯罪事实的，一律按本决定施行以前的有关法律规定处理。凡在1982年5月1日以前对所犯的罪行继续隐瞒拒不投案自首，或者拒不坦白承认本人的全部罪行，亦不检举其他犯罪人员的犯罪事实的，作为继续犯罪，一律按本决定处理。"从这一规定可以看出，以犯罪分子是否在限期内投案自首或坦白检举，作为解决该决定有无溯及力问题的根据，作出适用从新原则的条件。有的采取完全的从新原则，例如，1983年9月2日全国人大常委会通过的《关于严惩严重危害社会治安的犯罪分子的决定》就是如此。该决定的第3条规定："本决定公布后审判上述犯罪案件，适用本决定。"最高人民法院1983年9月20日《关于人民法院审判严重刑事犯罪案件中具体应用法律的若干问题的答复》第5条中，进一步明确了对决定中所规定的一些犯罪的法律适用问题。该答复明确指出：在这个决定公布后，对于决定所列的犯罪案件，人民法院进行第一审、第二审时，都适用这个决定；对于判决已经发生法律效力的案件，如果发现犯罪分子有漏罪需要审判时，也适用这个决定，并依照刑法第65条关于数罪并罚的规定，作出判决。但在这个决定公布前，已经发生法律效力的判决，如果发现确有错误，现在需要依照审判监督程序进行改判的，不适用这个决定，仍应适用刑法以及在这个决定之前通过的对刑法的补充和修改的规定。可见，该决定在溯及力问题上不同于1979年刑法第9条的规定，采用的是从新原则。

及至1997年修订刑法，根据罪刑法定原则的要求，再次统一规定刑法溯及力采用从旧兼从轻原则。1997年刑法第12条规定："中华人民共和国成立以后本法施行以前的行为，如果当时的法律不认为是犯罪的，适用当时的法律；如果当时的法律认为是犯罪的，依照本法总则第四章第八节的规定应当追诉的，按照当时的法律追究刑事责任，但是如果本法不认为是犯罪或者处刑较轻的，适用本法。"

### 三、刑法溯及力适用中的具体问题

新刑法典第 12 条虽然明文规定了从旧兼从轻的溯及力原则，但由于法律规定本身的概括性，在司法实践中适用该原则处理案件时还需要注意一些具体问题，下面分别予以说明。

（一）"本法"的含义

无论是 1979 年刑法典还是 1997 年刑法典，在关于刑法溯及力问题的法条表述中都使用了"本法"一词，这是力求制定完备无缺的刑法典，或者说是认为除刑法典外，不应该存在其他刑事立法这样一种立法导向的体现。然而，我国刑事立法的现状是，除了刑法典之外，还有其他刑事的刑法渊源的存在，如单行刑法、附属刑法、刑法修正案等。所以，我们不能将刑法第 12 条中的"本法"理解为仅指 1997 年修订的刑法，因为如果这样理解，则该条规定就不能解决今后可能出现的单行刑事法律（特别刑法）和其他法律中刑法规范（附属刑法）与现行刑法在效力问题上的冲突，并且也不能从理论上将该条概括为"从旧兼从轻原则"。但我们也不能走向另一个极端，将其理解为广义的"中华人民共和国刑法"。如果这样理解，就不可能解决不同时期刑法规范的时间效力问题，因为中华人民共和国成立以后的刑事法律都是"中华人民共和国刑法"。所以，有学者认为，应当将该条中的"本法"理解为"审判时的法律"，这样才能解决因上述两种理解而出现的问题。①

笔者认为，上述见解基本上是正确的，但还不够彻底，应当进一步将"本法"理解为"新法"。这是因为，在行为时与审判时之间，有可能出现两次以上的法律变更。如果将"本法"理解为"审判时的法律"，就排除了中间法适用的可能，而若将"本法"理解为"新法"，则可以避免这一弊端。当然也正是因为对"本法"的不同理解，才导致了是否应该考虑适用中间法的问题，对此，下面还要作专门探讨。

从比较的角度而言，考察大陆法系各主要国的刑法典可以发现，在有关刑

---

① 参见陈忠林：《关于刑法时间效力的几个问题》，载高铭暄主编：《刑法学研究精品文集》，法律出版社 2000 年版，第 144 页。

法溯及力问题的表述中,各国均不使用类似我国刑法典这样的"本法"的表述方式。如法国刑法典第 112~1 条及第 112~4 条称为"新法",① 日本刑法典第 6 条称为"犯罪后的法律",② 意大利刑法典称为"后来的法律",③ 德国刑法典第 2 条使用"处刑最轻之法律",④ 等等。虽然由于语言的不同以及翻译过程中存在的词语选择问题,但从实质上来看都没有我国刑法典所存在的上述问题,他们的立法经验值得我们借鉴。

(二) 犯罪时间的确定

刑法溯及力问题的实质是确定适用犯罪时的法律还是适用裁判时的法律。因此,犯罪时间的确定就成为解决溯及力问题的一个先决条件。对此有的国家的刑法做出了明确规定。如德国刑法第 8 条规定:"正犯或共犯行为之时,为其犯罪时,在不作为犯,以犯罪人应有作为之时为其犯罪时。结果于何时发生,非决定犯罪时之标准。"奥地利刑法第 67 条规定:"犯罪行为时以其行为之时,或应为行为之时为准。不以结果发生之时为准。"俄罗斯联邦刑法典第 9 条规定:"1. 行为是否构成犯罪和是否应受刑罚,由实施该行为时施行的刑事法律决定。2. 实施犯罪的时间是实施危害社会行为(不作为)的时间,而与发生后果的时间无关。"

但也有不少国家的刑法未对此做出明确规定,那么,刑法理论就必须对犯罪时间的确定问题做出回答。从各国的刑法理论来看,一般都认为行为时为犯罪时,而不以结果发生之时为犯罪时。例如,在意大利,由于对如何确定犯罪时间的问题没有专门的法律规定,刑法学理论曾提出了三种不同的学说。"行为说"主张应以作为或不作为的实施时间为犯罪时间;"结果说"认为应以犯罪结果的发生时间为犯罪时间;而"混合标准说"则强调不论犯罪行为的实施时间或是犯罪结果的发生时间,都是犯罪时间。而目前占统治地位的观点认为,"由于在不同的刑法制度中(如时效、刑事责任能力、犯罪的主客观要件),犯罪时间具有不同的意义",在确定犯罪时间时,必须考虑具体刑法制度的需要,因此,不应该有一个适用于所有情况的统一标准。就刑法的时间效力而言,确定犯罪时间的目的,是为了确定哪些是犯罪时生效的法律,并在此基础上,考虑应该适用从旧或是从轻原则。如果采取"结果说"不仅无法说明行为犯的犯罪时间,还会导致将行为时不构成犯罪的行为,按结果发生时的

---

① 罗结珍译:《法国刑法典》,中国人民公安大学出版社 1995 年版,第 3 页及第 4 页。
② 张明楷译:《日本刑法典》,法律出版社 1998 年版,第 8 页。
③ 黄风译:《意大利刑法典》,中国政法大学出版社 1998 年版,第 5 页。
④ 徐久生、庄敬华译:《德国刑法典》,中国法制出版社 2000 年版,第 40 页。

法律定罪处罚的结果。而如果采用"混合说",则可能出现应同时适用行为时和结果发生时不同法律规定的情况。考虑刑法中有关时间效力的规定的主要作用在于保护公民的自由,"其中也隐含有行为人自愿选择了行为结果的意思",意大利刑法学界占绝对统治地位的观点认为,"犯罪时间是实施典型行为的时间,而不是犯罪结果发生的时间,因为犯罪结果的发生取决于一系列并不总是行为人可控制的原因"。① 在俄罗斯,虽然1996年的《俄罗斯联邦刑法典》对犯罪时间的确定做出了专门规定,但在此之前,刑法理论对于什么应该算作实施犯罪的时间存在不同的认识。②

综观各国关于犯罪时间确定的刑法理论,一般都认为应以犯罪行为实施时为犯罪的时间。不以犯罪结果发生之时为犯罪时,是各国都接受的一个原则。当然,由于犯罪形态本身具有复杂性,由此也决定了犯罪时间的确定具有复杂性的特征。如对于不作为犯、共犯、预备犯、连续犯、持续犯等不同的犯罪形态都需要根据各自的特点确定其相应的犯罪时间。

我国刑法未对犯罪时间的确定做出详细的规定,仅在刑法第89条关于追诉期限的计算中,间接涉及到连续犯和继续犯的犯罪时间问题,即以犯罪行为终了之日为计算标准。相关的司法解释,如最高人民检察院所作的《关于对跨越修订刑法施行日期的继续犯罪、连续犯罪以及其他同种数罪应如何具体适用刑法问题的批复》,实际上也是将连续犯、继续犯的犯罪时间确定为犯罪行为实施终了的时间。对于其他形态的犯罪时间确定问题没有涉及。在我国刑法理论界,对此问题也鲜有研究。笔者认为,在刑法溯及力问题上,我国也应采用各国通行的做法,以犯罪行为实施的时间作为犯罪的时间,而不能以犯罪结果发生的时间作为犯罪的时间。这是因为,行为是一切犯罪的必备构成要件而结果则不是,如果以结果作为确定犯罪时间的标准,对于那些不以结果作为构成要件的犯罪,犯罪时间的确定就会出现困难。当然,对于不同形态的犯罪,其犯罪时间的确定也需要根据其具体情况分别确定。如不作为犯罪应以行为人应当履行作为义务之时为犯罪的时间,预备犯应以实施预备行为的时间作为犯罪的时间,等等。

(三)处刑较轻的判断

从旧兼从轻原则涉及到"从轻"问题,但由于刑法对"处刑较轻"的含

---

① 参见陈忠林著:《意大利刑法纲要》,中国人民大学出版社1999年版,第44~45页。
② 参见黄道秀译:《俄罗斯刑法教程(总论)上卷·犯罪论》,中国法制出版社2002年版,第105页。

义未作明确规定，因而在理论和实践中有不同的理解。主要有宣告刑说和法定刑说两类。前者认为，比较刑罚的轻重，应以行为时法与裁判时法对某一具体犯罪行为所作的具体宣告刑的轻重作为比较的标准，也即用行为时法与裁判时法分别对某一具体犯罪行为先进行量刑，然后看哪一个宣告刑轻，取其轻者加以适用。后者则认为，比较刑罚的轻重，应将行为时法与裁判时法对某一具体犯罪行为所规定的具体法定刑进行比较，然后择轻而从。而在法定刑说内部，具体需要比较的内容也有所不同。有的认为，行为时法与裁判时法之间的法律规定，不属于比较对象，不必予以考虑。有的认为，比较刑罚的轻重，除比较行为应当适用的具体法定刑之外，还应就行为时法与裁判时法所规定的影响该行为定罪量刑的其他因素（诸如相应的司法解释等）进行全面比较，以实际处刑有利于被告人作为新旧法律的取舍原则，如果新旧刑法所规定的法定刑完全相同，应适用行为时的法律。①

上述争议的焦点实际上集中在以下几个方面的问题上：

1. 是比较法定刑还是比较宣告刑？

对此，有两种完全对立的观点。比较而言，应以新旧法对某种犯罪所规定的法定刑作为比较的标准，因为法定刑直观、明确，具有可比性，而且法定刑的轻重反映了立法者对某一行为所作的评价，是立法原意的直接体现。而如果将根据新旧法对某种犯罪所作的宣告刑作为比较处刑轻重的标准，则法院在选择法律之前就必须分别根据新法和旧法作两次量刑，再比较两次量刑的结果，才能最终决定应适用新法还是旧法。这样不仅徒增法院的工作量，而且也违反了量刑的一般原则，因为在没有选择好法律的情况下就进行量刑本身就存在问题。另外，以宣告刑作为处刑较轻的判断标准也无法决定起诉阶段的法律适用。

1997年12月23日最高人民法院在《关于适用刑法第12条几个问题的解释》中对刑法第12条规定的"处刑较轻"的含义作了明确规定。根据该司法解释第一条和第二条的规定，所谓处刑较轻，是指刑法对某种犯罪规定的刑罚即法定刑比修订前刑法轻。法定刑较轻是指法定最高刑较轻；如果法定最高刑相同，则指法定最低刑较轻。如果刑法规定的某一犯罪只有一个法定刑幅度，法定最高刑或者最低刑是指该法定刑幅度的最高刑或者最低刑，如果刑法规定的某一犯罪有两个以上的法定刑幅度，法定最高刑或者最低刑是指具体犯罪行为应当适用的法定刑幅度的最高刑或者最低刑。

---

① 参见苏惠渔主编：《犯罪与刑罚理论专题研究》，法律出版社2000年版，第76~77页。

上述司法解释实际上确定了新旧法"处刑轻重"的比较标准是法定刑而不是宣告刑，并在此基础上指出了比较法定刑轻重的具体方法。当然，该司法解释的规定的具体比较方法还相对比较简单，不能完全包括各种复杂情形。

2. 除了比较法定刑的轻重，是否还要考虑其他影响刑罚轻重的因素？

对于这个问题，如果我们仅从上述司法解释前两条的规定来看，似乎只需比较新旧刑法法定刑的轻重就可以了。但是该司法解释第三条规定："1997年10月1日以后审理1997年9月30日以前发生的刑事案件，如果刑法规定的定罪处刑标准、法定刑与修订前刑法相同的，应当适用修订前的刑法。"显然，这里在决定适用新法还是旧法的时候，除了考虑法定刑轻重这一因素外，又考虑了定罪量刑的标准这一因素。据此，即使新旧刑法规定的法定刑完全相同，但若定罪处刑标准不同，仍须比较适用"处刑较轻"的刑法。例如，行为人于1996年贪污8000元，1998年案发受审。新刑法及此前的全国人大常委会《关于惩治贪污罪贿赂罪的补充规定》对该行为的量刑幅度完全一致，都是"处一年以上七年以下有期徒刑"。但是，二者对该同样的法定刑规定的适用条件并不相同：新刑法是"个人贪污数额在五千元以上不满五万元"，而《补充规定》则要求"个人贪污数额在2000元以上不满1万元"。显然，新刑法规定的适用条件较宽，按照新刑法对上述犯罪人定罪量刑很可能轻于适用《补充规定》。因此，新刑法应为"处刑较轻"的刑法而被适用。

问题是，除了上述定罪量刑的标准之外，影响处刑轻重的其他因素还有多种，诸如责任能力的有无与大小，是否构成累犯，追诉时效的长短，是否是告诉才处理的犯罪，等等，这些因素的不同都可能影响到对行为人的处刑轻重。那么，这些因素是否也应当纳入比较的范围？对此上述司法解释没有做出回答。但是，另一司法解释即1997年9月25日最高人民法院《关于适用刑法时间效力规定若干问题的解释》实际上已对这个问题作了回答，因为该司法解释对于人民法院1997年10月1日以后审理刑事案件在判断具体适用修订前的刑法或者修订后的刑法时应当考虑的有关追诉时效、酌定减轻处罚、累犯、自首、立功以及缓刑、假释等问题作了具体规定。也就是说，上述各种因素在比较新旧刑法的处刑轻重时也应当作为比较的标准纳入考虑的范围之内。

实际上，其他国家（地区）刑法有关此问题的规定以及理论和实践中的理解也是包含法定刑以外的其他影响处罚轻重的因素的。例如，意大利刑法第2条第3款规定："如果犯罪时的法律与以后的法律不同，适用最有利于犯罪人的法律，但已经发生法律效力的判决除外"。理论上认为，关于附加刑的增减、自诉或公诉罪的变化、是否可适用保安处分、加重减轻情节的有无、排除犯罪的原因、消除犯罪与刑罚的规定等,都是在认定"最有利于犯罪人的法律"时必须考虑的因素。只有对新旧法律适用于具体案件后犯罪人应承担的具体后果进行综合比较,才能得出正确的结论。① 俄罗斯联邦刑法典第10条关于刑事法律的溯及力的内容规定:"规定行为不构成犯罪,减轻刑罚或以其他方式改善犯罪人状况的刑事法律,有溯及既往的效力,即适用于在该法律生效之前实施犯罪的人,其中包括正在服刑的人或已经服刑完毕但有前科的人。规定行为构成犯罪,加重刑罚或以其他方式恶化犯罪人状况的刑事法律,没有溯及既往的效力。"显然,除了减轻或者加重刑罚以外,是否以其他方式改善或者恶化了犯罪人的状况也是判断适用新法还是旧法时应当考虑的因素。在我国台湾地区,现行刑法虽然在溯及力问题上采取了从新兼从轻原则,但在新旧刑法哪一个是最有利于行为人之法律的判断上,理论上一般都认为,"所谓有利与否,其足资比较之范围,甚为广泛,刑罚之重轻,固无论矣。此外即如违法阻却原因之有无,责任能力之存否,责任条件之范围如何,累犯之条件及加重之程度如何,时效完成与否,告诉乃论与否等等,凡足为有利与否之比较者,均为应注意之点。"② 而台湾"最高法院"民刑庭会议也曾于1935年7月做出过相关的决议,指出关于比较最有利于行为人的法律的方法:先审查应否谕知无罪,次审查应否谕知免诉或不受理,再次则审查有无法定必应免刑之情形。如无前开情形,则比较新旧法之罪刑孰为最有利于被告者,其比较之标准如下:比较时应就罪刑有关之共犯、未遂犯、连续犯、牵连犯、结合犯以及累犯加重,自首减轻,暨其他法定加减原因与加减例等一切情形,综其全部罪刑之结果而为比较。酌量减轻则毋庸比较。③

(四)是对新法或旧法的整体适用还是对新法旧法的选择适用?

正是因为在比较新旧刑法处罚轻重时需要考虑的因素很多,而从轻原则又要求适用较轻的法律,即对行为人最为有利的法律,所以就出现了这样一个问题,即,是根据总体衡量的结果适用新法或者旧法的整体,还是分别适用新旧刑法之中对行为人最为有利的相关条文?

对于这个问题,从国外来看,虽然有个别相反的意见,但多数意见还是认为应当是前者而不是后者。例如,在意大利,刑法理论的通说认为,适用最有利于犯罪人的法律,是指要么适用新法,要么适用旧法,只能在这二者之间选

---

① 陈忠林著:《意大利刑法纲要》,中国人民大学出版社1999年版,第40页。
② 韩忠谟著:《刑法原理》,中国政法大学出版社2002年版,第354~356页。
③ 参见韩忠谟著:《刑法原理》,中国政法大学出版社2002年版,第356页之注释。

择其一。不能将新法和旧法的规定加以分解，然后将其中有利于犯罪人的因素组合拼凑为一个既不同于新法，也不同于旧法的综合性规范。否则，就不是法官在选择最有利于犯罪人的法律，而成了由法官来制定适用的法律规范了。① 德国刑法理论认为，在轻法的寻找过程中，法官必须将他手头的案件对照多个法律规定中的第一个法律来斟酌，然后再考虑第二个、第三个或其他所有法律规定来认定犯罪人的犯罪事实，并科处刑罚，不同法律规定中的任何联系（实际指并合适用）是绝对禁止的。②

在我国台湾地区，理论和实务上也持相同的见解。如上述台湾"最高法院"民刑庭会议于1935年7月做出的决议就曾指出：应就罪刑有关之一切情形比较其全部之结果，而为整个之适用，不能割裂而分别适用有利之条文。③ 如旧法为有利，则全部适用旧法，如新法有利，则全部适用新法，保持法律之整个体系，不可新旧法掺杂适用，紊乱系统。"若就新旧法各择其有利部分，支离割裂而适用之，则非法理之所许，盖条文明定适用有利之法律，而非适用旧法中之特定有利部分。"④

然而在我国大陆，由于1997年9月25日最高人民法院《关于适用刑法时间效力规定若干问题的解释》在追诉时效、酌定减轻处罚、累犯、自首、立功以及缓刑、假释等总则性问题上根据"从轻"原则作了许多选择规定，从而也导致了司法实践中这样一种现象：对于同一案件的判决中，基本的定罪量刑适用某一刑法的分则规定，但是在某些总则性问题上却适用另一刑法的规定，或者在总则性规定适用中，有的援引旧法的规范（如减轻处罚），而另一些援引新法的规定（如立功），引起了适用法律上的混乱。对此刑法理论界已经有学者注意到了这一问题，并提出反对意见，认为这种情况既不是适用"当时的法律"，也不是适用"本法"，而是适用一种由法官自行选择组合的"混合法"，一种由法官自行创立的"法"。⑤ 也有学者进而对上述司法解释提出质疑，认为按照整体性原则，上述司法解释存在一定矛盾，在能够认定整体上属于处刑较轻的刑法而加以适用的前提下，相应地关于量刑过程中需要考察

---

① 陈忠林著：《意大利刑法纲要》，中国人民大学出版社1999年版，第39页。
② 参见[德]弗兰茨·冯·李斯特著、埃贝哈德·施密特修订、徐久生译：《德国刑法教科书》，法律出版社2000年版，第135页。
③ 参见韩忠谟著：《刑法原理》，中国政法大学出版社2002年版，第356页之注释。
④ 韩忠谟著：《刑法原理》，中国政法大学出版社2002年版，第357页。
⑤ 陈忠林：《关于刑法时间效力的几个问题》，载高铭暄主编：《刑法学研究精品文集》，法律出版社2000年版，第148页。

的诸如立功、自首等因素都应当并且已经在前一阶段即整体考察何一刑法为轻的过程中得到考虑，因此在有关自首、立功等具体规范之间完全没有必要作出如何从轻的解释。①

笔者认为，上述理论界关于此问题的认识是正确的，最高人民法院《关于适用刑法时间效力规定若干问题的解释》实际上违反了刑法的规定。该司法解释的积极意义在于揭示出了比较新旧刑法的轻重时不仅要考虑法定刑的轻重，还要考虑刑法总则规定的各种可能影响处刑轻重的因素。但是，该司法解释的积极意义仅在于此。若从其具体内容上来看，其对司法实践实际上起到了误导作用。

（五）除了犯罪时法和裁判时法，是否要考虑中间法？

对于这个问题，各国的立法和理论上存在着不同的观点，但肯定说是主流。

例如，在德国，刑法典第2条第3项规定："行为终了时有效之法律在审判前变更的，适用处刑最轻之法律。"对于这一规定，虽然存在着不同的观点，但权威的刑法理论认为，在选择适用处刑最轻的法律时，应当考虑中间时段法。不考虑较轻的中间时段法或中间时段的不处罚性，将会违反必须适用对行为人有利的最轻之法律的要求。②

在俄罗斯，刑法理论对此问题也存在争议。有人主张适用"中间"法律，有人则表示反对。肯定者认为，如果在实施行为与作出判决之间刑事法律不止一次被修订，应该适用对犯罪人最有利的法律，其中包括"中间"法律，如果"中间"法律比实施犯罪时和追究犯罪人刑事责任或作出判决时适用的法律更宽缓（或者完全排除刑事责任）的话。否则，对犯罪人的刑罚就不仅如同公正原则所要求的那样取决于犯罪的性质和社会危害性的程度、实施犯罪的情节和犯罪人的个人身份，而且还有赖于犯罪人何时被追究刑事责任或何时作出判决。③

在意大利，对于"最有利于被告的法律"的理解，刑法理论界对此问题的理解基本一致，认为"最有利于被告的法律"是指在行为时与终审判决宣告前整个期间中有效，或者曾经有效的法律中最有利于犯罪人的法律，而不仅

---

① 参见林维、王明达：《论从旧兼从轻原则的适用》，载《法商研究》2001年第1期。
② 参见［德］弗兰兹·冯·李斯特著，徐久生译：《德国刑法教科书》，法律出版社2000年版，第174页。
③ 参见［俄］Н·Ф·库兹涅佐娃、И·M·佳日科娃主编，黄道秀译：《俄罗斯刑法教程》（上卷），中国法制出版社2002年版，第111~112页。

是在行为时的法律与审判时的法律之间进行比较的结果。因为，何时进行审判取决于许多偶然的因素。①

在我国刑法理论界，对此问题也存在着两种相反的认识。肯定说认为，只有将"处刑较轻"的法律理解为自行为至审判时曾经生效的所有的法律中"处刑最轻"的法律，才能较好地贯彻"从旧兼从轻"原则，真正避免因法律变更而对犯罪人产生不利影响的情况。② 否定者则认为，考虑行为时法和裁判时法的比较，主要是从行为人的行为实施时所适用的法律与对行为人的行为处理时所适用的法律之间有可能不同的角度出发的，而在行为时法和裁判时法之间出现的法律，显然与行为的实施或对行为处理均无直接的关系，因而将其也列入比较范围，缺乏理论依据和实际的必要。③

笔者同意肯定说的意见，并认为否定说的理由不能成立。行为时法和裁判时法之间的法律虽然与行为的实施没有直接联系，但却与对行为的处理具有密切的联系，忽视中间法的适用与刑法所确定的从旧兼从轻原则是相悖的。

（六）从旧兼从轻原则能否适用于判决已经生效的案件？

1997年修订后的新刑法虽然仍旧坚持了1979年刑法规定的从旧兼从轻原则，但与1979年刑法的规定相比增加了一款内容，即第12条第2款的规定："本法施行以前，依照当时的法律已经作出的生效判决，继续有效。"可见，按照这一规定，从旧兼从轻原则并不适用于已经生效的案件。显然，新刑法的这一规定是为了尊重既判力的神圣权威，从而使规则运行乃至社会关系在一定期间内维持其稳定，不能因为法律的变更而对所有生效案件进行重新审判。即不能仅仅以法律变动可能使同一行为不认为是犯罪或者处刑较轻为由，而对已经生效的判决产生疑问，并进而要求启动审判监督程序，对生效判决进行审查。

然而，国外刑法的有关规定显示，随着人道原则在刑法中的进一步渗入，轻法能够溯及既判案件的做法正在为越来越多的国家所接受。例如，在意大利，刑法典第2条第2款规定："任何人不得因行为后的法律规定不为犯罪的行为而受处罚；已被判刑的，停止执行并消除有关后果。"根据这一规定，对旧法规定为犯罪，而新法规定不为犯罪的行为，如果尚未审判或在审判中，应撤销案件；如判决已经生效，尚未执行的，应撤销判决，停止执行；而对判决

---

① 陈忠林著：《意大利刑法纲要》，中国人民大学出版社1999年版，第40页。
② 陈忠林：《关于刑法时间效力的几个问题》，载高铭暄主编：《刑法学研究精品文集》，法律出版社2000年版，第148页。
③ 参见苏惠渔主编：《犯罪与刑罚理论专题研究》，法律出版社2000年版，第78页。

已经生效,正在服刑的被判刑人,则应"停止执行并消除有关后果"(意大利最高法院的一个判决认为,因被废除的犯罪而实际服刑的刑期可以折抵服刑前因其他罪而被判处的刑期)。意大利刑法理论认为,让一个人为其他人可以自由实施的行为而(继续)受刑,显然不符合意大利宪法第3条规定的实质平等原则。对此,意大利刑法理论认为,在其他人都可以不受处罚地实施某种行为时,一个人还在为该行为而受刑并承担法律后果,显然是不公平的。[①]

在法国,1994年刑法典第112~4条第1款规定:"新法的即行适用不影响依旧法完成之法律行为的有效性。"这与我国刑法第12条第2款的规定具有相同的意义。但是该条第2款又以但书的形式规定了一种例外情形,"但是,已受刑罚宣告之行为,依判决后之法律不再具有刑事犯罪性质时,刑罚停止执行。"

在俄罗斯,1996通过的俄罗斯联邦刑法典第10条第1款规定,"规定行为不构成犯罪、减轻刑罚或以其他方式改善犯罪人状况的刑事法律,有溯及既往的效力,即适用于在该法律生效之前实施犯罪的人,其中包括正在服刑的人或已经服刑完毕但有前科的人……。"显然,较轻的新法的溯及力并不仅限于未决案件。同时,该条第2款还规定了对已生效案件的具体处理办法:"如果犯罪人因为犯罪行为正在服刑,而新的刑事法律对该行为规定了较轻的刑罚,则应在新刑事法律规定的限度内减轻刑罚。"

其他国家或地区的刑法也有类似规定。如韩国刑法第1条第3款规定:"裁判确定后由于法律变更,致其行为不构成犯罪时,免除其刑之执行。"我国台湾地区刑法第2条第2款规定:"处罚之裁判确定后,未执行或执行未完毕,而法律有变更,不处罚其行为者,免其刑之执行。"我国澳门地区刑法第2条第2款规定:"如按作出事实当时所生效之法律,该事实为可处罚者,而新法律将之自列举之违法行为中剔除,则该事实不予处罚;属此情况且已判刑者,即使判刑已确定,判刑之执行及其刑事效果亦须终止。"

不仅如此,轻法溯及既判案件的精神甚至也体现在有关国际公约中。如1966年联合国《公民权利和政治权利国际公约》第15条第1款规定,如果在犯罪之后依法规定了应处较轻的刑罚,犯罪者应当减刑。这一规定就隐含着有利于被告人的事后法,不仅应当适用于判决尚未确定的案件,而且应当适用于判决已经确定的案件的内容。

1997年刑法颁行之后,刑法理论上对第12条第2款的规定出现了不同的

---

[①] 陈忠林著:《意大利刑法纲要》,中国人民大学出版社1999年版,第38页。

理解。第一种意见认为,"继续有效",是指原有生效判决的,不管原判刑罚是否执行完毕,在新法施行以后都继续有效。不得以新法之规定,变更原判的罪名和刑罚的执行。第二种意见认为,"继续有效"只适用于原判刑罚已经执行完毕的情况,在此情况下,当事人不得以新法之变化为由,而要求更改原判。但在刑罚未执行完毕的情况下,则无论新法在定性或量刑上发生变化,原判的未执行部分均可按新法规定作出相应变更。第三种意见认为,新法施行以后,原则上都应认为原有生效判决继续有效,尤其在定性问题上,不管刑罚已经执行完毕还是未执行完毕,原判的罪名不得有变,继续有效,以保持原判的稳定性。但是,在新法改为无罪的情况下,为适当兼顾行为人的利益和体现新法的评判价值,应免除其余刑的执行。①

笔者认为,在上述三种意见中,无疑只有第一种意见与法条的字面含义相符合,其他两种意见都是根据有利于被告人的精神对刑法规定所作的变通理解,虽然符合罪刑法定原则保障被告人权利与自由的精神以及刑法的人道与公正原则,但在目前的法律状况下,缺乏相应的法律依据。在刑法上是否承认轻法对既判案件的溯及力,实际上关系到是着眼于维护既判的法律权威还是着眼于保护被告人的权利与实现刑法的公正。若只着眼于前者,则必然规定轻法不能溯及既判案件,我国刑法的规定即是如此;若只着眼于后者,则必然规定轻法可以溯及于所有既判案件,如俄罗斯刑法的规定即是如此;而如果二者兼顾,则刑法就会规定较轻的新法可以有条件地溯及于既判案件。所谓"有条件地",其条件一般包含两个方面的内容。一是"轻法"仅限于规定某种行为不构成犯罪的,而不包括那些仅规定对某种行为处以较旧法为轻的刑罚的。二是轻法的溯及仅及于刑罚而不及于犯罪,即仅免除刑罚的执行而不否定行为的犯罪性质。

显然,无论只着眼于前者还是只着眼于后者都有失偏颇,同时兼顾二者的做法才是适当的,从上述所举的例证来看,已经有许多国家采用了这种二者兼顾的做法,这种做法值得我国借鉴。从另一方面来说,由于我国已经于1998年加入《公民权利和政治权利国际公约》,对于该公约第15条规定的内容,应该在我国的刑法中予以贯彻,以求我国的刑法能在最大程度上体现刑法的人道与公正,符合国际社会的潮流。正基于此,有学者根据我国的具体情况对刑法第12条第2款的规定提出了改进建议,认为依我国现有立法状况,在肯定

---

① 参见柯葛壮:《浅析新刑法第12条第2款中的"继续有效"》,载《法学》1998年第9期。

原生效判决继续有效的前提下,应允许在具体执行上可作变通处理,如通过减刑、假释以达到免除执行之实际效果,或者通过特赦令赦免其刑,或者另行作出特别规定或立法解释,明确在不变动原判的情况下,免除其余刑的执行,视为原判已经执行完毕。① 笔者认为这一建议是可行的,否则就会陷入错误的逻辑:追究及时的仍在服刑,追究不及时的则被宣告无罪。

(七) 从旧兼从轻原则能否适用于再审的案件?

粗看起来,这个问题与上一个问题是同一个问题,其实,二者虽有密切联系,但并非同一个问题。说它们有密切联系,是因为按照审判监督程序提起再审的案件也是判决已经生效的案件;说它们并非同一个问题,有两方面的原因:一方面,上述轻法溯及于判决已生效的案件的问题并不以提起审判监督程序为必要,例如,如果刑法规定"裁判确定后由于法律变更,致其行为不构成犯罪时,免除其刑之执行",则在实践中直接根据刑法的规定免除犯罪人刑罚的执行即可,并不需要另行提起审判监督程序。另一方面,提起审判监督程序再审的案件,也并非都是因为新旧法律的变更而引起,因为根据刑事诉讼法的规定,提起审判监督程序的理由是发现已经生效的判决在认定事实上或者在适用法律上确有错误,或者审判人员在审理该案件的时候,有贪污受贿、徇私舞弊、枉法裁判的行为。②

但是,即使不是以新法的变更为由而提起审判监督程序予以再审的案件,在审判时也存在着能否适用从旧兼从轻原则对行为人从轻或者免除处罚的问题。对于这个问题,最高人民法院在《关于适用刑法时间效力规定若干问题的解释》第10条规定:"按照审判监督程序重新审理的案件,适用行为时的法律。"显然,司法解释在这一问题上采取了完全的从旧原则,没有给从旧兼从轻原则的适用留下任何余地。

笔者认为,司法解释的规定过于绝对,不符合刑法规定的从旧兼从轻原则的精神。根据现行刑法第12条第2款的规定,对于仅以新法不认为是犯罪或者处刑较轻为理由而提出再审要求的,可以不予准许。但是,如果审判监督程序已经按照刑事诉讼法规定的其他合法理由(即除了新旧刑法的变更理由之外的理由,例如即使按照当时的法律,案件的处理也有错误)提起,就不存在维护生效判决的权威性和稳定性的问题,因为这时原判决的效力已处于不确

---

① 参见柯葛壮:《浅析新刑法第12条第2款中的"继续有效"》,载《法学》1998年第9期。
② 参见我国刑事诉讼法第204、205条。

定状态，不能再作为一般的生效判决来看待。在对案件进行再审时，和其他一审、二审案件一样，也存在行为时法与审判时法（若有中间法，同时还应包括中间法）之间的选择适用问题。既然所有新法生效前发生的案件在新法生效后的审判过程中，都要考虑到从旧兼从轻原则，那么就没有理由将因审判监督程序而重新审判的案件作为例外。因此，在重新审判过程中，最终经过审查，如果认为原判决认定事实或者适用原先旧的法律存在错误，应当作出新的判决时，如果按照上述司法解释的规定，不顾新法对同一行为已经处以较轻刑罚或者不认为是犯罪的规定，仍然机械地适用行为时的旧法，显然是仅仅考虑了法律（注意：不是判决）的稳定性而有悖于刑法规定的从旧兼从轻原则，同时也违反了刑法的人道与公正原则。

### 四、空白刑法补充规范的变更与溯及力

空白刑法是与完备刑法相对应的概念。完备刑法是指刑法对犯罪的构成要件与法定刑均作出明确规定的情况；而空白刑法则是指刑法规定了犯罪的法定刑，而将犯罪构成要件的一部或全部委诸其他法律或命令之情况。在我国刑法理论中，通常将刑法分则条文的罪状划分为简单罪状、叙明罪状、空白罪状和引证罪状四种形式，[①] 其中的空白罪状实际上就是外国刑法中所说的空白刑法。在我国刑法条文中，多以"违反××法规"的形式表示。在空白刑法中，由于所指明参照的法律、法规对犯罪构成起着补充说明的作用，因而被称为补充规范。

不难看出，各国刑法中的大部分条文都属于完备刑法的范畴，但也有相当一部分属于空白刑法，并且随着行政刑法的增加，空白刑法规范也呈增多的趋势。我们知道，刑法的溯及力问题是由于刑法的变更而引起的。那么，如果空白刑法的条文并没有发生变化，但空白刑法所参照的补充规范的内容发生了变更，算不算是刑法的变更并进而引起刑法的溯及力问题呢？对此，刑法理论上有不同的认识。实际上，这其中包含着两个方面的问题。其一，空白刑法的补充规范的变更是否属于刑法的变更？其二，空白刑法的补充规范的变更是否应当适用从旧兼从轻原则？显然，解决前一问题是解决后一问题的前提。

对于前一个问题，即空白刑法的补充规范的变更是否属于刑法的变更，台

---

[①] 参见高铭暄、马克昌主编：《新编中国刑法学》，中国人民大学出版社1999年版，第476~479页；苏惠渔主编：《刑法学》，中国政法大学出版社1999年版，第377~378页。

湾在理论上进行了较为深入的探讨，但没有形成统一的认识，存在着肯定说、否定说和折中说的对立。肯定说认为，所谓法律有变更，应包括实质上该刑法中所规定的犯罪构成要件的变更，不应仅限于刑法本身在形式上的变更。① 只要足以影响刑法可罚范围的变更，均属法律变更。因而对补充空白构成要件、充当禁止内容的补充规范的变更，应属法律的变更。② 否定说认为，实际刑法中法律的变更，系专指刑法有变更，其他的法律、法规的变更，系事实之变更而已。③ 折中说认为，所谓事实变更与法律变更的区别，取决于立法者修改补充规范的动机，如系认为原来之补充规范有不尽适当而变更者，为法律变更；如系因时势发展而变动者，为事实之变更。④

在上述三种学说中，否定说认为补充规范的变更是事实的变更，这与"事实"的概念不符。在刑法理论中，作为与法律相对应的"事实"，是指构成要件的事实，即与构成要件相符合的、具体的、现实的事实。补充规范作为构成要件的补充，其变更当然是构成要件的变更，是规范的变更，而不可能是具体事实的变更。折衷说以立法者修改补充规范的动机来区分法律和事实，也没有道理。构成要件是犯罪的类型，是抽象的、观念性的存在，构成事实则是具体的、现实的行为事实，二者的区别是抽象与具体，评价依据与评价对象的区别，与国家修改补充规范的动机无关。因而，肯定说是适当的。

判断刑事法律是否变更，不能只局限于刑法条文形式上是否产生改变，而应观察刑法的可罚性范围是否有实质的变化。补充规范的变更，必然导致构成要件的变更，由此导致原来可罚的行为现在不可罚，或者原来不可罚的行为现在却可罚，刑法的可罚性范围已发生变化，故当认为刑事法律已经发生变化。空白刑法作为维护其他法律制度的补充手段，理应与其他法律、法规在价值评判上保持一致。如果否认补充规范的变更是法律变更，就意味着当其他法律、法规都不认为某行为违法时，刑法仍认为其是犯罪，就使得刑法与其他法律、法规在价值判断上相背离，这与刑法的补充性地位是不一致的。⑤

在肯定了空白刑法的补充规范的变更也属于刑法的变更的基础上，就应当承认从旧兼从轻原则在发生这种变更时的适用，即当行为后发生空白刑法补充

---

① 参见洪福增：《刑法判解研究》，[台] 汉林出版社1983年版，第6页。
② 参见林山田：《刑法通论》，[台] 三民书局1983年版，第52~53页。
③ 参见高仰止：《刑法总则之理论与实用》，[台] 五南图书出版公司1986年版，第83页。
④ 参见杨建华：《刑法总则之比较与检讨》，[台] 三民书局1988年版，第34页。
⑤ 参见何泽宏、庄劲：《论空白刑法补充规范的变更及其溯及力》，载《河北法学》2001年第6期。

规范的变更时，原则上适用行为时未变更前补充规范作为定罪量刑的依据，但是，如果按照变更后的补充规范该行为不构成犯罪或者处罚较轻的，则应当适用变更后的补充规范对行为人定罪量刑。例如，如拾获并冒用他人的银行借记卡以提取他人存款的，根据1996年中国人民银行颁布的《信用卡业务管理办法》，借记卡属于信用卡，行为构成信用卡诈骗罪；而根据1999年新颁布的《银行卡业务管理办法》，借记卡已从信用卡中分离出去，这种只构成诈骗罪。如果某行为是在旧的管理办法实施期间实行而在新的管理办法实施后审理，由于后者的处罚明显轻于前者，因而就应当适用后者即新法来处理。①

### 五、从旧兼从轻原则的例外——关于限时法

如上所述，从旧兼从轻原则是大多数国家关于溯及力问题的基本原则。根据这一原则，某种行为虽然在行为时构成犯罪，但行为后法律变更不认为是犯罪的，则行为后的新法有溯及力，对该行为不予追诉。但是，这项原则存在一个例外，这就是限时法。对此，有些国家的刑法做出了规定。

例如，德国刑法典第2条第4项规定："只适用于特定时期的法律，即使该法律在审判时已失效，但仍可适用于在其有效期间实施的行为。法律另有规定的除外。"这里，"只适用于特定时期的法律"即所谓限时法。对于刑法典的这一规定，德国刑法理论认为，"在限时法有效期间实施的犯罪行为，即使在该法失效后仍可适用之，因为，限时法的废除取决于产生该法的理由的消除，而不取决于修改了的法律观点。"②

又如，意大利刑法典第2条第4款规定："上述各款③不得适用于为特殊情况而制订的法律或限时性法律"。所谓"为特殊情况而制订的法律"是指专

---

① 当然，对于这个问题，我国刑法理论界存有争议。有人认为，即便是根据旧的管理办法，信用卡也不包括借记卡，这可以从《信用卡业务管理办法》的具体内容上反映出来（参见赵秉志主编：《金融诈骗罪新论》，人民法院出版社2001年版，第425页）。按照这种理解，自然也就不存在空白刑法补充规范的变更以及由此引起的溯及力问题。
② [德]汉斯·海因里希·耶赛克、托马斯·魏根特著，徐久生译：《德国刑法教科书》，中国法制出版社2001年版，第175页。
③ 即规定废除性法律与有利于被告的法律具有溯及力的该条第2、3款。第2款规定："任何人不得因根据后来的法律不构成犯罪的行为而受到处罚；如果已经被定罪判罚，则终止刑罚的执行和有关的刑罚后果。"第3款规定："如果行为实施时的法律与后来的法律不同，适用其规定对罪犯较为有利的法律，除非已经宣告了不可撤销的判决。"参见黄风译：《意大利刑法典》，中国政法大学出版社1998年版，正文第5页。

为非常情况（如缺乏生活必需品或发生自然灾害）而制订的法律。而所谓"限时性法律"则是指本身规定了失效时间的法律。意大利刑法理论认为，为特殊情况而制订的法律和限时性法律本身就是用来替代正常的法律的，如果对这两类法律生效期间的行为也适用从轻原则，就不能发挥它们应有的威慑力；特别是在它们施行的最后阶段，就更是如此。总之，为了保证这些法律的一般预防功能，就必须严格地适用行为时法原则。但上述理由并不能解释为特别情况制订的法律或限时法规定的处罚比普通法律更轻的情况。所以，这两种法律在任何情况下都没有溯及力，实质上是由它们本身的性质决定的：它们的目的就只是调整它生效期间的行为，所以应该有特别的规定。①

其他如希腊刑法第3条、巴西刑法第3条、丹麦刑法第3条第1项后段等也有类似规定。

在日本，虽然现行刑法典没有关于限时法的一般性规定，但曾有一些在制定或废除时规定追及性处罚的法令。② 日本刑法理论认为，限时法的理论根据在于，如果根据刑法第6条的规定，在限时法废除后对其有效期间中的违反行为宣告免诉的判决就会产生一种不合适，即，由于行为时和裁判时之间不得不存在一定的时间间隔，因而使得限时法在其接近有效期间终了时，在有效期间中也会在事实上丧失其实效性。正是为了避免这种弊端，才规定在限时法被废除之后仍然能够继续处罚其有效期间内的违反行为。限时法的这种效力，被称为限时法的追及效。但是，对于没有关于限时法的追及效的明文规定时，能否承认限时法的追及效，日本刑法理论界有不同的观点。有的认为，从法令本身的限时性质来看，为了确保法令的实效性，必须认为在废除后也总是能够处罚有效期间中的违反行为；有的则认为，要区别法令被废除的理由是否基于国家的法律评价的变更，基于法律判决的变更时不能承认追及效，而没有变更时尚残存着其行为的可罚性，这种见解被称为动机说。但反对者认为，准确地判断法令被废除的动机是困难的，根据动机说，不仅具体问题的解决不好把握，而且，可以说法令的废除一般总是在某种意义上变更了法律评价。因此，应该认

---

① ［意］杜里奥·帕多瓦尼著，陈忠林译：《意大利刑法学原理》，法律出版社1998年版，第42~43页。

② 例如，关于重要产业的统制的法律（昭和6年法律第40号）在附则第2项中规定"本法施行后五年之内具有效力"，其第3项规定"对在前项期间内所为违反本法或者基于本法所科处分的行为，本法的罚则在前项的期间经过后仍适用之。"物价统制令（昭和21年敕令第118号）第42条规定"价格等统制令废除之"，并在第50条中规定，"旧令关于在本令施行前所为行为的罚则的适用，在本令施行后仍有其效力。"转引自［日］大塚仁著，冯军译：《刑法概说（总论）》，中国人民大学出版社2003年版，第75页。

为，除了特别规定明确表示的情形外，不能肯定限时法的追及效。①

在我国，现行刑法中没有严格意义上的限时法，但是，正如张明楷教授指出的那样，行政刑法中的空白刑罚法规与限时法是何种关系，是特别值得研究的问题。② 其实，在日本刑法理论中就有一种见解，认为由于补充法规的变更是决定构成要件的法规，因而在当并非可罚性的变更，而是引起了构成要件该当事实的变更的场合，可以考虑为限时法，对于变更前的行为在变更后也可以处罚。③ 笔者认为，我国刑法中虽然有不少空白刑法，但作为这些空白刑法补充规范的其他行政、经济法律、法规都没有在其制定或修改时规定其罚则具有追及适用的效力，刑法典也没有对此问题做出一般性的规定，因此，不能认为它们有追及适用的效力，对于由于空白刑法补充规范的变更而引起的刑法变更问题，在溯及力问题上仍应坚持我国刑法规定的从旧兼从轻原则。对此，前一个问题已经涉及，这里不再赘述。

### 六、刑法解释的溯及力

（一）关于刑法司法解释的溯及力

长期以来，我国刑法理论界在刑法司法解释的溯及力问题上存在争议。基本上可以分为两类不同的观点。一类是从根本上不承认刑法司法解释本身存在自己独立的时间效力问题，因而其溯及力也无从谈起。如有人认为，刑法司法解释是对刑法规定进行解释，即是在刑法条文已作出明确规定的前提下就如何具体适用法律问题所作出的具体规定。因此，刑事司法解释本身不涉及溯及力问题，其一经公布施行，效力等同于其所解释的法律本身，对人民法院正在审理和尚未审理的案件具有法律效力。④ 有人认为，刑事司法解释的溯及力受制于被解释的条文的溯及力，不能脱离其解释的刑法而独立存在。⑤ 另一类则承认司法解释存在着自己独立的时间效力，认为刑法司法解释对其生效以前的案件是否具有溯及力，应根据刑事司法解释的内容不同区别对待，刑事司法解释

---

① 参见[日]大塚仁著，冯军译：《刑法概说（总论）》，中国人民大学出版社2003年版，第75~76页；[日]野村 稔著，全理其、何力译：《刑法总论》，法律出版社2001年版，第60页。
② 张明楷著：《刑法学（上）》，法律出版社1997年版，第71页。
③ [日]野村 稔著，全理其、何力译：《刑法总论》，法律出版社2001年版，第61页。
④ 参见高憬宏：《王建军等非法经营案——骗购国家外汇的犯罪行为如何适用法律》，载《刑事审判参考》1999年第5辑第22页。
⑤ 参见游伟、鲁义珍：《刑事司法解释效力探讨》，载《法学研究》1994年第6期。

的内容不属于扩张性解释的，其溯及力的有无应以其生效后有关案件是否正在办理或尚未办理为准。属于正在办理或者尚未办理的，即使行为发生在刑事司法解释生效以前，也应适用新的司法解释。刑事司法解释的内容属于扩张性解释的，其溯及力的有无应以扩张解释是对被告人或者犯罪分子有利还是不利为准。如扩张解释对其有利的，则该司法解释对其生效以前的案件具有溯及力；反之，则该司法解释对其生效以前的案件则不能具有溯及力。[①]

上述两类观点中，前一类观点只强调刑法司法解释与刑法的一致性或依附性，却忽略了刑法司法解释所具有的相对独立性，因而并不可取。后一类观点不否认刑法司法解释具有自己独立的时间效力，其基本出发点是正确的。将刑事司法解释分为根据"扩张解释"和"非扩张解释"的不同分别确定其溯及力的有无也符合罪刑法定原则标准被告人权利的精神，但还不能说完全适当，因为司法解释是否属于扩张解释与司法解释是否有利于被告人并不是完全等同的概念。

从司法解释的实践来看，司法解释自身关于其时间效力的规定也极不统一。虽然也有一部分司法解释对其自身的时间效力问题做出了明确规定，但也有许多司法解释对于其何时生效以及有无溯及力问题未作任何规定。有的司法解释对于其自身的时间效力问题虽然有规定，但是却不明确，而是使用"近期"、"当前"、"今后"之类的模糊概念。还有的司法解释的题目标明是"试行"，但试行期有多长同样是不明确的。

为了促进司法解释的规范化运作，两高各自出台了有关司法解释的专门规定，即 1996 年 12 月 9 日最高人民检察院《司法解释工作暂行规定》和 1997 年 6 月 23 日最高人民法院《关于司法解释工作的若干规定》。但这两个专门规范司法解释的规定都没有涉及司法解释的溯及力问题。为此，2001 年 12 月 16 日最高人民法院和最高人民检察院又联合颁布了《关于适用刑事司法解释时间效力问题的规定》，其中的第二、三、四条就是专门关于刑法司法解释的溯及力的规定。

根据两高《关于适用刑事司法解释时间效力问题的规定》，刑法司法解释的溯及力分为几种情况。

1. 行为时没有相关司法解释的，新出台的司法解释具有溯及力

两高《关于适用刑事司法解释时间效力问题的规定》第二条的规定："对于司法解释实施前发生的行为，行为时没有相关司法解释，司法解释施行后尚

---

[①] 参见张军：《试论刑事司法解释的时间效力》，载《中国法学》1992 年第 2 期。

未处理或者正在处理的案件,依照司法解释的规定办理。"这一规定实际上赋予了司法解释在这种情况下具有溯及既往的效力。

虽然从维护刑事司法活动的稳定性、刑事判决的严肃性角度出发,这一规定只适用于尚未处理或者正在处理的案件,但是,按照这一规定,只要是对以前没有刑事司法解释且尚未处理或者正处理的案件,刑事司法解释均应适用,而不管这种解释对行为人有利还是不利。这实际上就是把刑事司法解释的生效时间提前了,也实际上认为只要"行为时没有相关司法解释"并在一定条件下,不管刑事司法解释内容如何,对其生效前的行为均具有溯及力。这显然与我国刑法原则上不溯及既往(除对行为人有利外)的要求不相吻合。也就是说,这一规定在整体上没有体现我国刑法确立的从旧兼从轻的溯及力原则,存在明显的不妥之处。因而在其颁布之后,受到刑法理论界许多学者的批评。①

确定刑事司法解释对其所解释的刑法条文实施后、自身生效之前的行为是否有溯及力,应以刑法规定的从旧兼从轻原则为准。据此,对于刑事司法解释生效后尚未处理或者正在处理的案件且行为时没有相关司法解释的情况,刑事司法解释原则上应当没有溯及既往的效力,除非这种解释对行为人是有利的。当然,在判断新出台的司法解释对行为人是有利还是不利的时候,由于行为时没有相关司法解释,所以不存在新旧司法解释的比较问题。但是,没有司法解释并不等于案件的处理没有标准。在这种情况下,我们可以结合新出台的司法解释规定的具体内容,对照刑事法律规定的内容以及行为时适用法律的一般做法和观点进行比较,作出刑事司法解释是对行为人有利的还是不利的判断。

2. 行为时已有相关司法解释的,新司法解释原则上没有溯及力,但新司法解释有利于行为人的,则新司法解释有溯及力

两高《关于适用刑事司法解释时间效力问题的规定》第三条规定:"对于新的司法解释实施前发生的行为,行为时已有相关司法解释,依照行为时的司法解释办理,但适用新的司法解释对犯罪嫌疑人、被告人有利的,适用新的司法解释。"这一规定体现了刑法规定的从旧兼从轻原则,因而也为刑法理论界所广泛赞同。

3. 对于已结案件原则上没有溯及力

两高《关于适用刑事司法解释时间效力问题的规定》第四条规定:"对于在司法解释施行前已办结的案件,按照当时的法律和司法解释,认定事实和适

---

① 参见刘宪权:《我国刑事司法解释时间效力的再思考》,载《法学》2002年第2期;刘仁文:《关于刑法解释的时间效力问题》,载《法学杂志》2003年第1期。

用法律没有错误的，不再变动。"

这一规定和刑法第12条第2款规定的精神是一致的，即司法解释的溯及力原则上也是针对未决案件而不是对于已决案件，以维护生效判决的稳定性和权威性。但这一规定与刑法第12条第2款的规定也有不同之处，即这里司法解释对于已决案件没有溯及力是附有条件的，这就是已决案件按照当时的法律和司法解释，认定事实和适用法律没有错误。换句话说，如果已决案件按照当时的法律和司法解释有错误，需要按照审判监督程序再审的，在再审时就要在新司法解释与当时的法律和司法解释之间作一比较，如果新司法解释对行为人有利，则新司法解释具有溯及力。这一解释是符合罪刑法定原则的精神的。

当然，两高关于刑事司法解释时间效力的规定还有不够细致、不够全面之处。例如，对于刑事司法解释对所解释的刑法条文颁布实施以前的案件是否有溯及力的问题没有做出规定。对于这种情况，首先应看该被解释的刑法条文是否具有溯及力，如果被解释的刑法条文的规定对行为人更为有利的，则该刑法有溯及力，反之则没有溯及力。在确定该被解释的刑法有溯及力而适用该刑法后，再看刑法司法解释是否作出了对行为人有利的解释，如果对行为人有利，则该司法解释有溯及力，如果对行为人不利的，则该司法解释没有溯及力，只能按照刑事司法解释生效前对刑法条文的原来理解来处理。只有这样理解，才符合刑法确定的从旧兼从轻原则，符合罪刑法定原则保障犯罪人权利的宗旨。又如，对于行为终了时与案件处理时之间存在两次以上刑事司法解释的情况也没有作出规定。实际上，这种情况事实上已经在有关挪用公款罪的刑事司法解释中出现。对此，也应根据从旧兼从轻原则的精神，在数个司法解释之间选择适用对行为人最为有利的司法解释。①

（二）关于刑法立法解释的溯及力

在我国，规范性的有权刑法解释既包括刑法司法解释也包括刑法立法解释。然而，长期以来，我国立法机关并未实际行使这一权力。只是在立法法颁布之后，立法法机关才实际行使这一职权，但至今颁布的刑法立法解释也不过五件。从其本身的规定来看，均未涉及其自身的溯及力问题。而刑法理论和司法实践中也鲜有人对此作出专门的探讨。笔者认为，刑法立法解释虽然从其效力层次上来说较之刑法司法解释为高，但它们在本质上是相同的，即都是对刑

---

① 当然也有人持不同的意见，认为应该采取"看两头，弃中间"的办法。参见刘宪权：《我国刑事司法解释时间效力的再思考》，载《法学》2002年第2期。笔者认为，这个问题与行为时法与裁判时法之间出现中间法的性质相同，也应当按照相同的原则来处理，具体请参看上文相关内容。

法条文的解释和说明，都对所解释的刑法条文具有依附性。因而，刑法立法解释在溯及力问题上应当与刑法司法解释遵循同样的原则，即都应当以刑法典确定的从旧兼从轻原则来处理它们的溯及力问题。具体来说也可以参照上述司法解释的溯及力问题的几个方面来处理。由于前面已经对刑法司法解释的溯及力问题作了专门探讨，这里就不再重复了。

# 第十三章　刑法的地域效力

## 第一节　刑法地域效力的含义

要理解地域效力的含义，主要是分清它与几个相近概念的区别与联系。

### 一、刑法的地域效力与刑法的空间效力

前文已经指出，本文中刑法的地域效力与通行观点中的刑法的空间效力的含义并不相同。从地域和空间这两个术语的本来含义来看，地域是指面积相当大的一块地方，相当于英文中的 district 或 region，而一国的全部地域则通常用 territory 一词表示。[1] 显然，地域一词侧重于平面的意义；而空间则是指与时间相对的一种物质存在形式，表现为长度、宽度、高度，相当于英文中的 space。[2] 显然，空间一词侧重于立体的含义。因此，从这两个术语的本来含义来看，似乎空间一词更符合刑法效力维度的实际状况，因为不管使用什么术语来表达，其所指的内容实际上是一国的领土范围即所谓"领域"，而一国的领土范围包括领陆、领水和领空，是立体的而不是平面的。然而，刑法学中分别使用的地域与空间两个术语，其区别并不在于平面与立体的区别，其区别在于，使用地域一词时不包括存在于地域（其真正含义是领域）中的人，而使用空间一词时则包括了存在于空间（其真正含义也是领域）中的人。由于本文在刑法效力维度上持四维度的观点，故本文不使用空间效力而使用地域效力这一用语。

---

[1] 参见《汉英词典》，商务印书馆 1985 年版，第 149 页。
[2] 参见《汉英词典》，商务印书馆 1985 年版，第 391 页。

## 二、刑法的地域效力与刑事管辖权

在我国刑法学中,在谈及刑法空间效力时又往往使用刑事管辖权一词。那么刑事管辖权是否刑法的空间效力的同义语？如果不同,二者有怎样的关系？对此,我国刑法学界存在着三种观点：第一种观点认为,刑法的空间效力是国家主张行使管辖权的法律依据。① 第二种观点认为,刑法的空间效力就是刑事管辖权的范围,刑法的空间效力,就是指刑法对地和对人的效力,也就是要解决刑事管辖权的范围问题。刑事管辖权是国家主权的组成部分,一个独立自主的国家,无不在刑法中对刑法的空间效力即刑事管辖权的范围问题做出规定。② 第三种观点认为,应从不同角度探讨刑法空间效力与刑事管辖权的关系。从动态角度看,刑事管辖权是指根据主权原则国家所享有的对其主权权力范围内所发生的一切刑事犯罪进行起诉、审判和处罚的权利；从静态角度看,刑事管辖权是指国家刑事实体法律运用的地域和主体的法定范围。从静态角度对刑事管辖权所作的概括,与刑法空间效力一词,无论在内涵或外延上都是相同的,只是表述角度有所不同。在这种观点看来,从严格意义上讲,对刑事管辖权的第一种理解是正确的,而将刑事管辖权视为刑法空间效力的同义语是不够准确的。刑事管辖权是国家主权,即国家所固有的独立自主的管理国内外事务的最高权力的一个不可分割的组成部分,它的存在,不取决于任何外力或法律规定。因此,刑事管辖权是根据国家的本质所固有的,而刑法的空间效力,实质上是国家通过立法所确认的本国行使刑事管辖权的具体原则和方法,只是刑事管辖权的法律表现形式,刑法的空间效力不仅是由国家法律确定的,而且确定一国刑法的空间效力还要考虑到各国之间刑事管辖权的交叉和国际社会处理涉外刑事案件管辖问题的一般原则。由此可见,刑事管辖权和刑法的空间效力是有区别的：刑事管辖权是国家确定刑法空间效力的主权依据；而刑法的空间效力是刑事管辖权的具体、法定行使方式和范围。③

上述第一、第二种观点只说明了刑法空间效力与刑事管辖权之间关系的一部分,而第三种观点则较为全面一些。其实,刑法的空间效力与刑事管辖权是既有联系又有区别的两个概念。它们的联系表现在刑法空间效力范围与刑事管

---

① 参见王可菊：《我国刑法的适用范围与国家主权》,载《法学研究》1980 第 1 期。
② 参见高铭暄主编：《中国刑法学》,中国人民大学出版社 1989 年版,第 47~48 页。
③ 参见李海东：《论刑事管辖权》,载赵秉志主编：《刑法新探索》,群众出版社 1993 年版,第 137 页。

辖权范围是一致的。一国在刑法中规定刑法的空间效力范围,就是宣布了本国刑事管辖权的范围。其区别主要体现在:其一,从概念来看,刑事管辖权是国家主权的一部分,它是一种国家权力,主体是国家,客体是一定的犯罪,内容就是国家对一定犯罪的管辖,即逮捕、起诉、审判、执行等权力。而刑法的空间效力则属于刑法效力的一部分,主体是刑法,客体是一定的犯罪,内容是刑法对一定犯罪的适用。其二,从产生的时间上来看,刑事管辖权的产生先于刑法空间效力。刑事管辖权是随着国家的成立而产生的,而刑法的空间效力是以刑法的存在为前提,而刑法往往是在国家成立以后一段时间才制定公布的,因此,刑法空间效力必定后于刑事管辖权的存在。其三,刑事管辖权的实际行使是刑法实际适用的前提。虽然刑法规定适用于一定的犯罪,但由于刑法冲突的存在,并不表示一旦有这种犯罪发生,必定实际适用刑法。[①]

### 三、刑法的地域效力与刑事诉讼管辖权

乍看起来,刑法的地域效力与刑事诉讼管辖权似乎并无联系,但由于刑法的地域效力与刑事管辖权的含义基本上一致,所以也使刑法的地域效力与刑事诉讼管辖权之间发生了联系。从严格意义上来说,刑事管辖权应当同时包括刑事实体管辖权和刑事诉讼管辖权,而刑法理论上所说的刑事管辖权实际上仅指其中的刑事实体管辖权而不包括刑事诉讼管辖权。刑事实体管辖权解决的是行为人承担刑事责任的依据问题,是法律规范内容在刑事实体法具体运用的根据;刑事诉讼中的管辖权,指的是根据刑事案件的不同情况和司法部门的职权,确定具体案件应由哪一个司法机关进行侦查、起诉和审判的制度,解决的是具体案件处理的程序问题,是刑事实体法内容的反应。因此,刑事实体管辖权和刑事诉讼管辖权的关系表现为内容和形式、前提和结果的相互依存、紧密相连的关系。没有刑事管辖权的确认,刑事诉讼法中的管辖权就会无的放矢;而没有刑事诉讼管辖权的行使,即使具有刑事实体管辖权,也无法有效地追究罪犯刑事责任,正确执行刑法的规定。

---

[①] 参见王秀梅:《刑事管辖权问题》,载赵秉志主编:《当代刑法理论探索(卷一):刑法基础理论探索》,法律出版社2003年版,第482~483页。

## 第二节 刑法的域内效力

刑法的域内效力是指刑法在一国领域之内的效力,它与刑法的域外效力相对应。

### 一、域内效力的原则与根据

(一)域内效力的原则

刑法的域内效力所采用的原则是属地原则,又称领土原则。所谓属地原则,是指以本国领域为适用刑法的地域范围,不论犯罪人是本国人,还是外国人,凡是在本国领域内犯罪者,一律适用本国刑法。

对于属地原则的具体内容,各国(地区)的刑法一般都作出了具体规定。例如:

我国刑法第6条设3款分别规定:"凡在中华人民共和国领域内犯罪的,除法律有特别规定的以外,都适用本法。凡在中华人民共和国船舶或者航空器内犯罪的,也适用本法。犯罪的行为或者结果有一项发生在中华人民共和国领域内的,就认为是在中华人民共和国领域内犯罪。"

俄罗斯联邦刑法典第11条规定,在俄罗斯联邦境内实施犯罪的人,应依照本法典承担刑事责任;在俄罗斯联邦领水或领空内实施的犯罪,是在俄罗斯联邦境内实施的犯罪。本法典亦适用于在俄罗斯联邦大陆架和专属经济区内实施的犯罪;当在俄罗斯联邦港口注册的船舶、飞机处在公海或俄罗斯境外的空中时,在该船舶或飞机上实施犯罪的人,应依照本法典承担刑事责任,但俄罗斯联邦签订的国际条约有不同规定的除外。在俄罗斯联邦的军舰和军用航空器上实施犯罪的人,不论军舰或军用航空器处在何处,均应依照本法典承担刑事责任。

意大利刑法典第3~6条关于属地原则适用的有关规定为,意大利刑法,除本国法或国际法另有规定外,适用于本国领土内的本国公民及外国公民;凡本国领土,或其他隶属于本国统治的地方,关于本法的适用,均视为意大利的领域。意大利船舶及航空机,除依国际法,应遵守所在国法律者外,不论其所在地为何,均视为本国之领域。在本国领域内犯罪者,依意大利刑法处罚之;犯罪行为的作为或不作为,其一部或全部在本国领域内实施,或其结果在本国领域内发生者，视为在本国领域内犯罪。

澳门刑法第4条规定，只要行为发生于澳门或在澳门注册的船舶或航空器内，澳门刑法均适用之。

台湾刑法第3条规定，在台湾领域内犯罪，及在台湾领域外的台湾船舰或航空器内犯罪的，适用台湾刑法。

属地管辖原则有利于维护国家主权、尊严与秩序，有利于刑罚效果的实现及诉讼程序的展开。

（二）域内效力的根据

域内效力的根据是国家主权和国家刑罚权。根据国际法的一般原则，独立国家都享有自己的主权，即对内的统治权和对外的独立权。对内的统治权当然包括国家制定法律（包括刑法）在自己的国家领域内发生效力，加以实施；对外的主权则意味着任何国家不能干涉这种对内统治权。一切国家都有不侵犯任何独立国家的领土完整、属地权威的国际法义务。这种属地权威的结果，就产生了"领土内一切均属于领土"的规则，根据这个规则，"国家领土内一切人和财产都归国家统治和支配，而外国人和外国财产一旦进入国家境内，就立即归国家的属地权威支配。"[①]

## 二、属地原则适用中的具体问题

从属地原则的内容可以看出，属地原则的适用主要是要把握下述几个方面的问题：

（一）领域的含义

依照国际法的观念，刑事管辖权领域分为"实质领域"、"想象领域"（或又称"拟制领土"、"浮动领土"）和"准地域"三个部分。

1. 实质领域

实质领域是指一国具有管辖权的领陆、领水和领空。刑法理论界关于实质领域具体范围的解释，虽然表述上有所不同，但并无实质上的差别。一般认为，实质领域包括：领陆，即国境线以内的全部陆地，包括地下的地层。领水，即内水和领海及其以下的地层。内水包括内河、内湖、内海以及同外国之间界水的一部分，这一部分通常以河流的中心线为界，如果为可通航的河道，

---

① [英]詹宁斯、瓦茨修订，王铁崖等译：《奥本海国际法》，中国大百科全书出版社1995年版，第一卷第一分册第293页。

则以主航道中心线为界。领海宽度一般为12海里。领空，即领陆和领水之上的空间。

一国在本国的实质领域内，享有完全排他的刑事管辖权。

2. 想象领域

通常将一国的船舶或航空器视为该国刑事法律意义上的领域，即"浮动领土"或称之为"虚拟领土"、"想象领域"，是刑法属地原则在法律意义上的延伸。

从立法规定来看，大多数国家或地区的刑法都将本国（地区）船舶和航空器视为领土的一部分，并根据属地原则行使刑事管辖权，我国也是如此。我国刑法第6条第2款规定："凡在中华人民共和国船舶或者航空器内犯罪的，也适用本法。"台湾刑法规定，在台湾领域外的台湾船舰或者航空机内犯罪者，以在台湾领域内犯罪论。其他如：德国刑法典第4条规定："在悬挂德意志联邦共和国国旗或国徽的船舰、航空器内发生的犯罪行为，无论犯罪地法律如何规定，均适用德国刑法。"法国刑法典第113～3条及113～4条规定："在悬挂法国国旗的船只上实行的犯罪，或者无论其处于何地，针对此种船只实行的犯罪，适用法国刑法；在法国海军军舰上实行的犯罪，或者无论其处于何地，针对此种船舰实行的犯罪，惟一适用法国刑法。在法国注册的航空器上实行的犯罪，或者无论其处于何地，针对此种航空器实行的犯罪，适用法国刑法；在法国军用航空器上实行的犯罪，或者无论其处于何地，针对此种航空器实行的犯罪，惟一适用法国刑法。"意大利刑法第4条第2款规定："在刑事法律的意义上，共和国的领域以及其他一切受国家主权支配的地点是国家领域。意大利的船舶和飞机，无论处于何地，均被视为国家领域，除非它们根据国际法受外国本地法的管辖。"

各国对于本国的船舶或航空器上实施的犯罪具有刑事管辖权的法律规定基本是相同的，但是本国船舶或飞机，是仅指既军用的，还是也包括民用的，各国（地区）的规定则不尽相同。一般来说，军用的船舶或航空器依照国际惯例享受排他的管辖权，而对民用的船舶或航空器管辖权的行使则应受到一定的限制，特别是当与他国管辖权产生冲突时。

3. 准领域

准领域，是指一国的大陆架、毗连区和专属经济区。所谓大陆架，依1958年《大陆架公约》第12条的规定，是指"邻接海岸但在领海范围以外，深度达200米或超过此限度而上履水域的深度允许其开采自然资源的海底区域的海床和底土；领接岛屿海岸的类似的海底区域的海床和底土。"所谓毗连区，根据1982年的联合国《海洋法公约》的规定，是指在从测算国家领海宽度的基线量起不超过24海里的范围内，为防止或惩治在其领土或领海内违反海关、财政、移民或卫生法律和规章的行为而行使的必要的国家管制权的水域。所谓专属经济区，根据《海洋法公约》第55条至第58条，是指在领海以外并邻接领海的一个区域，从测算领海宽度的基线量起，不应超过200海里，在该区域内，沿岸国对海床和底土及上履水域的资源开发及保护、防止污染享有专属权利。

关于准地域的刑事管辖权问题，各国学者具有不同的认识。我国学者一般认为，上述领域虽不属于一国领域，但是，根据国际法的一般原则和1982年联合国《海洋法公约》的规定，凡缔约国家都享有一定的主权权力，包括在一定范围内行使刑事管辖权。从立法上看，有的国家的刑法对此作出了规定，如俄罗斯联邦刑法典第11条第2项规定，俄罗斯联邦刑法典适用于在俄罗斯联邦大陆架和专属经济区内实施的犯罪。我国刑法未对此作出明文规定，但我国有关毗连区、专属经济区和大陆架的专门法律对此有一般性规定。1998年6月26日第九届全国人民代表大会常务委员会第三次会议通过的《中华人民共和国专属经济区和大陆架法》第12条第1款规定："中华人民共和国在行使勘查、开发、养护和管理专属经济区的生物资源的主权权利时，为确保中华人民共和国的法律、法规得到遵守，可以采取登临、检查、逮捕、扣留和进行司法程序等必要的措施。"同条第2款规定："中华人民共和国对在专属经济区和大陆架违反中华人民共和国法律、法规的行为，有权采取必要措施，依法追究法律责任，并可以行使紧追权。"1992年2月25日第七届全国人民代表大会常务委员会第二十四次会议通过的《中华人民共和国领海及毗连区法》第13条规定："中华人民共和国有权在毗连区内，为防止和惩处在其陆地领土、内水或者领海内违反有关安全、海关、财政、卫生或者入境出境管理的法律、法规的行为行使管制权。"根据上述规定，在我国的毗连区、专属经济区和大陆架这些准领域内，我国具有对各种违法行为（其中也包括犯罪行为）的管辖权。从实践来看，无论一国在其刑法典中是否明确规定了对大陆架、毗邻区和专属经济区具有刑事管辖权，各国及地区对上述准地域均主张其管辖权。

（二）犯罪地的确定

采取属地原则的一个前提条件是必须确定犯罪地。从理论上来看，对犯罪地的确定有以下几种不同的学说：一是行为地说。认为行为人实际实施犯罪行为的地点或场所，就是犯罪地，不作为犯罪则以义务的来源地或发生地为犯罪地。二是结果地说。认为行为人实施犯罪行为所导致的结果发生地为犯罪地，如日本学者町野朔提出:"刑法以保护法益为目的,法益侵害(威胁)的结果是犯罪的实质,犯罪地就是这种结果发生地,这样来认识才是正确的。"三是中间地说。认为犯罪行为与结果之间的场所为犯罪地。例如,行为人从甲国邮寄毒品,途径乙国,在丙国发生结果,则乙国为犯罪发生地。四是遍在说。即折衷主义。这种观点认为行为实施地与结果发生地都是犯罪地,行为或者是结果有一项发生在本国内,就适用本国刑法。①

上述四说中,行为地说没有考虑行为有结果发生地,不利于保护本国利益和维护国家主权;结果地说在未遂犯的场合因没有发生犯罪结果,因而在确定犯罪地时出现不同的意见,有人认为以结果应发生之地为犯罪地,有人则主张法益侵害的危险地为犯罪地;中间地说也不合理,因为有的犯罪没有中间地或者难以确定中间地,而且中间地所受的危害一般要比行为地和结果地所受的危害要小。遍在说对属地原则所确定的范围进行了一定的扩大。

从立法来看,遍在说虽有扩大主权与刑罚权倾向之嫌,且易与其他采用此说的国家在管辖方面发生争议,但多数国家都采取了遍在说,即行为与结果择一说。从规定方式来看,大体上有三种不同的方式:一是规定行为或结果的发生地为犯罪地,至于是全部发生地还是一部发生地则不明确。如德国刑法第9条第1项规定:"正犯行为地,在不作为犯罪的情况下,犯罪人应当有所作为地,犯罪结果发生地,或犯罪人希望结果发生地,皆为犯罪地。"瑞士刑法第7条的规定也是如此。二是规定行为地、结果全部或一部发生地为犯罪地。如奥地利刑法第67规定:"犯罪行为地以其行为施行之地或犯罪结果全部或一部所发生之地或行为人设想应当发生之地为准。"三是规定行为的全部或一部发生地、结果地为犯罪地。如意大利刑法第6条规定:"犯罪行为之作为或不作为,其一部或全部在本国领域内实施,或其结果在本国领域内发生者,视为在本国领域内犯罪。"

我国在犯罪地的确定问题上也采用了行为或结果择一说。我国1979年刑法典第3条第3款以及1997年刑法典第6条第3款都规定:"犯罪的行为或者结果有一项发生在中华人民共和国领域内的,就认为是在中华人民共和国领域内犯罪。"据此,行为与结果均发生在我国领域内的,适用我国刑法;仅行为发生在我国领域内或仅结果发生在我国领域内的,也适用我国刑法。不仅如此,只有一部分行为或者只有一部分结果发生在我国领域内时,也应认为是在我国领域内犯罪。因为行为或者结果的其中任何一部分发生在我国领域内,就

---

① 参见陆晓光主编:《国际刑法概论》,中国政法大学出版社1991年版,第110~111页。

193

侵犯了我国国家或公民的合法权益，破坏了我国的法律秩序。为了维护国家主权与公民的合法权益，应肯定可以适用我国刑法。如果要求行为的全部或者结果的全部发生在我国领域内才认为是在我国领域内犯罪，则不利于维护国家主权与公民的合法权益；而且，如果每个国家都采取这种做法，势必造成管辖上的空隙，导致部分犯罪人逃避法律制裁。

以上的犯罪地确定是以单独犯罪为标准的，在共同犯罪的情况下，犯罪地又该如何确定呢？对此，理论上存在着不同的认识。第一种观点认为，正犯（实行犯）的犯罪之地为共同犯罪的犯罪地，采用共犯从属性理论的人通常主张这一观点。第二种观点认为，正犯与共犯（狭义的共犯）的犯罪地都是共同犯罪的犯罪地，这是根据共犯独立性理论所主张的观点。第三种观点认为，共犯的共同行为发生之地是共同犯罪的犯罪地。从刑事立法上来看，多数国家并未对此作出专门规定，我国也是如此。但也有少数国家的刑法对此设立了规定，如德国刑法典第9条第2项规定："正犯行为地，共犯中各人的行为地，在不作为犯罪情况下，共犯应有所作为地，或行为人希望结果发生之地，皆为共犯的犯罪地。共犯在国内协助国外的犯罪，即使依犯罪地法律不为罪，仍应适用德国刑法。"

（三）属地原则的例外

按照属地原则，不能以行为人的属性为由排斥本国刑法的适用。但是，属地原则并非绝对没有例外。从立法规定来看，有些国家的刑法关于属地原则的规定是有例外情形的。如意大利刑法第3条规定："意大利刑法，除本国法或国际法另有规定外，适用于本国领域内之本国国民及外国人。"而我国刑法第6条第1款的规定也是有例外的："凡在中华人民共和国领域内犯罪的，除法律有特别规定的以外，都适用本法。"那么，属地原则的例外情形是指什么呢？主要是指享有外交特权和豁免权的外国人不适用本国刑法。这种做法是符合有关国际条约和国际惯例的，我国的法律对此也有专门规定。首先是《中华人民共和国外交特权与豁免条例》对此作出了规定，其次是刑法典本身也对此作了专条规定。刑法第11条规定："享有外交特权和豁免权的外国人的刑事责任问题，通过外交途径解决。"据此，即使享有外交特权和豁免权的外国人在我国领域内犯罪，也不适用我国刑法。当然，对享有外交特权和豁免权的外国人不适用本国刑法，也有观点认为并不是属地管辖原则的例外，而只是因为存在诉讼障碍或犯罪阻却事由，如果这种障碍与事由消失，则仍可适用本国刑法。[1]

---

[1] 参见张明楷著：《外国刑法纲要》，清华大学出版社1999年版，第44~45页。

### 三、域内效力的整体与部分

一国的刑法具有域内效力,是就整体而言的。如果具体分析,则由于国家制度、立法体制等的不同,并非每一个刑法文件都在一国领域内具有完整的域内效力。例如,在联邦制国家(如美国),联邦刑法典具有完全的域内效力,适用于全国范围,而各州刑法典则只具有部分的域内效力,适用于各该州。在单一制国家,由于中央和地方的立法权限的不同,它们所制定的刑法文件的域内效力的范围也就有所不同:一般而言,中央制定的刑法文件具有完整的域内效力,而地方制定的刑法文件则只在其所属地方具有域内效力。

就我国而言,关于刑法域内效力的部分与整体的分别,有两种情况值得注意:

其一,全国人大制定的刑法典和全国人大常委会制定的刑法修正案、单行刑法、附属刑法等虽然是由中央立法机关制定的,但由于历史的原因,其效力并不及于港、澳、台地区,这在三地回归之前属于"对刑法属地管辖权的一种事实限制"。[1] 尽管目前我国已恢复对香港和澳门行使主权,但根据"一国两制"的基本构想以及据此制定的《香港特别行政区基本法》与《澳门特别行政区基本法》的规定,大陆刑法对香港、澳门没有适用效力。按照"一国两制"的基本构想,大陆刑法对未来的台湾地区也将没有适用效力。反过来说,港、澳、台地区的刑法也不具有完整的域内效力,只能适用于各该地区。

其二,根据刑法第90条的规定,民族自治地方不能全部适用刑法典规定的,可以由自治区或者省的人民代表大会根据当地民族的政治、经济、文化的特点和刑法规定的基本原则,制定变通或者补充的规定,报请全国人民代表大会常务委员会批准施行。这一规定虽然并没有从总体上否认刑法典在少数民族自治地区的适用效力(因为少数民族自治地区只能就不能适用刑法典[2]的部分情况制定变通或者补充规定,而不能自行制定刑法典,而且少数民族地区的省级人民代表大会制定的变通或者补充规定必须符合刑法典的基本原则并报请全国人大常委会批准后方能施行),但是反过来说,少数民族地区制定的这种对刑法典(含单行刑法和附属刑法)的变通或者补充规定具有地方性,即只有部分的域内适用效力。

---

[1] 赵秉志、吴振兴主编:《刑法学通论》,高等教育出版社1993年版,第50页。
[2] 事实上也包括单行刑法与非刑事法律中的罪刑规范。

刑法效力论 >>>

应当注意的是，虽然我国学者一般都把上述两种情形与刑法第11条规定的情形一并作为刑法典第6条第1款的"法律有特别规定的"情形看待，但其实它们的性质并不相同。刑法第11条规定的情形属于刑法域内效力的例外，而这两种则并不是我国刑法域内效力的例外，因为不论是中央立法机关制定的刑法典、单行刑法和附属刑法，也不论是香港、澳门、台湾地区的刑法以及少数民族自治地区制定的对全国性刑法的变通或者补充规定，它们都属于"我国刑法"这一整体。无论在上述各个不同的地区适用哪一个刑法文件，都是在适用我国的刑法。

## 第三节 刑法的域外效力

### 一、域外效力的含义与原则

根据主权原则，一国的刑法在其领域内具有完全的效力，即域内效力，这是刑法效力的基本地域范围。但是，在一定的条件下，一国刑法的效力可以及于其领域范围之外，包括他国领域、公海和公共空间，这就是刑法的域外效力。这里所谓"一定的条件"，是指犯罪人是本国人，或者犯罪行为所侵害的是本国国家或者公民的利益，或者犯罪行为所侵犯的是国际社会的共同利益。在符合这些条件的情况下，一国的刑法的效力就可以及于领域之外。由上述三种不同的条件实际上就形成了域外效力的三个原则，即属人原则、保护原则和普遍原则。下面分别予以说明。

### 二、属人原则

（一）属人原则的含义和理论根据

这里所说的属人原则是积极的属人原则，[①] 是指本国公民在国外犯罪的，也适用本国刑法。即当犯罪人是本国公民时，一国的刑法具有域外效力。可见，属人原则的前提是犯罪人是本国公民。而判断犯罪人是否本国公民的标准

---

① 从国际法理论来看，属人原则有积极的属人原则和消极的属人原则之分。前者是指犯罪由犯罪的国籍国进行刑事管辖，因此又称罪犯国籍原则、主动的属人原则；后者是指犯罪由受害者的国籍国行使管辖，因此又称受害人国籍原则、被动的属人原则。但后者在实质上属于下文所说的保护原则。

是国籍，具有本国国籍的是本国公民，不具有本国国籍的人则是外国人。

对于属人原则的根据，理论上有两种不同观点：一是基于国家主义的思想，认为即使本国公民在国外，也要效忠母国，具有遵守本国刑法的义务。这是由国家与公民之间本来的道义关系决定的。① 二是基于国际协同主义的思想，认为本国公民在外国犯罪时，原则上应适用所在国刑法，但当行为人未受处罚而回到本国时，根据本国公民不引渡的原则，不将本国公民引渡给国外处罚，而由本国在国内为外国进行"代理处罚"。② 前者引申出来的做法是无限制的积极属人管辖；后者引申出来的做法是有限制的积极属人管辖。

（二）属人原则的限制

由于属地原则是刑法地域效力的基本原则，所以，属人原则的适用受到一定的限制。从各国刑法的规定来看，属人原则的适用受到行为人的身份、所触犯的罪名、所犯罪名的法定刑以及双重犯罪的限制。

关于身份的限制。属人原则的适用是以犯罪人具有本国国籍为基本条件的，而国籍本身即是一种身份，但这里所说身份方面的限制并不是指这方面的限制，而是指犯罪人在具有本国国籍的情况下所具有的其他国内法上的身份。在一些国家和地区的刑法中，属人原则适用中不仅体现了对具有该国国籍的公民具有管辖权，还专门规定了在具有该国国籍的同时，仍需具有公务员或军人的身份，在具有这种特殊身份的前提下，在国外实施的某种犯罪，适用该国或地区刑法。如日本刑法典和台湾地区刑法中所规定的公务人员犯某些罪行应适用该国或该地区刑法的规定。俄罗斯刑法典规定，驻扎在俄罗斯境外的俄罗斯联邦军人，对在外国境内实施的犯罪，应依照本法典承担刑事责任，但俄罗斯联邦签订的国际条约有不同规定的除外。

关于罪名的限制。一些国家的刑法并非对其域外公民所有的违反犯罪行为都行使管辖权，而是确定一定的罪名范围，即对何种犯罪行使管辖权，对何种犯罪不予行使。如日本刑法规定，日本国民在国外犯有诸如放火罪、杀人罪、盗窃罪等罪时，适用日本刑法；日本国民犯内乱罪、外患罪、伪造货币罪等罪时，也适用日本刑法（对外国人犯此类罪亦适用），以及日本公务员在国外犯有渎职罪、伪造文书罪等罪时，应适用日本刑法。台湾地区刑法规定，台湾公民犯有内乱罪、外患罪、伪造货币罪、伪造有价证券罪、伪造文书印文罪、鸦

---

① 日本学者小野清一郎持此说。参见［日］小野清一郎：《刑法讲义总论》，有斐阁1948年新订版，第73页，转引自张明楷著：《刑法学》，法律出版社1999年版，第64页。

② 日本学者平野龙一持此观点。参见［日］平野龙一：《犯罪论的诸问题（下）》，有斐阁1982年版，第249页，转引自张明楷著：《刑法学》，法律出版社1999年版，第64页。

片罪、妨害自由罪和海盗罪适用台湾刑法；台湾公务员在台湾领域外犯渎职罪、脱逃罪、伪造文书罪和侵占罪的，才适用台湾刑法。

关于法定刑的限制。一些国家除了规定属人原则所适用的特定罪行外，还规定了一定的刑罚限制幅度。如意大利刑法第9条规定：本国人除了前两条规定的情形外，在本国领域外犯罪，依意大利法律规定，应处以无期徒刑或3年以上有期徒刑者，当其在本国领域内滞留时，依意大利法律处断。土耳其刑法第5条规定：凡土耳其人在外国犯第4条所列的犯罪外，按土耳其法应处3年以上限制人身自由的重罪者，如在土耳其，应依土耳其法惩处。我国台湾地区刑法规定，台湾公民犯内乱罪、外患罪、伪造货币罪、伪造有价证券罪、伪造文书印文罪、鸦片罪、妨害自由罪和海盗罪适用台湾刑法；台湾公务员在台湾领域外犯渎职罪、脱逃罪、伪造文书罪和侵占罪上述以外罪行，而其最轻本刑3年以上有期徒刑的适用台湾刑法，但依照犯罪地的法律不受处罚的不在此限。

关于双重犯罪的限制。一些国家的刑法除了罪名和法定刑上的限制外，还强调按犯罪地的法律也应受刑事追究，如果依犯罪地的法律不追究的，则不在此限。我国台湾地区刑法的规定即属此类。

（三）我国刑法中的属人原则

我国两部刑法典都对属人原则作了规定，但两部刑法典的规定有所不同。

1979年刑法典第4条规定："中华人民共和国公民在中华人民共和国领域外犯下列各罪的，适用本法：（一）反革命罪；（二）伪造国家货币罪（第122条），伪造有价证券罪（第123条）；（三）贪污罪（第155条），受贿罪（第185条），泄露国家机密罪（第186条）；（四）冒充国家工作人员招摇撞骗罪（第166条），伪造公文、证件、印章罪（第167条）。"第5条规定："中华人民共和国公民在中华人民共和国领域外犯前条以外的罪，而按本法规定的最低刑为三年以上有期徒刑的，也适用本法；但是按照犯罪地的法律不受处罚的除外。"

1997年刑法典第7条第1款规定："中华人民共和国公民在中华人民共和国领域外犯本法规定之罪的，适用本法，但是按本法规定的最高刑为三年以下有期徒刑的，可以不予追究。"第2款规定："中华人民共和国国家工作人员和军人在中华人民共和国领域外犯本法规定之罪的，适用本法。"

可见，1979年刑法关于属人原则的规定主要是从三个方面加以限制的。首先是罪名的限制，即我国公民在我国领域外犯所规定之罪的，不论罪刑轻重都适用我国刑法。二是法定刑的限制，即我国公民在我国领域外犯规定以外罪名的，必须是罪刑较重才适用我国刑法。三是双重犯罪原则的限制，即必须是按照犯罪地的法律也应当受到处罚。而 1997 年刑法对属人原则的限制则主要体现在两个方面：一是罪刑轻重的限制，即不论所犯何罪，原则上都应适用我国刑法，但其中罪刑较轻的可以不予追究。二是身份的限制，即具有国家工作人员和军人身份者不论所犯何罪以及罪刑轻重，我国刑法都有适用的效力。

比较而言，1997 年刑法关于属人原则的规定使得我国刑法的域外效力的范围大大扩展。具体体现在三个方面：一是取消了 1979 年刑法关于罪名方面的限制，即原则上不论所犯何罪，我国刑法都有域外适用的效力，这就使刑法域外效力所涉及的罪名由特定扩大到全体。二是在法定刑的限制方面由绝对变为相对。从法定刑限制的方式上来看，由原来的限制重罪的最低刑变为现在的限制轻罪的最高刑，但这并不是实质性的变化。实质性的变化在于，由原来的重罪适用而轻罪不适用变为现在的轻罪也可以适用，因为"可以不予追究"同时意味着"也可以追究"，这就从刑罚方面扩大了我国刑法的域外适用范围。三是取消了原来关于双重犯罪原则的限制，即使行为人的行为在所在国不予追究，也可以适用我国刑法追究其刑事责任，这同样起到了扩大我国刑法域外适用范围的作用。

### 三、保护原则

（一）保护原则的含义与意义

保护管辖原则的基本含义是，不论本国人还是外国人，其在国外的犯罪行为，只要侵犯了本国国家或公民的权益，就适用本国刑法。其实质意义在于，保护本国利益与本国公民的权益。因侵犯本国利益而适用本国刑法的，称为国家保护原则；因侵犯本国公民权益而适用本国刑法的，称为国民保护原则（消极的属人原则）。

（二）保护原则的适用范围及限制

根据保护原则的基本含义，保护原则适用于两类犯罪。

一类是侵害本国国家利益的犯罪。所谓侵害本国利益的犯罪，通常限于侵害国家安全、信用方面的犯罪，如内乱罪、外患罪、伪造货币罪等。例如，意大利刑法第 7 条规定："公民或者外国人在外国实施下列犯罪之一的，依照意大利法律处罚：1) 国事罪；2) 伪造国家印章罪，使用伪造的国家印章罪；3) 伪造在国家领域合法流通的货币、印花或者意大利公共信用票据罪；4) 为国家服务的公务员滥用职权或者违反其职责义务而实施的犯罪；5) 根据法律的特别规定或者国际条约对其适用意大利刑法的任何其他犯罪。"日本刑法第 2 条规定:"本法适用于在日本国外犯下列各罪的一切人:1. 删除;2. 第 77 条至第 79 条(内乱、预备和阴谋、帮助内乱等)的犯罪;3. 第 81 条(诱致外患)、第 82 条(援助外患)、第 87 条(未遂罪)和第 88 条(预备和阴谋)的犯罪;4. 第 148 条(伪造货币和行使伪造的货币等)的犯罪和同条的未遂罪;5. 第 154 条(伪造诏书等)、第 155 条(伪造公文书等)、第 157 条(公正证书原本不实记载等)、第 158 条(行使伪造的公文书等)以及与应由公务机关或者公务员制作的电磁记录有关的第 161 条之二(不正当制作和提供电磁记录)的犯罪;6. 第 162 条(伪造有价证券等)和第 163 条(行使伪造的有价证券等)的犯罪;7. 第 164 条至第 166 条(伪造和不正当使用御玺等、伪造和不正当使用公印等、伪造和不正当使用公务符号等)的犯罪以及第 164 条第二项、第 165 条第二项和第 166 条第二项罪的未遂罪。"法国刑法第 113~10 条规定"在法国领域外犯下列各重罪及轻罪,适用法国刑法:依本法典第四卷第一编之规定惩处的危害国家基本利益罪,第 442~1 条、第 443~1 条及第 444~1 条之规定惩处的伪造与变造国玺罪、伪造与变造货币、银行证券罪,或者伪造与变造公文、证件罪,侵犯法国外交或领事人员或场所之任何重罪或轻罪。"

另一类是侵害本国国民权益的犯罪。由于这类犯罪的范围太广,而且不宜均适用本国刑法,一般来说,只能对严重侵害本国国民权益的犯罪适用本国刑法。所以,不少国家不直接规定犯罪的种类,或者只作一般规定,如法国刑法第 113~7 条规定:"法国人或外国人,在法国领域外犯任何重罪以及犯任何当处监禁刑之轻罪,如犯罪发生时受害人具有法国国籍,适用法国刑法。"德国刑法第 7 条第 1 项规定:"在国外针对德国人的犯罪,依犯罪地法律应当处罚或不予处罚的,适用德国刑法。"瑞士刑法第 5 条规定:"在外国对瑞士国民所犯之轻罪或重罪,依行为地法律亦属可罚,且行为人在瑞士国内未被引渡于国外,或因其行为被引渡于瑞士者,适用瑞士刑法。如行为地法对行为人之处罚较轻时,适用行为地法。"但也有国家刑法对国民保护主义没作规定,如日本、奥地利等国。

从上述各国有关保护原则适用的两类犯罪的规定可以看出,对于侵害本国国家利益的犯罪适用本国刑法时主要是从罪名上加以限制的,而对于侵害本国国民利益的犯罪适用本国刑法时则主要是从罪刑轻重方面加以限制的。

(三)我国刑法中的保护原则

我国两部刑法都对保护原则作了规定。1979 年刑法典第 6 条和 1997 年刑法典第 8 条作了完全相同的规定："外国人在中华人民共和国领域外对中华人民共和国国家或者公民犯罪，而按本法规定的最低刑为三年以上有期徒刑的，可以适用本法；但是按照犯罪地的法律不受处罚的除外。"根据这一规定，在我国，适用保护原则必须符合三个条件：

一是所犯之罪必须侵犯了我国国家或者公民的利益，这是适用保护管辖原则的前提条件。作出这一限制，既有利于保护我国国家与公民的利益，又尊重了他国主权。

二是所犯之罪按我国刑法规定的最低刑为 3 年以上有期徒刑。这一规定将保护管辖原则的适用范围限定在较为严重的犯罪之内。

三是双重犯罪原则，即所犯之罪按照犯罪地的法律也应受处罚。这一限制是必要的，因为外国人在国外时只需遵守所在国的法律，不能要求一个人在任何地方遵守一切国家的法律。

### 四、普遍原则

（一）普遍原则的含义与特点

普遍管辖原则以保护各国的共同利益为标准，认为凡是国际公约或条约所规定的侵犯各国共同利益的犯罪，不管犯罪人的国籍与犯罪地的属性，缔约国或参加国发现罪犯在其领土之内时便行使刑事管辖权。采取普遍管辖原则，主要是为了防止国际犯罪。20 世纪 70 年代以来，为了加强国际合作、对付不断加剧的国际犯罪活动，国际上先后签订了一系列公约。如 1970 年 12 月 16 日的《关于制止非法劫持航空器的公约》（简称《海牙公约》）、1971 年 9 月 23 日的《关于制止危害民用航空安全的非法行为的公约》（简称《蒙特利尔公约》）、1973 年 12 月 14 日的《关于防止和惩处侵害应受国际保护人员包括外交代表的罪行的公约》等。这些公约规定，各缔约国与参加国应将公约上所列举的非法行为规定为国内法上的罪行，并应采取必要措施，对这些犯罪行使刑事管辖权，而不论罪犯是否本国人、罪行是否发生在本国内。这便是普遍管辖原则。

（二）普遍原则的限制

根据国际公约及各国刑法的规定，适用普遍管辖原则受到一定限制：第一，适用普遍管辖原则的犯罪必须是危害人类共同利益的国际犯罪；第二，管辖国应是有关公约的缔约国或参加国；第三，管辖国的国内刑法也规定该行为是犯罪；第四，罪犯出现在管辖国的领土上。由此可见，普遍管辖原则并不意味着任何国家对任何犯罪均有管辖权。①

(三) 各国关于普遍原则的立法规定

世界各国的刑法大多对普遍原则作了规定。如日本刑法第 4 条之二规定："除前三条外，对于在日本国外犯本法第二编规定之罪，而且依据条约即使在日本国外实施时也应处罚的一切人，适用本法。"意大利刑法第 10 条第 2 款规定："如果所实施的犯罪侵害的是某一外国或者外国人，经司法部提出要求，对犯罪人依照意大利法律处罚，只要：1) 该人处于意大利国家领域内；2) 对犯罪规定的刑罚是无期徒刑或者最低不少于 3 年的有期徒刑；3) 不允许对该人实行引渡，或者犯罪实施地国家的政府或该人所属国家的政府不接受对该人的引渡。"德国刑法第 6 条关于妨害国际保护法益的国外行为的规定，无论犯罪地法律如何规定，在国外的下列犯罪同样适用德国刑法：种族灭绝，有关原子能、炸药或辐射等犯罪，危害航空交通罪，有关卖淫和贩卖人口的犯罪，以及非法经营毒品罪等。奥地利刑法第 64 条规定："在外国所为下列犯罪行为，不问行为地法如何，均依奥地利刑罚规定处罚……"此外，有些国家关于普遍管辖的原则是规定在其刑事诉讼法中的，如法国刑事诉讼法第 689 条的规定。

从规定的方式上看，有些国家关于普遍管辖原则的规定是针对所有的、只要该国加入的国际公约中规定的国际性犯罪，例如，法国虽然将"普遍管辖"的原则规定在其刑事诉讼法之中，但也是以承认所加入的公约中确定的管辖范围来行使其刑事管辖权的。有些国家的刑法规定不仅强调了其管辖权的广泛性，还确定了具体国际罪行的普遍管辖，从罪行的性质或种类上明确了管辖权行使的范围，如上述德国刑法第 6 条规定的妨害国际保护法益的国外行为的管辖规定。这种方式具有操作上的便利性。

(四) 我国刑法中的普遍管辖原则

我国 1979 年刑法没有规定普遍管辖原则，因为在制定刑法之时，立法者及刑法理论界都对普遍管辖原则持否定态度。但随后的法制实践和有关政策却承认有条件地适用普遍管辖原则。我国于 1980 年 9 月 10 日加入《海牙公约》和《蒙特利尔公约》，1981 年 9 月 14 日签署了《禁止或限制使用某些可以被认为具有过分伤害力或滥杀滥伤作用的常规武器公约》，1982 年签署了联合国《海洋公约》，1983 年 9 月 14 日加入了关于日内瓦四公约的两个附加议定书。但是我国刑法没有明确规定对我国参加的国际公约中规定的犯罪行使刑事管辖

---

① 参见张智辉著：《国际刑法通论》，中国政法大学出版社 1993 年版，第 70 页以下。

权的国内法律依据。为了解决这一问题,第六届全国人民代表大会常务委员会第 21 次会议于 1987 年 6 月 23 日批准我国加入规定有普遍管辖条款的《关于防止和惩处侵害应受国际保护人员包括外交代表的罪行的公约》的同时,根据国务院的建议做出了《中华人民共和国对于其缔结或参加的国际条约所规定的罪行行使刑事管辖权的决定》,该决定明确规定:"对于中华人民共和国缔结或者参加的国际条约所规定的罪行,中华人民共和国在所承担条约义务的范围内,行使刑事管辖权。"这一规定决定解决上述问题。此后,全国人大常委会 1990 年《关于禁毒的决定》第 13 条第 2 款规定,在我国领域外犯走私、贩卖、运输、制造毒品罪进入我国领域的,我国司法机关有管辖权,除依照我国参加、缔结的国际公约或者双边条约实行引渡的以外,均应适用该决定。这一规定进一步从实体法上确认了我国刑法的普遍管辖权。为使国内刑事立法与履行国际义务和行使国家主权的需要相适应,1997 年刑法典在第 9 条正式确立了普遍管辖原则,规定对于中华人民共和国缔结或者参加的国际条约所规定的罪行,中华人民共和国在所承担条约义务的范围内行使刑事管辖权,适用我国刑法。

### 五、刑法域外效力的实现

一国的刑法虽然具有域外效力,但是,域外效力的实现却不像域内效力的实现那样容易。无论是属人原则、保护原则还是普遍原则的实现,都存在客观上的实际困难。

就属人原则而言,即使完全符合立法上规定的各种限制条件,在实际适用时还会受到客观上的限制。由于罪犯往往在国外,罪犯所在国对罪犯进行管辖享有事实上的优先权,国籍国不能到国外去把他抓回来审判,而是需要通过外交途径引渡罪犯。在有的情况下,犯罪地国已对罪犯进行了管辖,给引渡造成困难;有时由于各国法律规定不同,对犯罪的认定不同以及其他政治、外交的原因,犯罪地国不同意引渡,那么,国籍国的刑事管辖权因此而难以实现。另一方面,即使国籍国能够管辖,由于案件发生在国外,诉讼中调查、取证也会有不少困难。对于属人原则中的客观上的限制,各国主要是通过罪犯自己返回国内、引渡或缺席判决等途径来实现的。也有的国家在立法中直接规定,属人管辖仅限于罪犯已经回到本国,才行使刑事管辖权;如被告在国外,就不予追诉。[①]

---

[①] 如蒙古刑法第 2 条,朝鲜刑法第 2 条第 2 款的规定。

就保护原则而言，它也存在着与属人原则同样的客观限制。即使完全符合刑法规定的限制条件，只要犯罪人不到本国来，或在本国领域内被捕获，这种管辖权就难以实现。一国不能因外国人的行为触犯了该国的刑法而到他国去行使刑事管辖权，这是侵犯他国主权的。另一方面，犯罪地不在本国境内，且犯罪人又不具有本国国籍，通过外交途径进行引渡也存有一定的困难。因此，按照保护原则行使刑事管辖权，其事实限制甚于法律限制。各国刑法有关规定，与其说具有切实的法律意义，不如说主要是具有政治意义，它是通过法律形式进行的一种保护性宣言。

就普遍原则而言，虽然罪犯出现在管辖国国内，但由于证据的提取、搜集和使用的复杂性，与案件没有直接关系的管辖国要行使普遍管辖权，也同样不易顺利地完成这一特定的司法任务。每一步骤都要诉诸复杂的刑事司法协助程序，这无疑要给当事国家增加许多法律程序的麻烦。有的国家为了避开这些麻烦，往往不愿管辖此种犯罪案件，因而实际上就放弃了其对犯罪案件的普遍管辖权。

由上可见，要真正实现一国刑法的域外效力，在实践中主要需要两个方面的条件，一是建立引渡制度，把罪犯引渡到国内，这是域外效力实现的首要条件。二是建立国际刑事司法协助制度，解决诉讼中证据的搜集和提取问题。这两项制度不建立，刑法的域外效力就不可能真正实现。由于这两个问题主要属于刑事诉讼问题，本文对此不予展开探讨。

## 第四节 刑法地域效力的冲突

### 一、刑法地域效力的冲突

（一）刑法地域效力的国际冲突

从一国国内来看，刑法的地域效力有域内效力和域外效力两个部分。由属地原则解决刑法的域内问题，由属人原则、保护原则和普遍原则解决刑法的域外效力问题，两方面的结合就解决了一国刑法的地域效力问题。从世界范围来看，各国刑法关于地域效力的规定也正是以域内效力为主，并在符合一定条件的情况下兼顾域外效力，即以属地原则为基础，同时兼采属人原则、保护原则和普遍原则作为补充。也正是由于各国刑法同时具有域内效力和域外效力，才导致了当犯罪具有国际因素时各国刑法地域效力冲突的产生。

对于非国际公约规定的犯罪而言，主要是犯罪地国的域内效力与犯罪人国籍国及犯罪受害国的域外效力的冲突，即属地原则与属人原则、保护原则的冲突。对于国际公约所规定的犯罪而言，则同时存在着犯罪地国的域内效力与犯罪人国籍国、犯罪受害国及犯罪人被逮捕国的域外效力的冲突，即属地原则与属人原则、保护原则、普遍原则的冲突。如果有权管辖的各国同时主张对同一国际犯罪的刑事管辖权，在两个以上国家之间就会出现究竟由哪个国家进行管辖的问题。这个问题的解决，有赖于国际公约对管辖的顺序做出明确规定，以便确定哪个国家具有优先管辖的权利。享有优先管辖权的国家，当罪犯在其实际控制之下时，可以径直对其进行起诉；被指控的罪犯不在其实际控制之下时，可以请求罪犯所在地国将其引渡给本国以便起诉，被请求国应当根据有关国际公约的规定首先考虑将被指控的罪犯引渡给享有优先请求权的国家。只有当享有优先管辖权的国家放弃管辖时，其他国家才可以依次提出引渡罪犯的请求，对其进行起诉和审判。

但是，现有的国际条约并没有对此作出明确的规定。一些国家和一些国际法学者也不承认优先管辖原则的存在。他们认为，在目前的国际环境下，确立优先管辖的原则是不实际的，也是难以实行的。因为，优先管辖的实现在很大程度上取决于引渡的畅通，要想确立优先管辖的原则并保障其实施，就必须有一套具体的制度保障当国际犯罪发生时罪犯能够被及时地引渡到享有优先管辖权的国家。而目前国际上通行的引渡规则是，如无双边或多边含有对等义务条款的引渡条约，一般不予引渡。

事实上，从有关国际公约的规定中，可以看出管辖顺序的排列。对各种国际犯罪，首先享有管辖权的总是犯罪地国。这就是属地管辖优先原则。其次，根据犯罪的不同情况，有些公约把根据属人管辖原则取得管辖权排列第二，而把根据保护管辖原则取得的管辖权排列第三；有些公约则恰好相反。最后一个享有管辖权的国家是上述国家以外的在本国领域内发现被控实施了国际犯罪的人的国家。这是在按照其他管辖原则不能获得管辖权的场合按照普遍管辖原则获得的刑事管辖权。享有这种管辖权的国家，只有当享有优先管辖权的国家没有提出引渡的请求或者按照本国法律不能将罪犯引渡给请求国时，才应当对在本国领土内发现的国际罪犯实施刑事管辖。[①]

---

[①] 参见张智辉著：《国际刑法通论（增补本）》，中国政法大学出版社1999年版，第96~98页。

(二) 刑法地域效力的区际冲突

由于众所周知的历史和现实原因，目前在我国形成了一国（中国）、两制（社会主义制度和资本主义制度）、三法系（大陆法系、英美法系和中华法系）、四法域（大陆、香港、澳门和台湾）的局面。在前面关于刑法效力的整体与部分的内容中，我们曾经谈到，我国大陆刑法在香港、澳门、台湾没有适用的效力，反过来，港澳台地区的刑法在我国大陆也没有适用效力。那么，当某一犯罪行为同时与两个或两个以上的地域具有联系时，就会出现在一国之内各区域之间的效力冲突现象，即所谓刑法效力的区际冲突。对于这个问题，限于篇幅，笔者在这里只是提出而不展开分析。

## 二、域外刑事判决的承认与执行

在刑法地域效力的冲突中，还牵涉到外国刑事判决的承认与执行问题。因为存在刑事管辖权的冲突，本国具有刑事管辖的行为，外国也可能有刑事管辖权，在本国具有刑事管辖权的行为（如本国公民在外国犯罪）受到外国确定的有罪判决或无罪判决的时候，就出现了本国是否承认或执行这一判决的问题。从世界各国的立法来看，对此主要有两种不同的处理方式。一种是积极的承认。即在本国具有刑事管辖权的行为受到外国确定的有罪判决时，将该犯人移至本国后，执行外国所确定的有关判决；如果犯人在外国已经将刑事判决所确定的刑罚执行完毕，或者外国法院虽宣告有罪但免除刑罚，或者对行为人做出无罪判决，则本国不再追诉。目前，欧洲一些国家采取这种做法，因为1958年的《欧洲刑事司法协助公约》第35条和第36条对此作出了规定，各缔约国通常也在国内法中对此作出了规定，如瑞士刑法典第6条第2项规定："行为人因其重罪或轻罪在外国受审判，经判决确定无罪；或其所受宣判之刑罚已执行完毕，免除或时效完成时，在瑞士即不再受处罚，如其所受宣判之刑罚在外国仅受部分之执行，将其已执行刑罚折抵之。"另一种是消极承认，即外国确定的刑事判决不制约本国刑罚权的实现，即不管外国确定的是有罪判决还是无罪判决，对同一行为本国可行使审判权，但对外国判决及刑罚执行的事实给予考虑。如日本刑法典第5条规定："同一行为虽然在外国受到确定判决，仍然可以重新处罚。但犯人在外国已经受到过所宣告刑罚的全部或一部的执行时，可以减轻或免除其刑罚的执行。"有的国家则规定，在外国执行的刑罚可以折抵国内判决所确定的刑罚。如奥地利刑法第67条规定："行为人所为行为在国内应受处罚，而已在国外受刑之执行完毕者，可折抵国内应执行之刑罚。"后一种规定似乎更进一步考虑了外国判决及刑罚执行这一事实，但结局并没有多大区别。

从国家主权原则出发，一个独立自主的主权国家，理当不受外国审判效力约束；但是另一方面又不能不考虑到行为人在外国已经受刑罚执行的事实，所以在上述两种做法中，消极承认的做法是较为妥当的。我国刑法即采用这一做法。1997年刑法第10条规定："凡在中华人民共和国领域外犯罪，依照本法应当负刑事责任的，虽然经过外国审判，仍然可以依照本法追究，但是在外国已经受过刑罚处罚的，可以免除或者减轻处罚。"这与1979年刑法典第7条规定是相同的。这一规定表明其所采取的是消极承认的做法。首先，刑法在法律上不承认外国法院的既判力。我国刑法学界普遍认为，外国的刑事管辖权不能取代我国的刑事管辖权。刑事管辖只能适用本国法，外国判决在我国看来，仅是一种"事实状态"，在我国不具有法律的效力。同时，社会制度不同的国家，在刑法的原则、适用、罪的认定以及刑罚的目的方面，可能会有很大的甚至是性质的不同。我国不能承认外国法院的既判力。尤其是各国在刑罚制度上也有很大不同，西方国家普遍适用作为主刑的罚金刑，往往以罚金刑代替自由刑，目前尚不能被我国所接受。其次，我国刑法注意到罪犯受双重审判的可能状况，又在事实上考虑了外国的裁判的效力，因而作出了上述"但书"的规定。因为罪犯如果在国外已受过刑罚处罚，再按我国刑法正常定罪量刑并予以执行的话，对犯罪人过于苛刻，不符合"罪刑相适应"原则的精神和教育、改造、挽救罪犯的宗旨。

我国台湾地区刑法也采用了消极承认的做法。台湾刑法第9条规定："同一行为虽经外国确定裁判，仍得依本法处断。但在外国已受刑之全部或一部执行者，得免其刑之全部或一部执行。"

# 第十四章　刑法的对象效力与事项效力

## 第一节　刑法的对象效力

所谓刑法的对象效力，是指刑法对人的效力或者说刑法的属人效力，即刑法对哪些人有约束力的问题。但是这里的"人"是广义的人，不仅包括自然人，而且还包括法律上的拟制人。这里的"人"是刑法的约束力施及的对象，因此，我们将刑法对人的效力称为刑法效力的对象维度。

无论在国外大陆法系国家的刑法理论中还是在我国传统的刑法理论中，都有关于刑法对人的效力（或者刑法对人的适用范围）的内容。在大陆法系国家的刑法理论中，刑法对人的效力主要研究的是刑法对人效力的例外情形，即对几种具有特定身份的人的豁免问题。而在我国传统的刑法理论中，刑法对人的效力是包含在刑法的空间效力之中的，实际上没有自己独立的内容。笔者认为，我国传统的刑法理论没有赋予刑法的对人效力以独立的地位是不恰当的（其理由在第六章第一节已经说明），而大陆法系国家刑法理论关于刑法对人效力的内容因缺乏关于对法律拟制人的内容也是不全面的。

### 一、刑法对自然人的效力

（一）刑法对自然人的效力概述

对于自然人，法律上通常根据其国籍的不同而将其划分为本国公民和外国人两类。凡是具有本国国籍的自然人都是本国公民，通常又可以根据其是否居住在国内而划分为国内公民和侨民两种。凡是不具有本国国籍的人都是外国人，外国人通常包括三类：具有某一外国国籍的人和因国籍冲突而造成的无国籍人和多重国籍人。

就刑法对本国公民的效力而言，根据其是国内公民还是侨民而有所不同。

根据属人原则，一国的刑法对其本国的国内公民具有完全的法律效力，既有应然效力，也有实然效力。而对于侨居在外国的本国公民，虽然本国刑法对其具有法律效力，但由于他们不居住在本国，而是居住在他国，因而又受其居住国法律的约束，本国刑法的效力就受到该外国的属地原则的限制。

就对外国人的效力而言，也因根据他们是否居住在本国领域内而有所不同。对于居住在本国领域内的外国人，根据属地原则，本国刑法具有完全的效力。而对于不居住在本国领域内的外国人，本国刑法对其只有不完全的法律效力，即原则上对其没有法律效力，只有当其行为侵犯了本国国家或者公民的利益时从具有有限的效力，此即所谓保护原则。

由上可见，刑法的对人效力与刑法的地域效力在内容上是基本一致的，但是不容否认的是，二者的着眼点不同，一个是着眼于地域，一个是着眼于人。此外我们说二者的内容是基本一致但并非完全一致，实际上，刑法的对人效力中还包含有不同于刑法地域效力的其他内容，例如，从地域效力根据的角度来看，无论根据属地原则还是根据属人原则，本国刑法对本国公民都具有完全的法律效力，但是，由于自然人身份的不同，本国刑法对一部分具有特殊身份的自然人却不完全具有法律效力，从而形成刑法效力的例外。由于这些例外是因自然人的身份而引起，因而显然属于刑法对人效力的内容而不属于刑法地域效力的内容。对此，下面予以专门分析。

（二）刑法对自然人效力的例外——刑事豁免

各国刑法一般都规定，凡是在本国领域内犯罪的都适用本国刑法，也就是说，只要符合时间、地域适用范围上的规定，不管什么人都适用本国刑法。但是，在许多国家存在或存在过对于具有一定身份上的特殊情况的人，不适用或者不完全适用本国刑法的情况，即对所有犯罪或者部分犯罪、长期或者在特定期间内不受本国刑法处罚，这就是所谓发动刑罚权的身份限制，也可以说是刑法对人效力方面的例外，在有的国家称为刑事豁免。当然，这些刑事豁免从性质上有实体性豁免和程序性豁免之分，前者属于国家刑罚权的豁免，而后者只是刑事裁判权的豁免。从这些限制（例外、豁免）的来源来看，一般来自国内公法和国际法两个方面。

1. 来自国内公法方面的刑事豁免

综观世界各国国内公法上关于刑事豁免的规定，享有刑事豁免的对象主要有以下几类：

（1）民意代表

在现代民主各国，宪法或者宪法性法律大都规定了议员在院内所为之言论和表决，对院外不负责任。民意代表的这种特权一般被称之为言论免责权。

意大利宪法第68条第1款规定："国会议员因履行职能而发表的意见或投票不承担责任。"此即意大利国会议员享有的实体性豁免，其目的在于保障议院的独立性和议会活动的自由。除上述实体法性的豁免外，意大利宪法还规定国会议员享有的程序性豁免。其具体内容为：1）除正在实施依法应当场逮捕的重罪时被抓获，或"执行已经生效的判决"外，不经议员所属议会批准，不得搜查议员的人身或住所，不得对议员采取逮捕和其他限制或剥夺人身自由的措施（宪法第68条第2款）；2）"对议会成员采取任何形式的截听谈话、通信或扣押来往信件"，也须经"类似的批准"（宪法第68条第3款）。另外，根据宪法第122条第4款规定，各大区议会议员"因履行职能而发表的意见或投票不承担责任"。①

在日本，根据宪法第51条的规定，众、参两议院的议员，"对其在议院进行的演说、讨论或者表决，不得在院外追究责任"。当然，在议院内的行为涉及暴行、伤害等时，不免除处罚。②此乃议员的言论免责权，属于实体性豁免。

在德国，根据刑法典第36条的规定，联邦议会成员、联邦大会成员或州立法机关成员（州议会和自由城市州议会），在任何时候均不得因其在议会团体或委员会的表决或言论，而在议会团体外追究其责任。这里指的是长期排除刑事责任。在议会党团及其工作组的言论，只要与议员的议会活动有关，视同议会言论，但在选举大会和记者招待会上的言论除外。排除责任不适用于诋毁性诽谤；因此，可就此追究议员的刑事责任。给予特权的内在根据是保护议会中的言论和表决自由；因此，议员不得放弃其依法享有的豁免权。德国《基本法》第46条第2款还规定了对联邦议员不予逮捕特权。对于州议会议员，州法中也有类似的规定。但议员不予逮捕是议会享有的特权，因此，在其议席不复存在后，即行恢复对议员进行刑事追诉的可能性。③

在俄罗斯，《俄罗斯联邦宪法》第98条第1款规定，联邦委员会委员和国家杜马议员在其整个任职期间享有不受侵犯权。所以，在未剥夺其不受侵犯

---

① 陈忠林著：《意大利刑法纲要》，中国人民大学出版社1999年版，第54页。
② 参见[日]野村稔著，全理其、何力译：《刑法总论》，法律出版社2001年版，第68~69页，[日]大塚仁著，冯军译：《刑法概说（总论）》，中国人民大学出版社2003年版，第83页。
③ 参见[德]汉斯·海因里希·耶赛克、托马斯·魏根特著，徐久生译：《德国刑法教科书》，中国法制出版社2001年版，第231~232页。

权时他们不得被追究刑事责任。剥夺其不受侵犯权的问题由联邦会议相应议院根据俄罗斯联邦总检察长的报告作出决定。俄罗斯联邦各主体立法机关和其他级别的议员不享有不受侵犯权。虽然如此，在许多联邦主体境内还在施行规定主体立法机关议员不受侵犯权的法令，这是违反《俄罗斯联邦宪法》的。俄罗斯联邦宪法法院不只一次地认定那样的地方性文件是违宪的。理论上认为，联邦委员会委员和国家杜马议员不受侵犯的规定是否有根据，是大可怀疑的。①

在法国，根据1881年7月29日的法律第41条（由1958年11月17日法令按照1958年10月4日的宪法第26条第1款的规定进行修改）的规定，议会议员享有豁免权。这种豁免权意味着议员不因其在议会内的演讲，或者由于某一议会部门的命令印制的报告或其他文件引起的犯罪而受到任何追诉。这种豁免权旨在保障在国民代表机关的言论自由。同时，议员还享有"不可侵犯权"，即两院议员在任职期间，非经其所属的议会的批准，不受刑事追诉（但违警罪除外）或逮捕（但现行犯罪行为除外）。②

在我国，现行法律也有关于人大代表的豁免权的规定，其内容包括实体性豁免和程序性豁免两个方面。现行宪法第74条规定："全国人民代表大会代表，非经全国人民代表大会会议主席团许可，在全国人民代表大会闭会期间非经全国人民代表大会常务委员会许可，不受逮捕或者刑事审判。"此属于程序性豁免。第75条规定："全国人民代表大会代表在全国人民代表大会各种会议上的发言和表决，不受法律追究。"此属于实体性豁免。全国人大组织法又把上述豁免权的适用范围扩大到了全国人大常委会，而地方组织法又把这一特权扩展到了地方各级人大代表及其常委会组成人员。

（2）国家元首

关于国家元首所享有的特权，许多国家的法律有专门规定。

在意大利，现行宪法第90条第1款规定："除严重叛国和侵犯宪法外"，共和国总统"对履行职务中的行为不承担责任"。按照有关宪法性法律的规定，如果总统有严重叛国和侵犯宪法的行为，应由两院联席会议以议员的绝对多数提出控诉，由扩大的宪法法院进行审理。对总统任职期间的非职务行为，理论界有两种对立的观点。尽管否认总统非职务性豁免的主张，似乎得到了

---

① 参见［俄］Н·Ф·库兹涅佐娃、И·М·佳日科娃主编，黄道秀译：《俄罗斯刑法教程》（上卷），中国法制出版社2002年版，第99页。

② 参见［法］卡斯东·斯特法尼等著，罗结珍译：《法国刑法总论精义》，中国政法大学出版社1998年版，第537页。

1989年第219号法律第10条第1款的间接支持，但认为总统的非职务性行为也应享有不受司法管辖的观点，仍得到许多人的支持。①

在德国，在1918年之前，部分依据宪法，部分依据习惯法，德国皇帝和侯爵不受德国刑法处罚。但现在，联邦总统受德国刑罚权的支配，只享有与议会议员等同之豁免权。②

在日本，明治宪法（第3条）规定了"天皇神圣不可侵犯"，因此对天皇的行为当然不可能适用刑法。但是，现行宪法第1条仅规定天皇基于拥有主权的日本国民的总意而享有象征地位。皇室典范第21条规定仅规定"摄政在其在任时不受追诉"，而没有对天皇的特别规定。在理论上，有人否定对天皇适用刑法，但也有人认为对天皇的行为也适用刑法，只是基于其作为象征的地位，存在人的处罚阻却事由。对摄政的行为，当然也能够适用刑法，只是作为摄政在任时，缺乏追诉条件。③

可见，虽然许多国家在历史上曾经有过国家元首享有刑事豁免权的规定，但在主张法律面前人人平等的现代各国，这一特权大多已被取消或受到限制。我国现行宪法也没有规定作为国家元首的国家主席享有刑事豁免权。只有少数国家，如意大利，还规定有国家元首的豁免权。意大利众议院在2003年6月18日还专门通过了一项有关5位国家领导人在职期间予以刑事豁免的法案，其中包括总统、参众两院议长、政府总理和宪法法院院长。然而，意大利宪法法院于2004年1月13日作出裁决，总理贝卢斯科尼和其他4名国家领导人在任期间享有司法豁免权的法案违反了宪法有关公民在法律面前人人平等的基本原则。

（3）其他人员

除上述两类人员外，一些国家的法律规定还涉及其他人员的豁免权问题。

有的国家规定法官享有一定的豁免权。如意大利1948年第1号宪法性法律第3条及1953年第1号宪法性法律第5条、1981年第1号法律第5条，分别规定了宪法法院法官、最高司法委员会成员享有与议员类似的实体性豁免和

---

① 参见陈忠林著：《意大利刑法纲要》，中国人民大学出版社1999年版，第53～54页。
② 参见［德］汉斯·海因里希·耶赛克、托马斯·魏根特著，徐久生译：《德国刑法教科书》，中国法制出版社2001年版，第231页。
③ 参见［日］野村 稔著，全理其、何力译：《刑法总论》，法律出版社2001年版，第68页。

程序性豁免。① 在俄罗斯，根据《俄罗斯联邦宪法》第122条第1款的规定，审判员享有不受侵犯权，只有依照联邦法律规定的程序审判员才得被追究刑事责任，而这一程序非常复杂，需要花费大量的时间。②

有些国家规定律师享有一定的执业豁免权。如法国1881年7月29日的法律第41条规定："不得对律师在法庭上的发言或向法院提交的诉讼文书提起诽谤、侮辱或藐视法庭的诉讼。"③ 法国旧刑法典（1810年）第367条规定："在公共场所或公共集会中，在正式并公开的文件中，或在张贴、出卖或散发的印刷文字中，揭露某些事实者，如这些事实确属存在将使被揭露之人受重罪或轻罪的追诉时，犯人成立诽谤轻罪。前项规定，对于法律准许发表的事实，或揭露者由于其职务或义务的性质必须予以宣布或制止的事实，不适用之。"法国刑法理论认为，在法庭上，为了查明事实真相或者为当事人的利益进行辩护，律师所做的发言、演讲以及提交的书面文字材料不受追究。④ 卢森堡刑法典第452条第1款规定："在法庭上的发言或向法庭提交的诉讼文书，只要与诉讼或诉讼当事人有关，就不能对它提出任何刑事诉讼。"《英格兰和威尔士出庭律师行为准则》规定："在通常情况下，律师对他在法庭辩论中的言论享有豁免权。"1990年在古巴首都哈瓦那召开的第八届联合国预防犯罪和罪犯待遇大会上通过了《关于律师作用的基本原则》这一法律文件，该文件的第20条规定："律师对于其书面或口头辩护时发表的有关言论或作为职责任务出现于某一法院、法庭或其他法律或行政当局之前所发表的有关言论，应享有民事和刑事豁免权。"

在我国，由于近年来在全国出现了不少律师因办理刑事案件而被公安司法机关拘留、逮捕、判刑的案件，其中有些案件又有公安司法机关滥用刑法第306条规定追究律师的刑事责任，对律师进行职业报复的因素，因而也有不少学者和法律工作者提出取消刑法第306条的规定，确立律师刑事豁免权，以保

---

① 参见陈忠林著：《意大利刑法纲要》，中国人民大学出版社1999年版，第54页。当然，根据上述在意大利发生的最新进展情况，这一特权已被判为违宪。
② 参见［俄］Н·Ф·库兹涅佐娃、И·М·佳日科娃主编，黄道秀译：《俄罗斯刑法教程》（上卷），中国法制出版社2002年版，第99页。
③ ［法］色何勒·皮埃尔·拉格特、［英］帕特立克·拉登著，陈庚生等译：《西欧国家的律师制度》，吉林人民出版社1991年版，第175页。
④ 参见［法］卡斯东·斯特法尼等著，罗结珍译：《法国刑法总论精义》，中国政法大学出版社1998年版，第538页。

障律师执业安全，确保律师顺利履行职责。①

2. 来自国际法方面的刑事豁免

根据有关国际条约和国际惯例，各国一般都承认对一定范围的国际人员的刑事豁免权，但各国承认的享有主体及豁免的范围不尽相同。

在意大利，享有刑事豁免权的国际人员的范围比较广泛，具体包括：（1）教皇。根据1929年第819号法律，意大利认为教皇是"神圣而不可侵犯的"人，与当时的国王一样享有完全、绝对的实体性与程序性豁免；（2）外国国家元首和摄政者及其随从和家庭成员。根据国际惯例，和平时期他们在意大利境内享有绝对的实体性和程序性豁免；（3）外国国家机关（如外国政府首脑、特使、参加国际会议的代表等）。根据1961年维也纳外交关系公约和1963年领事关系公约，意大利1967年第804号法律承认，上述外国国家机关在履行职能时享有豁免；（4）各国驻意大利的外交代表及驻梵蒂冈的代表。这些代表（包括与他们共同生活的家庭成员）享有绝对的实体与程序性豁免（维也纳公约第31条第1项、第37条第1、2项）。但如果外交代表是意大利公民，则只有履行职能的行为才享有豁免。上述外交机关中的非外交人员，也只享有职能性豁免；（5）各国领事、副领事及领事馆工作人员。他们一般只享有各种条约规定的职能性豁免，享有类似豁免的还有海牙法院的法官和欧洲人权法院的法官；（6）欧洲议会议员。根据1965年布鲁塞尔协议第10条，意大利1966年第437号法律规定，他们享有与国内议员同样的豁免权；（7）联合国的代表或下属机构工作人员；（8）北大西洋公约组织驻意大利的军事人员。根据1951年6月15日伦敦条约，1955年第1355号法律规定，这些人在履行职务时犯罪，一般应适用其所属国法律，并归该国军事法庭管辖。根据国际惯例，经意大利政府同意进入意大利境内的其他外国部队成员，也享有这类豁免。②

在日本，享有刑事豁免权的国际人员主要包括：（1）外国的君主、总统以及其家族以及其非属日本国民的侍从；（2）受信任的外交官；（3）经过承认而在我国领土内的外国军队、军舰等。但是在这种情况下一般认为仅仅是缺

---

① 《辩护律师应有刑事责任豁免权——市律协刑事业务研讨会发言摘要》，载《北京律师》2000年第5期；《30位人大代表提出议案：取消〈刑法〉第306条》，载《中国律师》2000年第5期；王丽著：《律师刑事责任比较研究》，法律出版社2002年版，第106~113页。

② 参见陈忠林著：《意大利刑法纲要》，中国人民大学出版社1999年版，第54~55页。

乏追诉条件，因此当其身份丧失后仍然可以予以追诉。①

在德国，享有刑事豁免权的国际人员包括：（1）外国在联邦德国设立的外交使团成员及其家属、该外交使团所雇佣的非德国籍雇员。外国之领事机关成员及外国领事机构聘用的名誉职领事官员。外交使团成员和类似人员享有刑事司法管辖的全部豁免权，而领事机构成员仅因履行领事任务的行为，才享有上述特权。（2）外国国家元首（在访问时还包括其随行之家属和随从）、派驻他国的过境的外交官、参加国际会议的外国代表、国际机构的国家代表、国际组织的高级官员、外国军队成员（经联邦政府同意在国内短暂停留）、外国军舰和军用飞机的乘务人员、外国特使。（3）驻扎在德国的外国军队原则上也不受德国刑事司法管辖。②

在俄罗斯，《俄罗斯联邦刑法典》第 11 条第 4 款规定了享有外交豁免权的人的刑事责任问题，即根据现行立法和国际条约，当他们在俄罗斯联邦境内犯罪时，依照外交途径解决。下列人员享有人身不受侵犯权和豁免权：外交代表机构领导人（大使、公使、代办）、参赞、商务代表及副代表；武官、战地武官和空军武官及其助手；一等、二等和三等秘书，随员和档案秘书，以及上述人员的非俄罗斯联邦公民并与他们共同生活的家庭成员。根据对等原则，领事官员、外交代表机构的服务人员，以及国际组织的代表和官员，议会和政府代表团成员享有刑事责任豁免权。不受侵犯权也及于外交代表团的馆舍和寓所、外交代表的交通工具。但是这并不意味着可以利用外交豁免权去达到与外交代表机构职能不相容的目的。以犯罪目的滥用外交豁免权的人，被宣布为不受欢迎的人并应离开俄罗斯联邦领土。③

在法国，刑法理论称这种豁免权为外交豁免权，其目的在于使外国国家的代表能够不受任何妨碍地履行其职责。所有的外交官都享有外交豁免权。这种豁免权扩大适用于外交官的家庭与其工作人员。外交豁免权也适用于某些国际组织的官员。外交豁免权是一种普遍豁免权利，对所有的犯罪一律有效。禁止对享有外交豁免权的人实行搜身、搜查与扣押。④

---

① 参见［日］野村 稔著，全理其、何力译：《刑法总论》，法律出版社 2001 年版，第 69 页。
② 参见［德］汉斯·海因里希·耶赛克、托马斯·魏根特著，徐久生译：《德国刑法教科书》，中国法制出版社 2001 年版，第 233 页。
③ 参见［俄］Н·Ф·库兹涅佐娃、И·М·佳日科娃主编，黄道秀译：《俄罗斯刑法教程》（上卷），中国法制出版社 2002 年版，第 99 页。
④ 参见［法］卡斯东·斯特法尼等著，罗结珍译：《法国刑法总论精义》，中国政法大学出版社 1998 年版，第 538 页。

### (三) 刑事豁免的性质

虽然各国都明确规定或承认有关人员的刑事豁免权，但对于刑事豁免的性质，无论是在各国之间还是在一国之内，都存在认识上的分歧。

在意大利刑法理论中，对于豁免的法律性质，或者说其享有人是否属于刑法不能约束其行为的情况，可谓众说纷纭。有人认为豁免是消除司法管辖权的原因；有人主张豁免是对刑法空间效力的限制，即豁免意味着可以不遵守刑法的规定；也有人将豁免纳入无刑事能力的范畴。就当前的情况来看，得到多数人支持的观点是：豁免只是排除刑罚的原因，并不能消除犯罪行为的非法性，享有豁免的人同样应履行遵守刑法的义务。而帕多瓦尼等人又提出应对豁免进行具体分析的主张，即实体法意义的豁免具有行使合法权利或履行正当职务的性质，因而"应属于刑法中的正当化理由的范畴"；而程序性的豁免因不能完全消除行为的刑法意义，而只是阻却诉讼的进行，"显然属于如何进行司法管辖的问题"。[①]

德国刑法理论认为，议会言论的免责权属于个人之阻却刑罚事由。对享有治外法权者不受德国刑事司法管辖，也被认为是个人之阻却刑罚事由意义上的实体法上的例外，但也有用刑事诉讼法理论进行解释的，即仅是一种诉讼障碍，因而在放弃派遣国的特权情况下，接受国因此而产生刑罚权。[②]

在日本，关于身份障碍的性质，有三种不同的意见，第一种认为是身份的排除处罚事由，第二种认为只是由于欠缺诉讼条件，所以才成为"诉讼障碍"，第三种认为，根据身份障碍的性质，既有成为身份的排除处罚事由的场合，也有成为诉讼障碍的场合。第三种意见是通说。[③]

法国刑法理论认为，豁免权可以看成是一种法律规定的免除刑罚的原因，因为，享有豁免权的人可能有某种罪过，可能实行了某种犯罪，但是，法院不能对此问题作出评判；法院在发现其追诉的人享有豁免权时，即应放弃对该人进行追诉。[④]

综上所述，对于各种刑事豁免权，首先可以区分为实体性的豁免和程序性的豁免。在此前提下，对于实体性豁免，又有个人的阻却刑罚事由说和诉讼障

---

[①] 参见陈忠林著：《意大利刑法纲要》，中国人民大学出版社1999年版，第52~53页。
[②] 参见［德］汉斯·海因里希·耶赛克、托马斯·魏根特著，徐久生译：《德国刑法教科书》，中国法制出版社2001年版，第232~234页。
[③] 参见［日］大谷实著，黎宏译：《刑法总论》法律出版社2003版年，第62页。
[④] 参见［法］卡斯东·斯特法尼等著，罗结珍译：《法国刑法总论精义》，中国政法大学出版社1998年版，第537页。

碍说的争议。但是，不管其性质属于如何，对于享有豁免权的主体来说，对其豁免权范围内的行为不追究其刑事责任的结果都是相同的，在此意义上都可以说刑事豁免是刑法对象效力的例外。

## 二、刑法对法律拟制人的效力

所谓法律拟制人，是指法律赋予其人格的社团或组织，理论上通常称为法人。但是，严格说来，法人是一个民法上的概念，需要符合特定条件的社团或组织才能称为法人。而法律拟制人则是一个较为宽泛的概念，它既包括民法中所指的符合特定条件的法人组织，也包括其他不完全符合法人条件的社团或组织。

从现代各国法律规制的对象来看，不仅有自然人，而且还包括法律拟制人。然而，法律拟制人并非是从一开始就和自然人一样成为所有部门法规制的对象的。从历史的观点来看，法律拟制人首先成为民法的规制对象，后来逐渐扩展到行政法、经济法等领域。而在刑法领域，长期以来，囿于刑法自身的传统理论，刑法规制的对象仅限于自然人。只是后来随着社会的发展，社团犯罪的大量出现，理论和立法才改变了传统的认识，将法律拟制人纳入刑法规制的范围之内，规定了法律拟制人可以成为刑法中的犯罪主体。但是直到面前，这一做法并未在世界范围内普及。

（一）法律拟制人进入刑法规制对象范围的理论演变与立法沿革

1. 国外的状况

在大陆法系，"社团不能犯罪"是古罗马法所奉行的一个原则。罗马法对于法人的本质，采取拟制说，认为法人虽有权利能力，但没有行为能力。根据这种认识，法人当然不能成为犯罪主体。这个原则一直延续到19世纪上半叶。随着资本主义商品经济的发展，法人组织日益发达，数量与日俱增，社会地位日趋重要。与此同时，在法人决策机构和决策人物的操纵指挥下，以法人名义和凭借法人力量实施的危害社会的行为也不断出现，尤其是在新技术革命的条件下，法人犯罪问题更加突出。在这种情况下，到19世纪后半叶，"社团不能犯罪"的古老原则终于受到了时代的挑战。与此相应，理论上关于"社团不能犯罪"的思想也发生了变化。在对法人性质的认识上，拟制说衰落，实在说崛起，认为法人与自然人一样，属于现实存在的社会有机体，法人机构及其代表人以法人名义实施的行为应视同法人的直接行为。这样，法人不仅具有权利能力，而且具有行为能力。由此直接引导出法人可以成为犯罪主体的结论。

在英美法系，关于法人的刑事责任，也出现了几种不同的理论学说，其中有认为法人代表人的行为就是法人的行为的同一理论，有从严格责任扩展而来，将雇员的特定犯意归属于法人的归罪理论，有认为法人的最高管理机构对雇员的犯罪行为作出许可或者容许表示，因而应当对犯罪行为承担刑事责任的认可和容许理论等。这些学说的提出，为关于法人犯罪的立法提供了理论上的依据。

在立法上，英美法系的刑事立法首先对法人犯罪问题作出了迅速的反应。美国1890年《谢尔曼反托拉斯法》、英国1889年的解释条例，都明确规定了处罚法人犯罪的原则。"法人具有犯罪能力"逐渐成为英美法系中的一项较为普遍的立法原则。美国《模范刑法典》在总结美国半个多世纪以来的立法和司法经验的基础上，把法人犯罪分为三类：一是刑法分则中的多数罪都可以附加如下三个条件而构成法人犯罪：第一，法人代理人的犯罪行为是以法人的名义进行的；第二，法人代理人的犯罪活动是在其业务范围之内；第三，法人代理人的犯罪活动得到法人最高决策机构的批准或者默许。二是这样一类犯罪，即前两个附加条件和第一类法人犯罪相同，不同的是第三个条件触犯了明显地可以追究法人责任的刑法规范。三是没有履行法律规定法人团体应当履行的义务（不作为）而构成的法人犯罪。①

在大陆法系国家，虽然由于罗马法"社团不能犯罪'原则的束缚，刑事立法对法人犯罪的反应相对迟缓，但在法人犯罪的严峻现实面前，法律不得不面对这一现实。19世纪40年代以后，学者们提出的法人可以成为犯罪主体的观点，最终被立法者所采纳，大陆法系国家中相继出现了法人犯罪的立法例。如日本1968年《防止大气污染法》、1970年《防止水质污染法》，都设置了处罚法人犯罪的刑法规范。这其中，最引人注意的是《法国刑法典》的变化。1810年《法国刑法典》是在拿破仑主持下制订实施的，在其后的180多年间，为惩治犯罪的实际需要对该法典进行了多次重大修改，但刑法典的基本结构并没有改变，仍然是以自然人为刑事责任主体的一部传统刑法典。从20世纪30年代开始，法国连续颁布了一些单行刑法，在有限的范围内承认法人的刑事责任。② 及至1994年，修改后的《法国刑法典》发生了革命性的重大变革，法人成为与自然人并列的又一刑法规制对象。法国新刑法典第121～2条所作的

---

① 参见储槐植著：《美国刑法》（第二版），北京大学出版社1996年版，第56～57页。
② 参见何秉松主编：《法人犯罪刑事责任》，中国法制出版社1991年版，第136～137页。

一般性规定不仅限定了法人犯罪的范围，揭示了对法人犯罪的本质，而且确立了法人实行两罚制的原则。由此，法国成为大陆法系国家中第一个在刑法典中系统规定法人犯罪的国家。

2. 我国的状况

在我国，建国以来一直到1979年刑法典颁布之后的很长一段时间内，理论和立法都不承认法人犯罪。然而，随着经济体制改革的不断深化，伴随着我国的法人组织数量激增，法人实施的危害社会的行为也同步出现。法人在经济领域内实施违法犯罪的社会现实引起了我国刑法理论界关于法人能否成为犯罪主体的争论。在这场讨论中，学者们各抒己见，就法人犯罪中涉及的有关我国法人的社会主义性质、法人的刑事责任能力、法人犯罪罪责自负的刑事责任原则和刑罚目的、法人犯罪刑罚的具体适用以及法人犯罪国外立法例的借鉴等问题进行了热烈的争论，形成了法人犯罪的肯定说和否定说两种针锋相对的观点。[①]

然而，立法的天平最终倾向了肯定说，1987年1月22日，鉴于国家机关、企业、事业单位为牟取暴利进行走私犯罪活动十分猖獗的现实情况，全国人大常委会通过的海关法第47条首次在立法上明确规定了单位犯罪，并采用两罚制。海关法第47条规定："企业事业单位、国家机关、社会团体犯走私罪的，由司法机关对其主管人员和直接责任人员依法追究刑事责任；对该单位判处罚金，判处没收走私货物、物品、走私运输工具和违法所得。"此后，从1988年至1997年刑法修订以前，单行刑法和附属刑法规定了大量的单位犯罪。据不完全统计，在刑法修改之前，单行刑法和附属刑法规定的单位犯罪已达49个之多，几乎占到全部罪名五分之一强。[②]

1997年新刑法典在此前有关单行刑法与附属刑法关于单位犯罪的立法规定的基础上，对单位犯罪作出了系统的规定。从结构上看，可以分为两部分：一是在总则第二章设专节规定了单位犯罪的定罪原则和处罚原则，二是在分则部分对单位犯罪的具体罪名作了规定。罪名的规定有两个明显的特点，一是罪名较多，达一百多个，占总罪名的四分之一强；二是分布广泛，在刑法分则十章中，除第一、四、五、十章没有单位犯罪的罪名以外，其余各章都涉及单位犯罪的规定。

---

① 参见高铭暄主编：《新中国刑法学研究综述（1949～1985）》，河南人民出版社1986年版，第199～215页。

② 参见娄云生：《法人犯罪》，中国政法大学出版社1996年版，第232～236页。

1997年修订后的刑法典将单位纳入刑法规制对象的范围，使我国的刑法完成了从自然人一元主体到自然人与单位二元主体的转变，从而使其成为一部在惩治单位犯罪方面走在世界各国立法前列的刑法。

（二）我国刑法对法律拟制人效力的若干特点

从我国刑法关于单位犯罪的规定来看，刑法对法律拟制人的效力有以下几个主要特点：

1. 单位主体的广泛性

我国刑法将法律拟制人纳入刑法规制的对象范围之内，但就其所包含的具体种类来看，并不限于传统的法人。这不仅体现在其所使用法律拟制人的名称不是法人而是单位，而且也体现在其所规定的法律拟制人的具体种类上，包括了公司、企业、事业单位、机关、团体等多种不同性质的单位。

2. 涉罪范围的特定性

我国刑法虽然将法律拟制人作为其规制的对象，但并非将它适用于刑法分则所有的犯罪种类，而是限定在特定的范围之内，对于刑法分则没有明文规定可以由单位构成的犯罪，单位不能作为犯罪的主体而纳入刑法的规制范围。

3. 处罚对象的双重性

在单位作为刑法效力的对象而构成刑法中所规定的犯罪时，当然要给予刑事制裁。但是这时作为处罚对象的并不仅限于犯罪的单位本身，同时还包括单位的主管人员和直接责任人员，即对犯罪的单位判处罚金，同时对单位的主管人员和其他直接责任人员判处刑罚。这主要是考虑到单位犯罪虽然体现了单位的意志，为了单位的利益，但单位犯罪的具体实施还是通过单位里的特定自然人来实现的。[①]

### 三、国家能否成为刑法效力的对象的探讨

刑法的效力从形式上来自于国家权力，反过来，国家能否应当成为刑法效力对象维度的一员？对于这个问题，要作两个方面的分析。

其一，一国刑法能否将其所在的本国作为其效力的对象？

回答是否定的。虽然从整体上来看，国家可以成为现代法律规制的对象，

---

[①] 当然，对于单位犯罪采用双罚制的原因，我国刑法理论界存在争议，参见刘志远：《单位犯罪研究述评》，载《刑法问题与争鸣》（第三辑），中国方正出版社2001年版，第37～38页；黄京平：《单位犯罪关系论纲》，载《现代刑事法制问题探索（第一卷）》，法律出版社2004年版，第565～569页。

国家可以成为违法的主体并应承担相应的法律责任，但这主要是局限在刑法以外的其他法律领域中，国家承担法律责任的方式一般也仅限于财产方面的补偿或赔偿。而在刑法领域，国家不能成为刑事犯罪的主体，即不能作为刑法规制的对象。这是因为，刑事犯罪是各种违法行为中性质最为严重的一种，若国家本身已成为犯罪的主体，则是对国家最严重的否定，将对国家存在的合法性产生冲击，从而动摇刑法自身存在的根基。在这一点上，刑法显然与其他法律有所不同。

国家在法律上虽然也是一个被法律赋予人格的组织，即是法律拟制人的一种，但它和其他法律拟制人并不处于同一层次，其他法律拟制人是存在于国家这一法律拟制人之下的。法律即使对其他法律拟制人从根本上予以否定，也不会动摇其自身存在的根基。所以，其他法律拟制人与国家没有可比性，不能以其他法律拟制人能够成为刑法规制的对象来推出国家本身也是刑法规制对象的结论。

其二，一国刑法能否将其他国家作为其效力的对象？

回答也是否定的。刑法在本质上是国家行使刑罚权的法律形式。刑罚权乃主权的一个方面，而国家之间主权平等是国际法的基本原则，因此，一国刑法不能以它国国家作为其效力的对象。

综上所述，无论是本国还是它国，国家都不能成为刑法效力的对象。

## 第二节 刑法的事项效力

### 一、刑法的事项维度概述

本文第六章第一节曾经指出，刑法的效力维度中应当包含事项维度，但刑法效力的事项维度究竟包含哪些内容呢？

如前所述，日本刑法理论关于刑法适用范围的研究中有学者探讨了刑法对事的适用范围或者物的适用范围，但考察其具体内容，他们所说的刑法对事的适用范围或者刑法的物的适用范围实际上是关于刑法典即普通刑法与特别刑法之间的关系问题，其法律依据是日本刑法典第8条的规定："本编的规定也适用于其他法令规定的犯罪，但其他法令有特别规定的，不在此限。"

笔者认为，虽然他们所探讨的内容涉及到刑法效力事项维度的一部分具体内容，但就刑法效力事项维度的全部内容来说还远远不够。而且更为关键的是，他们没有从更高的层面上揭示对国家刑罚权的限制这一刑法效力事项维度的最本质的方面。

法律效力事项维度中的事项，包括抽象的事项和具体的事项。作为抽象的事项，与国家权限紧密联系。因此所谓刑法效力的事项维度，从抽象角度来看，就是对国家权限中的刑罚权的限制问题。而从具体的角度来看事项，则是指在不同情况下刑法所能涉及到的可以将其纳入调整范围的具体事项。下面分别对这两方面予以说明。

## 二、从国家刑罚权的限制看刑法效力的事项维度

人民组成国家，人民赋予国家代表机构行使国家权限，但是国家的权限是人民给的，因此国家的权限也要受到人民的限制。国家可以通过制定法律来管理某些事项，表明国家对某些事项是禁止还是鼓励。通过对某些事项的法律调整，使得某些事项成为法律效力的事项维度。但是，并非社会生活中的一切事项都可以成为法律效力的事项维度，对于作为其他部门法后盾的刑法尤其如此。就刑法而言，虽然通过刑罚强制对于确保法律秩序具有不可或缺的作用，但是，国家刑罚权不能以任意的方式和在任意范围内行使，而是必须受到一定的限制。从事项角度考察，这些限制体现在以下几个方面：

（一）对于人民行使基本权利的行为不得科处刑罚

此即刑罚权的人权限制。人权作为人的权利得到了国际社会的普遍认同。人们有理由、有权利要求国家在刑罚权的行使中受到人权观的限制。国家没有权利对广大公民行使基本权利的行为科处刑罚。对国家刑罚权的人权限制通常规定在宪法之中，因而从形式上看又往往表现为国家刑罚权的宪法限制。有些国家在宪法中对此做出了明确规定，例如，美国宪法第一条之九和十禁止国会和各州通过溯及既往的法律和剥夺公权的法案，宪法修正案第一条、第二条、第五条、第八条和第十三条宣布的宪法权利不受侵犯，而正当程序条款也对制定刑事法律的内容、形式和语言施加了限制。

从历史上看，剥夺生命、自由、财产的各种刑罚一直是专制统治的方便工具，古代和近代的统治者运用刑罚只是为了维护他们自己的利益，而不是达到合理的社会目的，所以刑罚权的行使是没有受到限制的。现代民主国家吸取了历史上的教训，在宪法或刑法中对刑罚权的发动加以限制，注意在保护社会利益的同时保证公民的权利和自由不受任意侵犯。

（二）对于一般违法行为不得科处刑罚

此即刑罚权的必要性限制。虽然在有组织的社会的历史上，法律作为人际

关系的调节器一直发挥着巨大的和决定性的作用，但仅仅依凭法律这一社会控制力量显然是不够的。在整个社会规范体系中，反映阶级阶层意愿和积淀民族心理的风俗、习惯、道德等社会意识形态，通过内心信念、社会舆论，自发调节绝大部分的社会关系。直接体现统治阶级意志、以国家强制力作为后盾的法律只是调节一定范围内社会关系的规范。即使是纳入法律调整视野的社会关系，其中绝大部分又由民法、经济法、行政法、环境法、劳动法等部门法来加以引导、调节和规范，刑法只是调整一小部分危害性达到相当严重程度的社会行为。在整个国内法体系中，刑法以外的其他部门法，是统制社会的第一道防线，统治阶级把绝大多数侵害国家、社会和个人利益的行为，作为民事、经济、行政违法行为予以制裁，只有当行为达到相当的严重危害社会的程度、采用其他部门法手段难以充分保护时，才动用刑法进行抗制。中外法制发展史表明，随着社会文明的进步和法律部门的分工细化，以刑罚为主要制裁方式的刑法，经历了从介入国民生活各个角落的全面法到调整一定范围社会关系的部门法再到作为其他部门法后盾的保障法这样一个演变轨迹，而这个过程实际上也是刑罚权的行使越来越受到限制的过程。

（三）对于国际刑事条约规定的行为应当科处刑罚

此即刑罚权的国际法限制。国内法的法律效力事项维度与国际法有着重要的联系。根据国家主权原则，各国有权用国内法调整任何事项的社会关系，但是参加国际条约也是主权原则的体现，作为一个主权国家，如果参加了一个关于某些事项的国际刑事公约，则作为缔约国就应当以本国刑法调整这些事项。本文第八章"国际刑事条约的效力"实际上探讨的就是国际法对国内刑法效力事项维度的影响，详情请参见该章相关内容。

### 三、刑法效力事项维度的其他视角

（一）特别刑法与刑法的事项维度

本文第七章曾专门探讨了各种特别刑法的效力问题，但那里主要是从效力层次的角度予以探讨的。从效力维度的角度来看，特别刑法也和与之对应的普通刑法即刑法典的效力维度具有明显的差异。

我国刑法理论界通常按照适用范围或对象把特别刑法划分为适用于特定事项的特别刑法、适用于特定人的特别刑法、适用于特定时期的特别刑法和适用于特定地域的特别刑法四种，① 其中适用于特定事项的特别刑法正是以特别刑法在适用的事项方面具有不同于普通刑法之处为特征的。也就是说，这类特别刑法是专门规定惩治某类或某种犯罪的，其所涉及的事项通常是普通刑法未予规定，或者普通刑法虽有规定，但特别刑法又作了不同于普通刑法的特别规定。实际上，就我国所制定的各种特别刑法来看，绝大部分都属于此种类型。因为特别刑法之所以"特别"，从本质上来说就在于其所涉及的事项特别。上述其他几种类型的特别刑法即适用于特定时间、特定地域或者特定时期的特别刑法同时也都是适用于特定事项的特别刑法。换句话说，上述四种类型的划分结果并不是互相排斥的，某一个特别刑法可能属于其中的两种或两种类型以上。

（二）域外效力与刑法的事项维度

本文第十三章探讨了刑法效力的地域维度，指出一国刑法原则上在本国领域内具有完全的效力，但在一定条件下在本国领域外也具有不完全的适用效力。具体来说，当犯罪人是本国人，犯罪行为侵害了本国国家或公民的利益，或者犯罪行为侵犯了国际社会的共同利益时，一国刑法才具有域外效力。这里所说的"一定条件"，其中就包括具体犯罪种类方面的条件，即刑法的域外效力并不是适用于所有的犯罪，而是限定在一些特定的犯罪种类上。从刑法的事项效力的角度来看，就是说刑法的域外效力仅限于一些特定的事项方面。例如，日本刑法第2条关于"所有的国外犯"的规定实际上就将外国人在日本国外犯罪而适用日本刑法的情形限定在内乱、外患、伪造通货、伪造公文书、伪造有价证券、伪造公印·公记号等犯罪种类上；第3条关于"国民的国外犯"的规定实际上就将日本国民在日本利益外犯罪而适用日本刑法的情形限定在现住建造物等放火、现住建造物等浸害、伪造私文书、伪造私印、强制猥亵、强奸、重婚、杀人、伤害、伤害致死、业务上堕胎、不同意堕胎、保护责任者遗弃、逮捕监禁、略取诱拐、毁损名誉、窃盗、强盗、诈欺、背信、恐吓、业务上侵占等犯罪上。我国1979年刑法关于我国公民在国外犯罪而适用我国刑法的规定也是采用了这种规定方式，即原则上仅限于对反革命罪、伪造国家货币罪、伪造有价证券罪、贪污罪、受

---

① 参见赵秉志主编：《中国特别刑法研究》，中国人民公安大学出版社1997年版，第7~9页。我国刑法理论的通说认为这是按照特别刑法的适用范围或对象所作的划分，其实这四个种类正是分别体现了刑法效力维度的四个方面，只是由于我国刑法理论关于效力维度（适用范围）的通说是时间和空间的二维度说，因而才导致在这里的划分标准中出现"或"字而不符合给事物分类时标准要统一的逻辑要求。

贿罪、泄露国家机密罪、冒充国家工作人员招摇撞骗罪和伪造公文、证件、印章罪才适用我国刑法。而各国刑法对侵害国际社会共同利益的犯罪的适用显然也是有其特定的犯罪种类的。所有这些都说明了一国刑法的域外效力通常也是和特定的事项联系起来的。

# 主要参考文献

## 一、书籍及工具书类

1. 高铭暄主编：《刑法学》，法律出版社1982年版。
2. 高铭暄主编：《中国刑法学》，中国人民大学出版社1989年版。
3. 高铭暄主编：《新中国刑法学研究综述》，河南人民出版社1986年版。
4. 高铭暄主编：《刑法学原理》（第一卷），中国人民大学出版社1993年版。
5. 高铭暄主编：《新编中国刑法学》，中国人民大学出版社1998年版。
6. 高铭暄、马克昌主编：《刑法学》，北京大学出版社、高等教育出版社2000年版。
7. 王作富、黄京平主编：《刑法学》，中国人民大学出版社1999年版。
8. 赵秉志、吴振兴主编：《刑法学通论》，高等教育出版社1993年版。
9. 赵秉志主编：《刑法争议问题研究》（上卷），河南人民出版社1996年版。
10. 赵秉志主编：《当代刑法理论探索（第一卷）：刑法基础理论探索》，法律出版社2003年版。
11. 马克昌主编：《刑罚通论》，武汉大学出版社1995年版。
12. 马克昌主编：《刑法学全书》，上海科学技术文献出版社1993年版。
13. 马克昌主编：《近代西方刑法学说史略》，中国检察出版社1996年版。
14. 马克昌主编：《中国刑事政策学》，武汉大学出版社1992年版。
15. 赵廷光主编：《中国刑法原理》（总论卷），武汉大学出版社1992年版。
16. 陈兴良：《刑法哲学》，中国政法大学出版社1997年版。
17. 陈兴良著：《刑法的人性基础》，中国方正出版社1997年版。
18. 陈兴良：《刑法的价值构造》，中国人民大学出版社1998年版。
19. 陈兴良主编：《新刑法比较研究——废·改·立》，中国人民公安大学出版社1998年版。
20. 张明楷著：《刑法学》（上），法律出版社1997年版。
21. 张明楷著：《外国刑法纲要》，清华大学出版社1999年版。
22. 储槐植著：《美国刑法》（第2版），北京大学出版社1996年版。
23. 周振想：《刑罚适用论》，法律出版社1990年版，第250页。
24. 陈忠林著：《意大利刑法纲要》，中国人民大学出版社1999年版。

25. 杨春洗主编：《刑事政策论》，北京大学出版社1994年版。
26. 苏惠渔主编：《刑法学》，中国政法大学出版社1997年版。
27. 张智辉著：《国际刑法通论》，中国政法大学出版社1993年版。
28. 何秉松主编：《法人犯罪刑事责任》，中国法制出版社1991年版。
29. 娄云生：《法人犯罪》，中国政法大学出版社1996年版。
30. 赵秉志主编：《中国特别刑法研究》，中国人民公安大学出版社1997年版。
31. 张晋藩等：《中国刑法史新论》，人民法院出版社1992年版。
32. 苏惠渔主编：《犯罪与刑罚理论专题研究》，法律出版社2000年版。
33. 侯国云等著《新刑法疑难问题解析与适用》，中国检察出版社1998年版。
34. 吴平著：《资格刑研究》，中国政法大学出版社2000年版。
35. 张穹主编：《修订刑法条文实用解说》，中国检察出版社1997年版。
36. 徐武生著：《经济犯罪与经济纠纷》，法律出版社1998年版。
37. 范方平主编：《怎样审理刑事附带民事诉讼案件》，人民法院出版社1995年版。
38. 罗豪才主编：《行政法学》，中国政法大学出版社1999年版。
39. 黄河著：《行政刑法比较研究》，中国方正出版社2001年版。
40. 储槐植主编：《美国德国惩治经济犯罪和职务犯罪法律选编》，北京大学出版社1993年版。
41. 陈兴良主编：《刑事司法研究——情节·判例·解释·裁量》，中国方正出版社1996年版。
42. 肖扬主编：《中国刑事政策和策略问题》，法律出版社1996年版。
43. 陆晓光主编：《国际刑法概论》，中国政法大学出版社1991年版。
44. 《中国刑法词典》，学林出版社1989年版。
45. 李希慧著：《刑法解释论》，中国人民公安大学出版社1995年版。
46. 黄芳著：《国际犯罪国内立法研究》，中国方正出版社2001年版。
47. 何慧新著：《刑法判例论》，中国方正出版社2001年版。
48. 李国如：《罪刑法定原则视野中的刑法解释》，中国方正出版社2001年版。
49. 王磊著：《宪法的司法化》，中国政法大学出版社2002年版。
50. 董皞著：《司法解释论》，中国政法大学出版社1999年版。
51. 郑伟主编：《新刑法学专论》，法律出版社1998年版。
52. 高仰止：《刑法总则之理论与实用》，台湾五南图书出版公司1986年版。
53. 张灏编著《中国刑法理论及实用》，三民书局1980年版。
54. 张甘妹著：《刑事政策》，台湾三民书局股份有限公司1979年版。
55. 韩忠谟著：《刑法原理》，中国政法大学出版社2002年版。
56. 洪福增：《刑法判解研究》，台湾汉林出版社1983年版。
57. 林山田：《刑法通论》，台湾三民书局1983年版。
58. 杨建华：《刑法总则之比较与检讨》，台湾三民书局1988年版。

59. 林山田著：《刑罚学》，台湾商务印书馆1985年版。
60. 林山田著：《经济犯罪与经济刑法》，台湾三民书局1981年修订三版。
61. [德] 弗兰茨·冯·李斯特著、埃贝哈德·施密特修订、徐久生译：《德国刑法教科书》，法律出版社2000年版。
62. [德] 汉斯·海因里希·耶赛克、托马斯·魏根特著，徐久生译：《德国刑法教科书》，中国法制出版社2001年版。
63. [日] 中山研一著，姜伟等译：《刑法的基本思想》，国际文化出版公司1988年版。
64. [日] 木村龟二主编，顾肖荣等译：《刑法学词典》，上海翻译出版公司1991年版。
65. [日] 西原春夫著，顾肖荣等译：《刑法的根基与哲学》，三联书店上海分店1991年版。
66. [日] 西原春夫：《日本刑事法的形成与特色》，法律出版社·成文堂1996年联合出版。
67. [日] 大谷实著、黎宏译：《刑法总论》，法律出版社2003年版。
68. [日] 大塚仁著、冯军译：《刑法概说（总论）》，中国人民大学出版社2003年版。
69. [日] 野村稔著，全理其、何力译：《刑法总论》，法律出版社2001年版。
70. [意] 贝卡里亚著、黄风译：《论犯罪与刑罚》，中国大百科全书出版社1993年版。
71. [意] 龙勃罗梭著，刘麟生译：《朗伯罗梭氏犯罪学》（二），商务印书馆1929年版。
72. [意] 菲利著、郭建安译：《犯罪社会学》，中国人民公安大学出版社1990年版。
73. [意] 杜里奥·帕多瓦尼著，陈忠林译：《意大利刑法学原理》，法律出版社1998年版。
74. [俄] Н·Ф·库兹涅佐娃、И·М·佳日科娃主编，黄道秀译：《俄罗斯刑法教程》（上卷），中国法制出版社2002年版。
75. [法] 卡斯东·斯特法尼等著，罗结珍译：《法国刑法总论精义》，中国政法大学出版社1998年版。
76. 周永坤著：《法理学—全球视野》，法律出版社2000年版，第98页以下；赵震江、付子堂：《现代法理学》，北京大学出版社1999版。
77. 孙国华主编：《法理学》，法律出版社1995年版。
78. 张文显著：《二十世纪西方法哲学思潮研究》，法律出版社1996年版。
79. 李龙主编：《法理学》，武汉大学出版社1996年版。
80. 张文显主编：《法理学》，法律出版社1997年版。
81. 卓泽渊主编：《法学导论》，法律出版社1998年版。
82. 刘金国、张贵成主编：《法理学》，中国政法大学出版社1995年版。

83. 沈宗灵主编：《法理学》，高等教育出版社1994年版。
84. 卢云主编：《法学基础理论》，中国政法大学出版社1994年版。
85. 卢云主编：《法理学》，四川人民出版社1992年版。
86. 沈宗灵主编：《法学基础理论》，北京大学出版社1994年版。
87. 王果纯著：《现代法理学——历史与理论》，湖南出版社，1995年版。
88. 葛洪义主编：《法理学》，中国政法大学出版社1999年版。
89. 张根大著：《法律效力论》，法律出版社1999年版。
90. 邱汉平著：《法学通论》，商务印书馆1935年版。
91. 李岱著：《法学绪论》，台湾中华书局1966年版。
92. 刘金国、张贵成主编：《法理学》，中国政法大学出版社1992年版。
93. 孙国华主编：《法理学教程》，中国人民大学出版社1995年。
94. 张文显：《当代西方法学思潮》，辽宁人民出版社1988年版。
95. 《西方法律思想史资料选编》，北京大学出版社1983年版。
96. 张宏生等主编：《西方法律思想史》，北京大学出版社1990年版。
97. [奥]凯尔森著：《法与国家的一般理论》，沈宗灵译，中国大百科全书出版社，1996年版。
98. 王铁崖著：《国际法引论》，北京大学出版社1998年版。
99. 赵理海著：《国际法基本理论》，北京大学出版社1990年版。
100. 王献枢主编：《国际法》，中国政法大学出版社1994年版。
101. 马进宝著：《国际犯罪与国际刑事司法协助》，法律出版社1999年版。
102. [奥]阿·费德罗斯等著、李浩培译：《国际法》，商务印书馆1981年版。
103. [英]詹宁斯、瓦茨修订，王铁崖等译：《奥本海国际法》，中国大百科全书出版社1995年版，第一卷第一分册。
104. 黄道秀等译、何秉松审订：《俄罗斯联邦刑法典》，中国法制出版社1996年版。
105. 罗结珍译、高铭暄专业审校：《法国刑法典》，中国人民公安大学出版社1995年版。
106. 张明楷译：《日本刑法典》，法律出版社1998年版。
107. 徐久生、庄敬华译：《德国刑法典》，中国法制出版社2000年版。
108. 黄风译：《意大利刑法典》，中国政法大学出版社1998年版。
109. 赵秉志总编：《澳门刑法典澳门刑事诉讼法典》，中国人民大学出版社1999年版。
110. 《现代汉语词典》，中国社会科学院语言研究所词典编辑室编：商务印书馆1984年版。
111. 《英汉法律词典》，法律出版社1985年版。
112. 《汉英词典》，商务印书馆1985年版。

## 二、论文类

1. 刘小文：《法律效力构成简析》，载《法律科学》1994年第2期。
2. 陈世荣：《法律效力论》，载《法学研究》1994年第4期。
3. 李琦：《法律效力：合法行为发生法律上效果之保证力》，载《法学研究》1995年第2期。
4. 姚建宗：《法律效力论纲》，载《法商研究》1996年第4期。
5. 张楚：《法律效力定义刍议》，载《法学与实践》1998年第1期。
6. 梁忠前：《法效力的逻辑探寻——法律效力的文化辨析》，载《法律科学》1998年第1期。
7. 范忠信：《中国违宪审查与立法冲突解决机制》，载《法律科学》2001年第6期。
8. 王学栋：《论我国宪法的司法适用性》，《山东大学学报（哲学社会科学版）》2001年第3期。
9. 杨平：《论宪法的司法适用》，《甘肃政法学院学报》2002年第4期。
10. 胡锦光：《中国宪法的司法适用性探讨》，《中国人民大学学报》1997年第5期。
11. 周伟：《宪法在审判实践中的适用问题研究》，《内蒙古社会科学（汉文版）》2000年第4期。
12. 李曙光、苗连营：《宪法应成为法院判案的直接依据》，《理论信息报》1989年5月22日。
13. 姜峰：《论我国宪法中人权条款的直接效力》，《山东大学学报（哲学社会科学版）》2001年第3期。
14. 童之伟：《宪法司法适用研究中的几个问题》，《法学》2001年第11期。
15. 李颂银：《刑法调整对象新说》，载《法商研究》1999年第4期。
16. 黎宏、王龙：《论非犯罪化》，载《中南政法学院学报》1991年第2期。
17. 周佑勇、刘艳红：《论行政处罚与刑罚处罚的适用衔接》，载《法律科学》1997年第2期。
18. 汪永清：《行政处罚与刑罚的适用范围和竞合问题》，载《政治与法律》1993年第2期。
19. 黄太云：《〈中华人民共和国刑法修正案〉的理解与适用》，载《刑事审判参考》2000年第一辑，法律出版社2000年版。
20. 罗佩杰、刘昌松：《"剥夺军衔"附加刑不应继续适用》，载《法学杂志》2001年第1期。
21. 蒋熙辉、徐全兵：《关于刑法修正案适用的几个问题》，载《人民检察》2000年第9期。
22. 黄太云：《中华人民共和国刑法修正案的理解与适用》，载《刑事审判参考》2000年第1辑。
23. 阿里木·赛菲：《浅议我国地方刑法的制定与完善》，载《中央政法管理干部学院学报》1998 年第 4 期。

24. 韩美秀等：《民族自治地方刑法变通或补充立法探究》，载《法学评论》2001 年第 5 期。
25. 王铁崖：《条约在中国法律制度中的地位》，载《1994 年中国国际法年刊》。
26. 张志铭：《中国的法律解释体制》，载梁治平编：《法律解释问题》，法律出版社 1999 年版。
27. 袁吉亮：《论立法解释制度之是非》，载《中国法学》1994 年第 4 期。
28. 黎枫：《论立法解释制度》，载《浙江省政法管理干部学院学报》2001 年第 1 期。
29. 陈斯喜：《论立法解释制度的是与非及其他》，载《中国法学》1998 年第 3 期。
30. 林维：《论准刑事司法解释的形成和发展》，载陈兴良主编：《刑事法评论》第 11 卷，中国政法大学出版社 2002 年版。
31. 游伟："我国刑法判例的应用与思考"，载《法学》1991 年第 11 期。
32. ［美］R·B·施莱辛格：《大陆法系的司法判例》，载《法学译丛》1991 年第 6 期。
33. 吴伟、陈启：《判例在我国不宜具有拘束力》，载《法律科学》1990 年第 1 期。
34. 陈金钊：《论法律渊源》，载《法律科学》1991 年第 4 期。
35. 向朝阳、冯军：《继承与创新：论我国刑法判例制度的重构》，载高铭暄、赵秉志主编：《刑法论丛》第 4 卷，法律出版社 2000 年版。
36. 吴大华：《重视和加强少数民族地区犯罪控制的研究》，载《云南法学》1999 年第 3 期。
37. 梁根林：《解读刑事政策》，载陈兴良主编：《刑事法评论》第 11 卷，中国政法大学出版社 2002 年版，第 3~17 页。
38. 潘晓娣：《法律效力的再认识》，载《河北法学》1993 年第 1 期。
39. 姚建宗：《法律效力论纲》，载《法商研究——中南政法学院学报》1996 年第 4 期。
40. 游伟、鲁义珍：《刑事司法解释效力探讨》，载《法学研究》1994 年第 6 期。
41. 汪治平、范三雪：《司法解释的时效性》，载《人民法院报》2001 年 12 月 29 日。
42. 陈忠林：《关于刑法时间效力的几个问题》，载高铭暄主编：《刑法学研究精品文集》，法律出版社 2000 年版。
43. 林维、王明达：《论从旧兼从轻原则的适用》，载《法商研究》2001 年第 1 期。
44. 柯葛壮：《浅析新刑法第 12 条第 2 款中的"继续有效"》，载《法学》1998 年第 9 期。
45. 何泽宏、庄劲：《论空白刑法补充规范的变更及其溯及力》，载《河北法学》2001 年第 6 期。
46. 高憬宏：《王建军等非法经营案——骗购国家外汇的犯罪行为如何适用法律》，载《刑事审判参考》1999 年第 5 辑。

47. 张军：《试论刑事司法解释的时间效力》，载《中国法学》1992 年第 2 期。
48. 刘宪权：《我国刑事司法解释时间效力的再思考》，载《法学》2002 年第 2 期。
49. 刘仁文：《关于刑法解释的时间效力问题》，载《法学杂志》2003 年第 1 期。
50. 王可菊：《我国刑法的适用范围与国家主权》，载《法学研究》1980 第 1 期。
51. 李海东：《论刑事管辖权》，载赵秉志主编：《刑法新探索》，群众出版社 1993 年版。

# 后　记

　　时光荏苒，博士毕业转眼已近8年，虽然按照当初的设想是要对论文加以修改、补充以后再行出版，但由于各种主客观原因，这个设想最终没有完成。现在呈现在读者面前的，除了个别修改外，基本上保持了博士论文的原貌。虽然近年来立法机关对刑法做了几次修正，但主要涉及到分则的个罪，而本论文的研究内容则是刑法的基础理论问题，所以论文并不会因为时间的推移而丧失其意义。

　　回顾自己走过的漫长的求学之路，可谓曲折中又有幸运。大学学习中文专业的我，在做了六年的中学教师之后，又改行学习法律，攻读刑法学硕士学位，对于一个不是科班出身而全靠自学的人来说，其间的困难可想而知。而这次攻读博士学位，又是在硕士毕业、工作五年之后的事，年龄因素的不利自不消说，同时还要兼顾工作和家庭，其间的困难较之读硕时更甚。尽管如此，我的先后两次读研却是在我国刑法学师资力量最强的两所法学院——武汉大学法学院和中国人民大学法学院完成的，可谓幸运之至！在武大法学院学习期间，我有幸聆听了我国著名的刑法学家马克昌先生的教诲，并在毕业求职时得到了先生的热情帮助。导师赵廷光教授以及导师组的其他成员：喻伟教授、刘明祥教授也给了我很多指导与关照。在人大法学院学习期间，我又有幸聆听了著名刑法学家高铭暄教授、王作富教授亲授的刑法学课程，也有幸得到了赵秉志教授、卢建平教授、刘志伟副教授和其他各位导师的诸多关照。在这两所法学院度过的六年中，我感受到了众多名师学识的渊博以及各自的人格魅力，从他们身上得到的教益是我一生中最大的精神财富，对于他们给予我的关照和帮助，我将永志不忘。

　　人大三年期间，导师黄京平教授在学习上严格要求、悉心指导的同时，在工作、生活上也给予了无微不至的关怀与照顾。而在博士论文的写作上，从选题立意到布局谋篇，从问题阐述到句式表达，从词语选择到标点使用，一句话，从内容和形式两个方面都提出了许多精当的建议，做出了许多细心的修改，几乎达到了字斟句酌的地步，处处体现出导师渊博的学识和严谨的治学态度。可以说，没有导师的悉心指导，就没有呈现在诸位面前的这篇论文。当然，对于文中可能出现的各种舛误，则由我本人负全部的责任。

在人大三年期间，与本届及上下届的众多师兄师弟师姐师妹们结下了深厚的友谊，他们中有许多在日常的生活和学习中给我提供了无私的帮助，在这里我要由衷地道一声：谢谢！

在我断续而漫长的求学过程中，妻子任淑华女士在兼顾工作的同时承担了几乎全部的家务，扶老携幼，毫无怨言。没有她一贯的理解与支持，我的学业就不可能顺利地完成。谨向她以及和她一样具有相夫教子传统美德的伟大女性致以崇高的敬意！

李富友<br>
2004 年 5 月初记于中国人民大学<br>
2012 年 5 月再记于武警学院